中国经济文库·应用经济学精品系列（二）

·本书得到德州学院学术著作出版基金的资助

元宇宙环境下智慧图书馆建设与发展研究

Yuanyuzhou Huanjing Xia Zhihui Tushuguan Jianshe Yu Fazhan Yanjiu

马占民
孙洪林◎著
董菲菲

中国经济出版社
CHINA ECONOMIC PUBLISHING HOUSE
北 京

图书在版编目（CIP）数据

元宇宙环境下智慧图书馆建设与发展研究 / 马占民，孙洪林，董菲菲著 . -- 北京：中国经济出版社，2024. 9. -- ISBN 978 - 7 - 5136 - 7917 - 6

Ⅰ. G250. 76

中国国家版本馆 CIP 数据核字第 2024B2U640 号

责任编辑　孙晓霞　井　铭
责任印制　马小宾
封面设计　华子图文

出版发行　中国经济出版社
印 刷 者　河北宝昌佳彩印刷有限公司
经 销 者　各地新华书店
开　　本　710mm × 1000mm　1/16
印　　张　14
字　　数　215 千字
版　　次　2024 年 9 月第 1 版
印　　次　2024 年 9 月第 1 次
定　　价　68. 00 元
广告经营许可证　京西工商广字第 8179 号

中国经济出版社　**网址** http://epc. sinopec. com/epc/　**社址** 北京市东城区安定门外大街 58 号　**邮编** 100011
本版图书如存在印装质量问题，请与本社销售中心联系调换（联系电话：010 - 57512564）

前言
PREFACE

2021年，元宇宙作为虚实共生的赋能者火遍全球，元宇宙的出现为智慧图书馆的创新发展提供了强大的技术支撑。从元宇宙视角研究智慧图书馆高质量发展，可以充分发挥智慧图书馆的沉浸式知识服务功能。本书详细阐述了元宇宙技术与智慧图书馆理念之间的关系、元宇宙整合现代先进技术赋能智慧图书馆的前景愿望、元宇宙赋能智慧图书馆的应用场景、元宇宙赋能智慧图书馆高质量发展的实践策略等内容。元宇宙的出现及元宇宙技术的应用，成为智慧图书馆高质量发展的关键。元宇宙技术可以促进智慧图书馆资源管理、阅读推广、知识服务、空间体验等创造性发展，实现智慧图书馆的革命性变革。

智慧图书馆既是一个顺势无限发展的有机综合体，也是一个充满活力的、良性发展的生态智慧系统。以元宇宙为研究范式的智慧图书馆高效运行、快速发展及沉浸式融入社会，既是实体能力与技术能力融合表达的展现，也是虚拟空间场景和虚拟技术应用的具体描述，更是人机交互、虚实空间融合知识信息传递的现实路径。对于智慧图书馆来说，元宇宙是一个具有沉浸感、立体式、智慧型特征的有机生态体系，为智慧图书馆高质量发展构建了一个平行于实体空间且与之交相呼应的虚拟空间，扩展了知识信息传递的纵深空间，提升了知识服务的潜在能力，促进了智慧图书馆信息资源建设、空间场景构建及参考咨询服务全周期、全流程、全智化运行。

元宇宙赋能智慧图书馆不仅仅是提供一个与实体图书馆空间平行、交融互动的虚拟空间，更是基于现代信息技术催生出来的虚实融生、交互共存、具身参与、沉浸融入、自由平等的现代理念观，实现智慧图书馆虚实融合空间内实体资源建设到虚拟资源管理、现实真身服务到虚拟数字人服务的本质上的跃迁。

元宇宙赋能智慧图书馆高质量发展，既带来了革新与变化，也带来了机遇与挑战。图书馆界学者需要提升审视新概念、新技术的敏感度，把分析问题的洞察力转化为研究新事物的推动力，把社会责任感、历史使命感转化为构建和发展元宇宙智慧图书馆的动力，在实践智慧图书馆运行、探索智慧图书馆理念的过程中踔厉奋发、不断前行。

马占民　孙洪林　董菲菲

2024 年 5 月

目 录
CONTENTS

第一章 元宇宙构建与发展概况

第一节 元宇宙的概念与价值

美国作家尼尔·斯蒂芬森在小说《雪崩》中第一次提到“元宇宙”概念。《雪崩》中描述道：“戴上久未寻觅到的耳机和目镜，找到现实与虚拟连接的极限终端，以虚拟自由人的身份进入由数字符号模拟、与真实空间平行的虚拟空间。”《雪崩》中这种具有虚幻色彩的感受可以理解为元宇宙是超越现实世界走向无限空间的另类宇宙。在文化精神层面，元宇宙关注社会文化存在的“精神世界”与真实世界的联动，精神世界的虚拟化是可以在元宇宙境遇中被充分体现出来的。① 韩民青以中文概念含义描述元宇宙，提出：“元宇宙从本质上形成了另类层面上更为博大、更加深远的精神理念的存在，即从哲理上阐述人类社会所驻留的现实宇宙与虚拟宇宙的关联，充分说明元宇宙特征机理与人类社会所在的现实宇宙认知机理在本质上是极为相似的，而且明确了元宇宙的虚拟时间、虚拟空间的虚时空特征。”②

近年来，我国学术理论界已经深入、广泛地分析研究了元宇宙的概念及内涵。向安玲等认为，元宇宙是多类型现代先进技术整合生成的虚实相

① 方凌智，翁智澄，吴笑悦．元宇宙研究：虚拟世界的再升级[J]．未来传播，2022，29(1)：10－18.

② 韩民青．宇宙的层次与元宇宙[J]．哲学研究，2002(2)：28－34.

融的社会网络应用形态[①]；喻国明提出，元宇宙是一个虚实空间高度融通且由闭环经济体构造的技术开源平台[②]；吴江等提出，元宇宙是由数字技术打造的、凭借虚拟身份参与的、虚实空间融合共生的、三元世界型的有机社会形态[③]；方凌智和沈煌南提出，元宇宙是超越现实世界水平，又与现实世界密切相连的人类社会臆造化的虚拟空间场景[④]。以上论述总结的元宇宙概念，分别属于社会网络说、数字社会说、虚拟世界说三种典型类别。

从经济商业学的角度来看，2021 年 3 月 10 日，Roblox 公司股权流通在纽约证券交易所上市，当日股票价值高达百亿美元，商业证券界称赞 Roblox 公司股权交易为“元宇宙第一股”。元宇宙产生的商业效益，尤其是网络游戏中的商业机遇，因元宇宙的经营活动而出现。网络游戏元宇宙使虚拟世界更接近现实世界，促进了智慧图书馆元宇宙化由抽象走向具体。

从系统论的角度来看，元宇宙包含四个要素：一是以主体身份出现的虚拟数字人，二是支撑元宇宙结构组织框架的数字智慧技术，三是维护元宇宙运行质量的知识信息，四是支持元宇宙长远发展的经济资本。另外，元宇宙是一个复杂、多元的总体系，包含着不同性质表现的若干子系统，即政治子系统、经济子系统、文化子系统、教育子系统及生态子系统等。

综上所述，我们认为，元宇宙是一种总括型的概念描述，是以数字技术为支撑，以促进人类社会全面发展为价值理念，以关注和追求现代化的数字化社会文明为目标，容纳技术、信息、资本等基本要素，由虚拟化的

---

① 向安玲，高爽，彭影彤，等．知识重组与场景再构：面向数字资源管理的元宇宙[J]．图书情报知识，2022，39(1)：30－38.

② 喻国明．未来媒体的进化逻辑：“人的连接”的迭代、重组与升维：从“场景时代”到“元宇宙”再到“心世界”的未来[J]．新闻界，2021(10)：54－60.

③ 吴江，曹喆，陈佩，等．元宇宙视域下的用户信息行为：框架与展望[J]．信息资源管理学报，2022，12(1)：4－20.

④ 方凌智，沈煌南．技术与文明的变迁：元宇宙的概念研究[J]．产业经济评论，2022(1)：5－19.

政治、经济、文化、社会、生态等子系统整合形成的虚拟时空总和。元宇宙的核心价值表现在对虚拟空间的功能作用上，元宇宙的核心价值功能包括政治、经济、文化、社会、生态等子功能以及能够体现根本价值的技术功能。元宇宙发挥核心功能作用，最终目的是满足虚拟空间再造数字人化身的需求，维护元宇宙空间认知的自然真人在权益划分、情感归属、自我存在等方面的利益。另外，元宇宙技术归属不同学科领域，其实施方法包含哲学方法、逻辑方法、计算方法以及鲜少运用的横断科学方法。具体运用这些方法时，需要从哲学、计算科学、经济学、信息学、伦理学等各个学科交叉的视角对元宇宙进行分析研究。

第二节　元宇宙的功能

一、元宇宙的哲学意境功能

哲学意境面向终极关怀。元宇宙作为一种理念，也是有终极理想的。元宇宙与哲学有着必然的联系，甚至可以说已经出现了元宇宙哲学。元宇宙致力于创造一个沉浸式社会，真身与替身共存，在增强现实、混合现实、虚拟现实技术的支撑下，虚拟创造、内容创新、互动交涉、游戏体验、数字交易等构建成一个复杂的、自成一体的生态系统。元宇宙理念倾向于真实地沉浸在虚拟时空里，实施创新协作互动，在虚拟与现实、精神与物质之间自由转换。在不断发展的元宇宙理念中，传统哲学将被重新审视，以促进新的哲学理念产生，数字人的行为理念有望引发新哲学。关于社会精神进入元宇宙的衡量标准，最直接的是采用50%原则：当元宇宙环境内的人口数量达到现实世界中人口数量的50%，并且每人网上操作有效时间达到50%时，我们的社会就进入了元宇宙时代。

二、元宇宙的数字记忆功能

数智时代是元宇宙的前身时代，人工智能、云计算、大数据等技术支撑着数智时代的发展。在数智时代发展的过程中，数字记忆以文本图像、音频视频、3D 模型为媒介基础。我们可以为这些数字记忆媒介构建一定程度的价值关系图谱，但将各类不同的数字记忆媒介融为一体是不可能的。然而，在元宇宙时代，机器学习、数字孪生、动作捕捉等仿真技术在虚拟空间内被广泛应用，虚拟数字人、数字虚拟信息、虚拟空间场景成为新型记忆媒介，呈现出多模态、复合化、虚拟化的显著特征。

首先，不同的记忆类型既相互联系又相互区别。例如，团队记忆与个体记忆有很大的差别，团队记忆能更好地提高理论内容的丰富性；理论记忆与实践记忆的关系更为紧密，实践记忆是理论记忆的基础。其次，实践记忆中重要篇章或关键时刻将会被永久地保存。元宇宙技术产业赋能，能够实现产业集群化发展，而图书馆系统在存储实践记忆时会使用产业集群化技术功能，同时促使用户关注保护信息隐私，如有权选择被记忆的信息内容或被遗忘的信息内容，以此达到在智慧信息空间里对用户个体意愿给予尊重的目的。

在元宇宙环境中，数字记忆将会被逐级演绎，以实现智慧化发展，使启发式、沉浸式、交互式等不同类型的数字记忆演绎能够更容易地实现。同时，图书馆元宇宙化发展，促使记忆机构中的虚拟数字记忆被永久保存，确保了知识信息共建共享，永续发展。传统图书馆很难将具有特色的数字产品与其他记忆机构或记忆个人共享，但元宇宙技术可以在区块链技术的加持下对数字产品的权益归属问题进行规划确定，对图书馆信息资源进行标识或溯源，这有利于图书馆更安全地共建共享记忆信息。

三、元宇宙的数字人文功能

“数字论证”是社会数字人文研究中能够提供多重证据的极为重要的论证之一，包括成长发育机制、生成参照机制、整体融通机制等多重组织结构。建立数字人文研究机构，关联运用包含先进理念在内的元宇宙技术，能够催生元宇宙环境下新的研究方向和研究领域。我们可以将数字人文的研究方向分为四个：数字证据生成、主观知识构建、客观知识形成、数字记忆媒介产生。尤其在数字记忆媒介产生研究过程中，图书馆数字记忆机构要着力关注数字资源的存储与管理、虚拟数字人的运用、虚拟空间场景的应用等重点领域，将数字记忆媒介以数字产品的形式保存好，注重分析研究数字记忆媒介安全性保存关涉的管理政策、技术实施等问题，并深入探索借助新型数字记忆媒介技术提供富有挑战性的创新知识服务工作。

数字人文研究需要运用元宇宙技术底层设施设备，不断创造适当机遇，以充分利用元宇宙跨语境良好环境，跨时空构建分析研究、学术交流的应用场所。例如，智慧图书馆提供虚实交融的数字资源沉浸式体验馆，让现实真身与虚拟身份在元宇宙空间内交流互动。同时，数字人文研究需要利用数字人文虚拟产品，以沉浸式体验方式分析、研究、阐述数字人文理论成果；运用数字模拟技术，历练模拟实践经验，建构人类社会心理元宇宙实验空间，为元宇宙数字人文研究提供新的功能范式。

第三节 元宇宙的价值应用

元宇宙发展至今，已经出现了若干成效显著的元宇宙技术应用，主要有虚拟空间场景应用、虚拟智慧信息应用、虚拟数字人应用。这些应用都与智慧图书馆高质量发展密切相关。

一、虚拟空间场景应用

在元宇宙理念体系和技术应用领域中，构建虚拟空间的意义重大。虚拟空间源自网络游戏产业。Second Life 是一款多模态、多元化的虚拟空间网络游戏，游戏者能够在虚拟空间场景中构建逼真的虚拟化身，创造自己的信息内容，通过存储虚拟货币的形式获取价值利益。构建虚拟空间场景需要具备五个阶段的内容，依次是文本 MLD 虚拟空间场景、图形页面虚拟空间场景、3D 虚拟空间场景、经济体系虚拟空间场景、“去中心化”虚拟空间场景。前三个阶段的虚拟空间场景构建主要是对现实空间实施虚拟化操作，从文本图谱描写到图形规划处理再到 3D 智能编排；后两个阶段的虚拟空间场景构建则呈现了具有市场经济作用的虚拟化色彩，并逐渐趋向于全场景虚拟化，其虚拟化场景构建程度，完全可以满足对全社会关系进行模拟的需求条件。Second Life 虚拟化空间场景构建属于第四个阶段，关键任务是将经济虚拟化并转移进虚拟空间场景。元宇宙技术支持建立和发展的虚拟空间场景属于第五个阶段，将现实空间真人经济与社交行为转移至虚拟空间场景中，构建具有游离于现实广阔时空之外的“去中心化”特征的信息传播网络体系。

二、虚拟智慧信息应用

依据法律法规，数字信息与非同质化代币在价值作用上并不是同等一致的，而是应该脱离非同质化代币虚拟化属性，体现实际存在的信息藏品价值。当前，虚拟智慧信息以非同质化代币身份应用于数字版本权益领域，已经演变为由区块链技术支持，通过标识确认，明确了版本权益归属的数字产品。虚拟智慧信息在区块链技术的规制下标记确定权益归属范围，有利于对后续创造出来的数字信息权益进行流转、回溯，能够达到禁止信息被无故篡改、泯灭的目的。目前，我国已有 200 多家数字信息运营商参与其中，可划分为版权方、发行方、技术提供方及平台交易方。虚拟智慧信息形成产业，实施链条式发展，能够周期性地监控数字信息流转和交易的整个过程。近年来，我国广泛应用元宇宙技术，带动数字信息产业发展，涌现出了一批影响深远的虚拟智慧信息应用范例。例如，2022 年，新华社新闻影像素材创造基地应用区块链技术，将“新闻素材”转化为“新闻数字藏品”，全景记录并保存 2022 年重大历史事件；元宇宙烟花是一种以交互算法为计算基础的艺术数字信息集群，研究者不仅可以根据交互算法规制特定程序，创造出具有自身特征的元宇宙烟花，还可以将自身特征的元宇宙烟花与他人特征的元宇宙烟花捆绑结合，形成众创元宇宙烟花，而众创元宇宙烟花的数字版权属于每个成员。

三、虚拟数字人应用

在数字技术的支持下，虚拟数字人以图形学、合成学、类脑科学、计算机科学等聚合科学技术为基础，创造出具有逼真外观形象、仿真行为的可交互虚拟身份。目前，根据驱动方式，可将虚拟数字人分为真人驱动的虚拟数字人、智慧驱动的虚拟数字人。根据实践应用可将虚拟数字人分为身份型虚拟数字人、服务型虚拟数字人、表演型虚拟数字人。根据记忆媒介表达理论分析，可将虚拟数字人分为真人数字人和原生数字人。所谓真人数字人，映射的可以是现实社会中实实在在生活的人，由真人行为作为驱动引擎实施虚拟分身，也可以是推动社会进步、真实存在的历史人物作为真人的虚拟化身；所谓原生数字人，映射的是艺术创作形象或商业运作形象，发挥想象能力凭空产生的虚拟代言人。当前，已经出现一定数量的虚拟数字人服务公司，通过映射现实真人行为、表情创造真人数字人或借用艺术形象、商业形象制作原生数字人的方式为人们提供需求量极大的虚拟服务。

第二章　元宇宙时代图书馆主体发展的哲学理念

随着元宇宙技术在社会各行各业的广泛应用，人们充分意识到人类成为现实世界与虚拟世界共存的“两栖物种”。与此同时，元宇宙逐渐走进社会生活，产生了极大的思想震撼，成为学术理论界讨论的热点问题。为了清晰地了解“元宇宙为什么是哲学问题”，学者从元宇宙创造性地建构数字分身、元宇宙构建社交理论的三重体系、元宇宙空间内虚拟信息处理原则等方面，深入剖析元宇宙运行过程中的法律问题、实践应用问题、思想教育问题、风险挑战问题。Dolata 和 Schwabe 认为，元宇宙显现出一种引导时代潮流且又动态变化发展的社会技术现象，映射出人类社会高水准发展的现场状态，凭借元宇宙力量人们能够获取神秘、快感、交互的虚拟空间沉浸式体验。① Saeed 等认为，元宇宙空间是现实空间的数字孪生体，孪生体的生长极为迅速，正处于无限扩展的最佳时机，为虚拟空间中生存发展的精灵提供了崭新的环境，从而诞生了新型跨时空的虚拟场景，它用数字技术建构的虚拟生活取代了现实生活，并永久在虚拟空间里存在，但是存在的状态并不稳定，虚拟空间主体发展始终面临着风险与挑战。② 目前，我国理论界普遍认同的观点是，元宇宙是现代技术类型的代表，能够

① DOLATA M, SCHWABE G. What is the metaverse and who seeks to define it? Mapping the site of social construction[J]. Journal of Information Technology, 2023, 38(3): 239 - 266.

② SAEED B F, AZADEH I R, SEYED M H B, et al. Toward metaverse of everything: Opportunities, challenges, and future directions of the next generation of visual/virtual communications - ScienceDirect [EB/OL]. (2023 - 08 - 16) [2023 - 10 - 15]. https://www.sciencedirect.com/science/article/abs/pii/S1084804523000942?ia%3Dihub.

支持人类社会突破现实条件的约束，形成无限扩展的广阔虚拟场景，为社会发展带来千载难逢的历史机遇。由此可见，元宇宙完全可以给图书馆带来更多的发展机遇，提供多维空间的沉浸式体验，助推图书馆知识价值创造，提升图书馆知识服务的高尚品质。但是，如果借助元宇宙力量产生错误运转行为，就会混淆视听，泛滥虚实空间交互，丧失超越时空能力，产生自我调整、自我认同危机，最终阻碍图书馆向前发展。可见，元宇宙赋能图书馆高质量发展，机遇与风险并存。

在对待元宇宙赋能图书馆高质量发展这个问题上，我国图书馆学界普遍认为，发挥元宇宙技术支撑的正向作用，力主评判、消解元宇宙负面异化功能，坚持理性发展的价值观，突出展示元宇宙独特的灵魂功效。然而，面对未来可期的元宇宙空间场景，仍有许多未清晰的问题，例如，图书馆主体在元宇宙环境中的变化、存在规则、认知方式等，以及元宇宙以何种确切方式赋予图书馆的发展需求，这些都需要图书馆学界结合元宇宙原理给出合理、准确的回答。

第一节　元宇宙为图书馆主体的发展提供了全新的时空表达方式

当人类社会被赋予思维优势促使事物由抽象化描述转化为概念归纳时，人类社会就进入了由真实概括转向虚拟描述的知识化过程，元宇宙将这一进化过程推向了高级阶段。元宇宙是虚拟空间与现代技术融合的特征表现，在图书馆元宇宙化推进过程中，传统理性思维将会与虚幻性、迷茫性空间思维紧密联系起来。但是，这种思维认知既不能充分解释元宇宙合理赋能图书馆高质量发展现象发生的原因，也不符合元宇宙倡导现实空间与虚拟空间融合发展的现实状况。当图书馆发展进入元宇宙时代时，分析图书馆在元宇宙空间内的实存性，对图书馆高质量发展具有重要的意义。

一、元宇宙的实存与内涵对图书馆发展的意义

（一）元宇宙的客观实存性

首先，元宇宙的出现是以人类社会普遍交往需求为前提的。人类的实践活动和自然界的规律运转，都是客观存在的。元宇宙运动活跃于互联网上，是人类社会有目的、有规律的实践活动，是满足人类社会普遍交往需求的典型表现。元宇宙运动的具体表现具有客观实存性，与图书馆的实践活动品质极为相符，因此，可以说，元宇宙是图书馆一切实践活动的技术总和。为了丰富图书馆的实践活动内容，实现图书馆自身的本质目标和满足用户对信息资源的需求，图书馆需要元宇宙化以扩展信息交流范围。中央电视台经济频道传播元宇宙文化作用，将元宇宙助推人类社会进步称为“独辟蹊径的一条能够提升人的生活质量的内化之路”，说明人们已经将元宇宙创造的虚拟空间生活观视为一种常态，虚拟空间的信息交往已经成为图书馆知识服务交流的重要工作。图书馆虚拟空间的知识服务和信息交流共同印证了元宇宙客观实存性的特征。

其次，元宇宙的发展是以社会经济为基础的。近年来，元宇宙的社会经济效益突飞猛进，促使国内外很多企业发展进入元宇宙阶段。在国外，英伟达公司借助元宇宙协调与共进发展平台，向全世界实施业务开放；扎克伯格公司改名为“Meta”，主动转型构建元宇宙公司；微软集团实施科技创新，将公司业务拓展至元宇宙场域。在国内，工业和信息化部等八部门联合发布《“十四五”智能制造发展规划》，最终明确了元宇宙的概念和元宇宙技术应用范畴；2021 年，国家依据元宇宙发展状况，建立了元宇宙社会团体和产业委员会，以推动我国元宇宙产业的快速发展。国内外元宇宙产业发展显示，人类社会已经认识到元宇宙经济生产活动的重要性，元宇宙的客观实存性得到了信息产业经济活动的有力支撑。

（二）元宇宙的思想内涵

元宇宙出现在人类社会普遍交往和经济生活创造生产动态变化的过程

中，说明元宇宙是在一个意识领域被普遍认同的实存空间，实存空间的思想内涵需要通过概念归纳精髓。从图书馆学视角来看，元宇宙被解释为基于现代性强的虚拟现实交互技术，突破虚实空间边界限制，消融边界分隔，实施无限想象力的对外扩充，随后通过稳定时局、有节奏地把握动态变化，形成超越时空、无限增容的新生代宇宙空间。图书馆学界对元宇宙思想内涵的界定既有针对性又内容丰富，具体从虚拟现实融合、物理全息仿真、沉浸式体验、高能运算输出等方面展开分析与确定；同时，可以从理性思维的角度出发，进一步明确元宇宙技术支撑图书馆虚拟空间构建的定量和定性，简单地替换已经存在的现实空间并非明智之举，只有平行建构且融会贯通才是正确的发展之路。这些思想内涵的界定为图书馆乘势实施元宇宙化提供了理论参考并指明了方向。

从哲学的角度分析和理解元宇宙思想内涵，发现元宇宙思想内涵随着时代的发展处于内容不断丰富和品质不断演变的过程中。但是，万变不离其宗，元宇宙的核心思想内涵对图书馆高质量发展具有重要的指导意义。根据元宇宙核心思想，结合图书馆业务工作的实际特点，图书馆元宇宙化的内涵价值可以描述为：借助元宇宙技术对图书馆现实空间中的逻辑内容进行刻画、映射和复制，体现图书馆主体行为在虚实融合空间内的具身互动和多维交往，持久发挥元宇宙引领时代的感召力量，创造图书馆高质量发展的数字文明和空间文明。元宇宙的思想内涵强有力地证明了图书馆完全可以全身心地融入元宇宙新时空，把握图书馆时代发展方向，步入元宇宙化新阶段。

二、元宇宙的新式时空特征促进图书馆主体发展的时代意义

元宇宙是新时期互联网技术与现代科学技术革新相互融合发展的跨时空表现，是虚实融合空间的骨干载体，是各类现代科学技术整合创新和融合发展的现实应用。元宇宙集合中的任何一项技术都会对图书馆的主体发展产生重大作用。当图书馆活动向元宇宙虚拟空间跃迁并发生活动品质提升时，图书馆主体建设便进入了全新的文明时代。只有全面理解和把握元

宇宙新时代、新发展的时空特征，才能将图书馆主体纳入元宇宙时空自由穿梭，实现图书馆跨越时空的高质量发展。

（一）虚实交融是元宇宙的本质特征

元宇宙不是空间意义上的虚拟化描述，而是对现实世界理性内容最逼真的刻画与复制，在思想内涵上具有传承性。在构建图书馆虚实交融知性平台时，图书馆高质量发展的目的是构建一个持续性强、覆盖面广的虚拟空间体系，将网络设备、底层设施、智慧思维纳入其中，实现虚拟空间体系的基础性作用。图书馆现实空间和虚拟空间实现交互融生，预示着现实空间中的数字信息产品成功复制和虚拟空间中的数字藏品再次创新，也说明元宇宙环境中的图书馆存在着两种类型信息：人类能够感知的真实存在的世界信息、人类通过创新思维创造的虚拟信息。在元宇宙技术支持下，图书馆可以将这两种类型的信息全面呈现给用户，助力用户开展信息实践活动，提高用户信息素养。例如，利用空间的虚拟化优势呈现信息资源逼真状态下的全景化真容，用户可以放大或缩小、快进或慢放事物演进过程，全方位观看。在图书馆虚拟空间场景的沉浸式体验中，用户能在阅读数据要素、获取知识信息的虚拟想象状态下体验元宇宙虚实空间融合的宏大魅力。

（二）具身互动是元宇宙的核心特征

具身互动体现了图书馆元宇宙化虚拟环境交融相生的理想境况，在很大程度上跨越了馆员和用户的心理界限与知识鸿沟。[①] 元宇宙环境下的图书馆将馆员与用户的心理活动通过元宇宙技术展现出来，是元宇宙遵循的以事实为本且重视沉浸式感知体验的完美体现。具身互动的表现说明，在图书馆元宇宙化信息交互中，用户获得了沉浸式体验，并由此形成了心理认知的确定性，通过知识信息外化与内化的交互流动，激发了图书馆馆员知识服务的强劲动力。元宇宙技术支持图书馆虚拟空间建设，让用户感知

---

① 王姝彦，王孝清．界面理论与知觉的非真实性[J]．哲学动态，2021(3)：106－117.

到一个信息资源更丰富、知识服务更方便快捷的虚拟世界。用户能够通过视觉、触觉、味觉体验到虚拟世界的事物特征，并为其内在品质特征所吸引。另外，用户还能运用表情动作和肢体语言与不同语种的人进行交流、互动。相比于现实空间真实的感受，这些能够促使用户致力于元宇宙的实践创新活动。在元宇宙环境中，图书馆可以创造一个虚拟化的“家庭组织结构”，邀请用户成员提供信息需求清单并开展社交互动，也可以借助元宇宙技术与国际接轨，邀请同行专家进入虚拟空间开展业务交流。这充分说明，元宇宙是虚拟空间与现实空间交互融生的源头载体，如果缺少元宇宙的技术赋能，图书馆的科技创新、智慧创造就会大打折扣。

（三）体现价值与创造文明是元宇宙的前提特征

通过对现实空间基本真实内容的全息映射复制和数字孪生处理，元宇宙已经成为促进图书馆智慧发展的文化形式代表。在精神文明建设方面，元宇宙是促进生产力发展的动力源泉，是提升社会创造力的理性工具，是社会新文明、新风气建设的有力推动者。在区块链技术支持下，元宇宙的超链接功能发挥重要作用，促进图书馆与虚拟世界的接口形成，助力用户合理运用可信虚拟资产、获得虚拟化身份认证，为图书馆虚拟空间实施文化工程，促进精神文明建设，提供了创造源泉，奠定了归属基础。在经济价值创造方面，基于虚实交融的特征表现，虚拟现实技术将图书馆知识信息创造与现实产业经济融合起来，实现图书馆经济组织结构的元宇宙化，并通过把持虚拟资产形成图书馆商业生态架构，构建起体现价值和创造文明的图书馆元宇宙化经济体系。虚拟现实技术可以为构建图书馆元宇宙化经济体系提供保障，通过虚实空间资产的互通，搭建起虚实空间联系的桥梁。在图书馆相对稳定的虚拟资产版权和相对清晰的经济生态体系中，馆员以主体的身份创造知识信息价值并以贸易流通的方式进行信息价值交易，从而持续性地赋能虚拟空间信息资源，实现虚拟信息产品价值与现实信息产品价值的深度融合，最终形成图书馆信息资产价值体系。在促进图书馆主体发展方面，元宇宙发挥着促进主体逐步完善、再发展主要空间载体的作用，元宇宙化能够加强图书馆与外界的联系，指导图书馆转变成为具有高度责任感的引领者。借助虚拟现实技术，提升图书馆主体认知信息传播与发展规律的能力，以知识价值创造为契机，强化图书馆现实空间与虚拟空间之间的交互作用，在图书馆元宇宙化空间内组织知识产品创造和创新性价值产品创造活动，进一步为图书馆高质量发展打好价值再造基础。

第二节 元宇宙境遇下的图书馆主体分化

元宇宙的出现，促使空间分化为虚拟空间和现实空间。图书馆主体的虚拟世界和现实世界虽然遵循着不同的认知规律，但虚实空间是融合共生的。元宇宙推动图书馆主体分化，而分化的巨大动力必然引起认知规律的差异。实施图书馆主体分化，能够以分化产生的强劲动力有效应对挑战和抵御矛盾冲突。

一、新型虚拟空间的出现推动图书馆主体分化

虚拟空间是元宇宙力主构建的、具有永久性存在特征的新型世界结构，是打破现实空间限制、承载时代需求成功构建的新时空形式。在图书馆现实信息与虚拟信息交融相生的过程中，元宇宙化成为图书馆保持长久稳定发展的重要表现形式。这充分说明，图书馆元宇宙化促使虚拟空间与现实空间之间保持着紧密的关系。图书馆的虚拟空间由技术系统、交流平台、经济体系、服务共同体等组成，信息资源丰富、沉浸式体验场景多元化，为图书馆知识服务和阅读推广活动提供技术支持与空间储备。马克思指出，人存在于社会的普遍意义在于把我们相处的自然界，首先作为最直接的生活资料的来源地，其次作为人类生命长存的材质和智能工具，最后转变成人类自身有机成分的一种新类型。[①] 当人类移民数字空间时，虚拟世界便成为人有机身体的组成部分，如果图书馆主体想要通过虚拟空间延伸自己的思维实现主体分化，就必须成为虚拟空间存在的新的主打形式，

① 马克思.1844年经济学哲学手稿[M].北京:人民出版社,1985:158.

并把追求虚拟空间的普遍性作为首要职责。

如果图书馆主体在虚拟空间内发展成有机身体的一部分，就能摆脱物理空间边界的限制，在虚实融合前提条件下实现智慧空间的联结和拓展，图书馆主体分化也会出现在虚拟空间多维化方向上。在图书馆元宇宙空间内，用户可以根据空间容量大小调整参与活动时间的快慢，还可以编辑或回溯信息获取行为、信息交流活动的过程。现实空间在这方面要逊色许多，在元宇宙空间出现之前，现实空间的事物内容一直处于混沌状态，它因存在明显的边界性，需要信息交流具有距离感。正是两类空间在形式上的差异和在关系上的不隶属，导致空间复制转变为维系两者原有的平行关系，两类空间各自维持着独立状态。但是，元宇宙的出现，使两类空间关系在保持平行的基础上越来越紧密。上述表述说明，图书馆元宇宙化，建立名副其实的虚拟空间，能推动图书馆主体把分化转变为动力，以应对图书馆面对的困难和挑战。

二、虚拟空间与现实空间在认知规则上的差异推动图书馆主体分化

在虚拟空间出现之前，现实空间代表着世界事物的一切。此时，图书馆知识服务系统由主体空间和现实空间两部分组成。在空间分化为虚拟空间和现实空间之后，图书馆知识服务系统转变成由主体空间、虚拟空间、现实空间三部分组成。因为虚拟空间和现实空间本身就存在差异，所以运行规则在虚实空间中也存在差异。图书馆主体元宇宙化，只有同时遵循不同空间的规则，才能在组织信息资源流通、信息服务实践活动中产生积极向上的效果。

在图书馆虚拟空间中，主体必须把虚拟规则作为标准看待知识服务中各种运转行为，并遵循虚拟规则开展感知实践知识信息创造活动。如果以虚拟规则指导实现空间信息行为，就会产生时间单向错误或决策制定缺乏精准性。在现实空间内，主体能够进行远距离社交、组织现实感强的文明创造活动，但前提是图书馆主体遵循现实规则。因此，现实空间中的图书

馆主体一般情况下会理解为虚拟空间的信息内容没有确定的显著特征、没有明确的服务界限、没有可借鉴的价值标准。这样，实践于图书馆虚拟空间的主体，在遵循虚拟规则过程中，必然产生矛盾冲突。如果图书馆主体依据虚拟规则评议指导现实空间，就会因为规则存在差异而受到现实空间力量的抵触，反过来也是这样。

图书馆主体依据虚拟规则评议指导现实空间受到现实空间力量抵触有两方面原因：一是虚拟规则在虚拟空间内产生的效果最佳，当跨越边界进入现实空间进行信息规制时，若其规范要求、执行标准均不符合现实环境状况，就会引发矛盾冲突，出现抵触现象。因为，虚拟空间是现实空间的映射物，虚拟空间只能接近逼真于现实空间，不能完全等同于现实空间，更不是现实空间。二是虚拟空间中的主体具有有限性和待完善性，主体进入虚拟空间需要元宇宙技术的支撑。当前，元宇宙技术的发展仍受到严格制约，其技术方面的不足导致预期效果与实际效果差别较大。这说明，主体在虚拟空间内按照规定时间呈现的规则效果只是下一个阶段的一个新起点。当主体遭遇抵触返回虚拟空间时，虚拟规则必然与已经成为约束的实际行为发生碰撞。如果碰撞得以避免或碰撞的力度维持在一定的限度内，则说明主体在同时接纳虚拟空间和现实空间的过程中实现了分化。为了使主体分化状态符合虚拟空间和现实空间规则，主体在主观能动性和继续完善性的推动下强化虚拟与现实融合的关系，力争适应不同类型空间内的规则，推动主体整体完善和全面发展。

三、具身交互与认知活动推动图书馆主体分化

人类社会通过不间断的分化过程，总结、凝练、创造出了自身的全面性。元宇宙的出现，促使图书馆虚拟空间和现实空间主体既依赖于不同的空间又交融于组织结构中。这决定了虚拟空间与现实空间之间因交融相生产生认知规则上的差异，差异的出现诱导主体分化，并由此促进图书馆元宇宙化衍生出强劲的发展动力。

（一）具身交互方式上存在差异，推动图书馆主体分化

图书馆主体的发展需要客观世界与主观世界交互共生的良好环境，也只有在交叉互动、激情释放的空间环境中其才能不断地实现主体分化。主体分化促使图书馆成为具有智慧能力的存在物，同时，图书馆虚拟规则与现实规则之间的差异必然引起图书馆主体认知方式发生变化。在虚拟空间内，知识感知和时空跨越被认定为虚拟主体认知经历的起点。有了起点，主体才能有次序、有节奏地进入理性认知阶段，才能发现问题，重启实践认知征程。主体在实践认知过程中发挥承上启下、引领方向的作用。主体不仅是事物发展的物理载体，而且是一个具有高效感知体验的认知体系，还是具体实践活动的倡导者和指导者；并且主体的嵌入能力是实际具身交互中维持事物认同感的基本力量。[①] 只有图书馆主体致力于虚拟空间实践成功锚定确定性，主观感知活动才能有效开展，实现自我认同。

随着元宇宙时代的到来，图书馆把虚拟空间演变成自身有机的一部分，图书馆主体有机会脱离固定性，突破具体性和直接性的限制，在虚拟环境中获得外联和空间拓展的时机，从而具备组织开展具身交互活动的能力。当主体在此空间、此场景中认同彼此之间的信息、观念、行为时，主体自由进入彼场景，彼场景就会被同化为此场景。[②] 这说明，图书馆主体在虚拟空间中实施实践认知活动是泛在化的，主体可以具身交互，出现在虚拟空间不同的场所位置上（图书馆主体在现实空间内具身交互，效果显然不如虚拟空间好）。同时，虚拟空间可以逼真映射现实空间的信息特征（这些信息既可以是传统事物信息，也可以是增强或扩展现实的虚拟事物信息），将信息进行可编辑方式整理，传递给虚拟空间内的数字虚拟化身使用。虚拟空间和现实空间在感性认知上存在较大差异，需要启动理性认知来缩小这种差异，这也会推动图书馆主体在外界环境的影响下进行分化，以提高图书馆在虚拟空间内的认知效率和认知效果。

---

① 吉登斯．现代性与自我认同［M］．北京：生活·读书·新知三联书店，1998：111．

② 胡潇．“泛在”和“脱域”［J］．哲学研究，2016（10）：9－16．

（二）全面性认知和片面性认知存在较大差异，推动图书馆主体分化

元宇宙的出现，促进图书馆空间分化为虚拟性的和现实性的。如果图书馆主体分化不彻底，就会出现任职角色混乱现象，进而导致认知方面的矛盾冲突，这可以从全面认知和片面认知之间的差异上表现出来。如果现实空间中存在认知冲突，主体就要调整认知空间角度，以虚拟化身身份转入虚拟空间认知信息对象。由于虚实空间归属于不同的场域范畴，会出现认识事物路径不清晰和认识过程不顺畅的情况。当主体以虚拟化身身份参与对现实信息评价时，往往只关注信息链条上的某一部分，认识过程出现碎片化情况或者信息感知只为图书馆外部环境创造了条件。因此，主体虚拟化操作对现实空间的认知是片面的，要想得到全面性认知还需将虚拟化操作应用于虚拟化空间。然而，图书馆主体坚持把握事物本质是实践认知活动的出发点，达到对信息全面性认知的目的还需要主体加强虚实空间的联系，形成虚实融合、利益共赢的局面。如果图书馆主体尝试达到把握事物本质的认知效果，则需要提高解决图书馆主体自身矛盾和冲突的能力。

当图书馆主体在虚拟空间中进行信息流通的具身交互时，交互程度越深，认识偏差越易发生，对知识认知的矛盾冲突也就越激烈，这是符合事物发展规律的。当图书馆主体以现实真人身份认知虚拟空间信息对象特征时，习惯沿袭现实空间的实践认知方式，这种认知方式从根本上否定了虚拟空间的实在性，因此形成全面性认知是不现实的。同时，由于虚拟空间主体意识表达的是主观认识的现实性，而主观认识具有间接性、抽象性特征，加深了现实与虚拟之间的不信任感，进一步限制了主体的全面性认知。主体只有从体系层次认知丰富的知识信息资源，才能获得对知识信息特征的全面性认知。不断健全认知过程中的普遍性，提升虚拟空间和现实空间参与图书馆有机自身建设水平，为图书馆主体统一认知水准奠定事件认识基础。

第三节　元宇宙境遇下图书馆主体统一完善的作用机制

在虚实融合的推动下，图书馆主体提升全面性认知高度，增强高品位价值创造力，通过协调统一推动图书馆高质量发展。

一、现实主体和虚拟主体交融相生推动着图书馆主体协调统一

元宇宙的出现，打破了图书馆现实空间和虚拟空间平行发展的格局，两者之间的关系更加紧密，为此，图书馆也面临着主体分化带来的矛盾冲突。在元宇宙环境下，图书馆建立了现实空间和虚拟空间的密切关系，并实现了两者并肩融合发展，促使现实主体与虚拟主体共同创建具有普遍联系特征的元宇宙平台。图书馆主体分化后，信息各要素迅速脱离现实空间的规范管理，信息要素之间通过联动的方式形成了唯一存在的平衡系统。因此，图书馆主体要想达到对信息认知协调统一的最佳效果，就要提前构建现实主体与虚拟主体内在和谐的作用机制。

（一）图书馆现实主体与虚拟主体在交互作用中实现融合发展

图书馆主体分化之前，现实主体保持着一种受规范限制且又独立的生存状态，秉持的是一种是此非彼、非错即对的主观态度。因此，在元宇宙环境下，图书馆主体借助现实主体的主观态度，在虚拟空间里有进一步凝练发展的余地，同时，通过主体分化产生的虚拟主体自然而然地保留着现实主体有限性和受限性的明显特征。虚、实两种类型的典型空间作为规范受限的构建物，均不能从自身源头解释、规定受限缘由，也不能独自制定规则限制空间的存在，只有相互依存、相互融合，虚、实空间才能获得肯定和维护。一方面，图书馆主体分化之前，现实主体有强烈的自为性，导致直接性爆发，为此，现实空间常常给图书馆主体带来一些烦恼和困扰。这样的烦恼和困扰促使现实空间与虚拟空间融合发展，只有现实主体与虚拟主体发生交互作用，图书馆才能获得存在的保障与发展的肯定。由此可

以看出，图书馆现实主体与虚拟主体存在融合和依存的关系，以此为基础推动图书馆主体协调统一发展具有极大的可能性，也是非常必要的。另一方面，图书馆现实主体和虚拟主体在交互中会发生消融现象。事实上，现实主体和虚拟主体交互的基础是各自按照既定的部署安排平行、独立地进行实践认知活动。当图书馆主体按照现实空间部署安排进行实践认知活动时，虚拟主体会暂时处于隐退状态。我们从元宇宙理论中获得的认识规律是图书馆不能机械地敦促现实主体代替虚拟主体进行实践认知活动，更不能将虚拟规则无原则地照搬于现实空间实践认知中。总之，现实主体和虚拟主体是自己独立空间中的标的物，两者在独立中统一、在统一中扬弃、在扬弃中显示自身本质特征。

（二）现实主体与虚拟主体在分离扬弃中统一于主体

一直以来，图书馆极力推崇现实主体并积极构建虚拟主体，两者互不作用、互不影响，但是一旦一方超越这个限制，就会给另一方带来本质的变化。在元宇宙环境下，促进图书馆现实空间和虚拟空间融合发展是大势所趋，必然使图书馆元宇宙空间场景中的信息资源内容越来越丰富，知识服务越来越多元化。元宇宙技术致力于复制世界空间内容，图书馆进行实践认知活动，体现现实主体的价值存在，同时分化形成虚拟主体，并将虚拟主体作为图书馆元宇宙空间存在的依据。在此情景下，现实主体完成了与虚拟主体的统一，由此促进现实主体虚拟化和虚拟主体现实化。经元宇宙化协助，图书馆的两种主体统一协调，一致入围主体系统。虚拟主体与现实主体统一于同一系统，是一种以独立自主的姿态推动自身进入系统积极展示多元化主体存在的认知过程。正如黑格尔所说："现实生活中存在的事物反映在其他境况中与反映在自身境况内的状态是不可分的。"① 图书馆主体分化后必然再次走上统一的道路，但这次统一与上次有着本质上的不同，能够促使现实主体的有序性和虚拟主体的无限性淋漓尽致地表现出来。两类主体相继回到主体系统后，相互依赖，产生共鸣，一类主体将另

① 黑格尔．小逻辑[M]．北京：商务印书馆，1982：267.

一类主体视为存在的依据，二者在系统内得到规制和扬弃，不断推动图书馆主体整体完善和全面发展。

二、现实主体与虚拟主体在具身交往和全面性认知中推动图书馆主体协调统一

图书馆现实主体和虚拟主体对知识信息特征功能的认知存在差异，各自对其有质的规定。在元宇宙环境下，两类主体反映或认识知识信息的差异在逐渐缩小，在助推主体分化、实现主体系统要素具身交互和认知全面性上形成了一致的观点。扬弃不完善的规定，达成认知上的共识，现实主体和虚拟主体融合共生推动了图书馆主体协调发展。

（一）现实主体与虚拟主体在具身交往中的差异和过渡

在元宇宙技术支持下，图书馆主体分化成现实空间和虚拟空间，实践认知活动促进了两种空间的融合相生，为图书馆现实主体和虚拟主体的认知、交互、协调、统一打下基础。现实主体和虚拟主体既彼此独立又协调统一，共同维护着图书馆主体的尊严，承担着图书馆主体发展的历史使命。从现实维度来看，现实主体管理信息资源流通和知识服务的现实空间，承担着为图书馆主体提供信息内容确定性的责任，是图书馆主体可感知、可触及的实实在在的组成部分，在主体发展进程中扮演着承上启下、呼应延续虚拟空间的角色；从虚拟维度来看，虚拟主体进行实践认知活动的虚拟空间，是沉浸式体验的最合适场景，是现实主体到达理想彼岸强有力的推手。同时，现实主体从事的知识信息活动对应着传统的三维时空格局，现实空间只能提供远距离信息具身交互场景，对于主体想象、感知知识信息需求所需的空间场景还要全息映射虚拟空间，并借此过滤掉主体认知中的可能性，生成跨越传统三维时空的虚拟性，实现图书馆主体实践认知的跨越式发展。

在元宇宙环境下，图书馆现实主体和虚拟主体借助元宇宙技术力量逐渐消除差异并在发展中相互扶持，为图书馆高质量发展蓄能助力。辩证地分析两种主体之间的关系，如果现实主体能够挣脱规则的约束，映射于虚

拟空间，就是具有现实理想的孪生体，可视为理想之物，而且虚拟主体能够回应现实空间产生一样的理想效果。作为一个理想之物，现实主体与虚拟主体因差异而泾渭分明地存在着。现实主体与虚拟主体之间的差异就像0和1的关系。依据实数概念，0和1之间存在着无数个实数，0永远不会晋级到1。依据整数概念，0和1相邻，0会直接晋级到1。当然，直接晋级到1的代价是损失无数个实数。这就是实践认知中为了探索新事物奥秘付出的代价。通过实现跨越时空的虚拟性提升主体认知的高度，是图书馆虚拟空间知识信息创造发展的必由之路。

（二）现实主体与虚拟主体在主体系统中的交往和全面性认知

马克思指出，人类社会的出现，不是在规定程序上的再生产，而是对全面性的直接产出。① 图书馆主体分化，产生了现实主体和虚拟主体，这是图书馆在元宇宙环境中因主体分化表现出来的全面性，图书馆主体系统也因此创造了诸多新要素。价值系统论指出，只有保持主体系统内诸多因素协调一致，才能促进系统环境的协调统一，主体系统才能有序发展。②在图书馆主体系统中，主体需要合理处理未分化的余留，主要是清理残留下来的未分化相关特质，只有合理清理，才能保障主体系统诸多要素普遍性社交和全面性认知。在元宇宙环境下，若图书馆虚拟空间需要容纳所有类型信息特征并将其统一于主体系统内，虚拟主体就要具备映射现实空间各类信息要素总和的能力。这要求虚实空间中的主体交互必须扬弃各自内在规定的某些方面。譬如，虚拟主体需要清除掉信息交互中的非诚实性和无序幻想性，现实空间需要清除掉信息交互中的远距离性和框架约束性。现实主体与虚拟主体既要相互协作，又要自我协调内在要素，只有这样才能独善其身，进而助推主体系统统一。在此情况下，元宇宙赋能图书馆主体，促进现实主体与虚拟主体自由发展，为图书馆元宇宙空间协调统一发展提供必要条件。

---

① 中共中央马克思恩格斯列宁斯大林著作编译局．马克思恩格斯全集：第30卷[M]．北京：人民出版社，1995：480.

② 高瑞珍，毛建儒．论系统发展的动力[J]．系统科学学报，2018，26(2)：11－14.

图书馆主体进行实践认知活动，目的是有效防范外部风险和应对内部挑战。在元宇宙环境下，通过现实主体与虚拟主体的融合相生，清除了主体系统内部的不信任性，克服了困难，改变了初衷，由自然因素决定生存状态，或者由自然主体决定分化状况，从而阻止了主体忽略自己不良情况的蔓延。这种阻止行为的实施需要增强现实、虚拟现实、人机接口等元宇宙技术的支持，构建元宇宙技术实施环境，以解决图书馆虚拟空间很有可能存在的偶然性问题或分裂问题，在元宇宙技术的支持下彻底消除主体分化留存下来的不合理因素。对图书馆进行元宇宙化，通过元宇宙渠道，反映现实主体与虚拟主体诉求，实时回溯信息需求进入主体系统内。在反映现实主体与虚拟主体的理性诉求过程中，会产生一些具身交互行为或组织一些实践认知活动，这是图书馆主体交互作用和自身完善的重要表现。由此可见，元宇宙技术支持图书馆主体成为一个矛盾与统一兼容的智慧系统，图书馆主体在这个系统中重整旗鼓，绝地逢生。

三、现实主体与虚拟主体在元宇宙价值体系和文明创造体系中推动图书馆主体协调统一

元宇宙的出现，促使图书馆主体成为在实践认知活动中创造信息价值的重要推手，现实主体与虚拟主体在创造信息价值中相互作用，反向推动图书馆主体完善发展，维系图书馆参考咨询服务特征表现。现实主体组织开展实践认知活动，创造信息价值，助力图书馆主体发展，这已经成为事实。然而，对于虚拟主体开展实践活动能否创造价值、运用怎样的方式助推主体发展，需要进一步的分析探索。

（一）虚拟主体在元宇宙创造的社会关系中推动图书馆主体统一完善

虚拟主体是图书馆元宇宙化过程中主体分化的产物，它使图书馆元宇宙空间内容更丰富，同时承担了相应的空间建设责任，这一责任的繁重程度决定了虚拟主体本质特征的表现程度。虚拟主体是图书馆虚拟空间人际关系的

实施者，能够通过元宇宙渠道将虚拟空间中的人际关系纳入社会关系整个体系，进而推动图书馆主体系统统一，使图书馆知识服务系统平衡发展。

（二）虚拟主体和现实主体相融共生提升自身能力，推动图书馆主体统一完善

运用增强现实/虚拟现实设备，借助触摸式服装、激光扫描手套装备，虚拟主体获取虚拟空间现实版感知，体验“既处于现实当下又知觉虚拟场景的感受”①。元宇宙技术装载元宇宙设备，触摸式服装可以让主体体验风拂脸面、雨落身上的感觉，激光扫描手套可以让主体感受到手捧苹果、手指绘画等。这种虚实相融的场景体验有助于提高主体的认知效率，最大限度地提高主体实践认识能力。尤其在面对挑战或化解风险的严峻情况下，虚拟主体与现实主体互依互存、交互共生，排除困难顺利完成图书馆高质量发展任务。

（三）虚拟主体对接现实空间中的虚拟价值，协调价值取向，推动图书馆主体统一完善

元宇宙是社会生活真实状况底层价值程度的复制，其生存持续力表现在虚拟空间资产的承载和虚拟数字人身份的认定方面。受元宇宙理念的影响，图书馆虚拟主体能够主动创造信息、积累信息价值，创造出来的信息成果受到虚拟空间身份系统的认证和保护。虚拟资产可以远离虚拟信息平台无限扩展地进行自由交易，还可以通过强力运算技术转换为另一种模式的资产或者通过增强现实技术转换成现实物质资产，无论怎样的转换路径，虚拟资产转换标价都是由社会经济规律决定的。在信息资源消费方面，虚拟主体指导消费过程，引领消费潮流，实施经济手段实现虚拟资产盈利，进入虚拟空间开展资产代金货币换取业务，确保虚拟资产的长久留存。区块链技术能够为虚拟资产和虚拟价值成果提供保护，为虚拟空间交易、跨时空消费提供技术支持。通过资产权益记录技术，将现实资产映射

① 张铮，刘钰潭．“沉浸”的核心要义与文化逻辑［J］．南京社会科学，2022（2）：165－172.

为逼真的虚拟资产，而资产模式的转换能够激发主体在不受系统限制的情况下主动交易虚拟资产。图书馆元宇宙空间智慧生态系统能够保障虚拟资产信贷管理、证券运行、价值保险等顺利开展，支持现实资产和虚拟资产的联通管理。在现实资产对接虚拟资产进行资产管理的过程中，同步管理有利于现实主体与虚拟主体的融合对接，以价值创造和价值实现为跳板，促进现实主体与虚拟主体协调统一到图书馆主体系统中，以协同、整合的优势推动图书馆主体良性发展。

第四节　元宇宙境遇下图书馆主体发展面临的挑战和应对策略

元宇宙的出现促进了世界的二维分化，现实世界和虚拟世界由此形成。图书馆业务运作在现实世界和虚拟世界的实践活动中存在较大差异。另外，元宇宙技术若不能被恰当地应用，图书馆知识服务业务和图书馆主体分化将会面临风险考验和矛盾困扰，图书馆高质量发展也将面临新挑战。为避免产生矛盾，图书馆信息流通和信息创造必须遵循以人为本的原则，坚持以元宇宙技术为支撑，实现空间的虚实融合、信息的交互体验，积极推动图书馆主体在解决矛盾、克服挑战中完善发展。

一、元宇宙境遇下图书馆主体发展可能面临的风险挑战

元宇宙是互联网技术和现代科技革新融合而生的时空价值体现，是现代技术整合应用和融合创新的新型载体。但是，技术应用存在两面性问题，如果元宇宙技术应用不对路，就会产生多余的异己力量，阻碍图书馆高质量发展，导致图书馆主体面临更严峻的风险挑战。同时，在元宇宙环境下，图书馆主体从事实践认知活动会出现认知角度、认识方法上的偏差，创造出来的价值结果存在一定程度的误差，导致虚拟空间的片面性和单一性特征表现制约主体全面性认知的形成，进而阻碍图书馆的高质量发展。

元宇宙技术应用不对路产生的阻碍还表现在图书馆主体过度依赖虚拟空间，造成实践认知活动的想象力过于丰富、虚幻色彩过于浓重等。虽然元宇宙赋能图书馆建立了新的虚拟空间，但是数以万计的数字个体纳入虚拟空间，会溺于其中，呈软弱无力之态，导致图书馆主体的发展只能呈现单向性。元宇宙技术的不恰当使用会引发异己力量，导致图书馆主体呈片面性状态，推动图书馆主体分化，从而产生新风险、新矛盾。在元宇宙环境下，如果图书馆主体依据虚拟信息辨别现实空间信息资源的实有状态，就会因虚拟所有的异质性受到现实空间实有的排斥或抵抗。如果现实空间与虚拟空间容纳的主体矛盾是异质的或者虚拟主体不能化解矛盾冲突，那么主体在现实空间与虚拟空间中从事的实践认知活动将会彼此排斥，导致主体片面性分化，主体不能认清本质问题，阻碍图书馆主体的全面发展。

二、元宇宙境遇下图书馆主体发展的应对策略

运用元宇宙理念促进图书馆发展，是图书馆现实空间和虚拟空间融合共生的前提条件。近年来，我国逐渐重视元宇宙产业的建设与发展，为促进图书馆主体的完善发展提供了政策支持。这说明，在国家全面推动下，元宇宙进入社会生活并广泛应用已经成为必然之势。在此情景下，图书馆能够借助现实增强、虚拟增强的元宇宙技术力量，推动图书馆高质量向前发展，为贯彻社会主义新发展理念提供全面、崭新的理念支持。历史实践证明，元宇宙涉入人类社会生活，能促进图书馆虚拟主体在发展完善社会组织结构中发挥重要作用。

以元宇宙技术为引领，促进图书馆主体的全面发展。图书馆主体是信息价值创造的主力，促进社会民众全面发展是社会主义核心价值观倡导的根本目标，元宇宙的价值目标是以技术力量推动人类社会全面发展，元宇宙环境下图书馆高质量发展价值目标也是如此。为此，元宇宙赋能图书馆发展，必须遵循以人为本的原则，坚持以价值实现、虚实融合、交互体验等技术为支撑，确保图书馆成功构建虚实融合的理想空间。从元宇宙价值观角度出发，图书馆应用元宇宙技术，旨在映射和弥补现实空间信息内容

的空缺，使虚拟空间的信息内容得到极大补充，用户获取知识信息的手段和能力得到全面提升。从元宇宙技术角度出发，元宇宙运用“去中心化”的技术手段，保障图书馆系统高效、平稳运转，保证虚拟空间规则合理、有效地执行。元宇宙技术支持图书馆底层设施设备完善发展，同时促进图书馆信息创造方式和知识存在模式创新发展。在元宇宙环境下，图书馆主体分化后，不同主体协调统一的问题会得到彻底解决。图书馆要消除主体分化带来的虚拟空间影响，确保主体完善发展，逐步推动图书馆元宇宙化更彻底，走向完美。

总之，通过元宇宙技术，能够协助图书馆主体进行分化，突破现实空间的约束，逼真映射现实空间形成具有数字孪生意义的虚拟空间，为主体成功打造全新的元宇宙空间，增强主体在自由虚拟空间场域内的多维存在体验。为了满足社会文化的需要和人的发展需求，图书馆构建了主体发展完善的内在机制，根据国家元宇宙产业行动计划，确定元宇宙客观实存性特征，分析元宇宙全新时空内涵。元宇宙是现代科学技术整合的现代化体系，如果元宇宙技术使用不当，就会增强异化力量，使图书馆主体发展遭遇新困难、面临新挑战。因此，图书馆应用元宇宙技术，必须坚持以价值实现、虚实融合、交互体验等技术为支撑，建立图书馆主体协调统一、技术合理应用的良性发展状态。

展望图书馆的未来发展，有必要探索元宇宙赋能图书馆主体发展引发的风险与挑战。通过分析研究，深入理解元宇宙技术支撑图书馆高质量发展的基本规律。在主体分化促发展方面，元宇宙技术如何管理虚拟空间，满足图书馆发展需求？元宇宙理念如何促进图书馆知识服务发展？如何理解具身交互、数字孪生、沉浸体验等促进图书馆资源育人？这些问题需要图书馆学界进一步深入分析研究。另外，面对元宇宙运用不当带来的风险问题，如何加大元宇宙环境下图书馆信息创造生产和虚拟资产的管理力度？这是图书馆未来发展需要认真分析研究的一个问题。只有深入、合理分析研究上述问题，图书馆高质量发展与哲学理念研究才有机会实现协同统一。

第三章　元宇宙赋能智慧图书馆高质量发展研究

第一节　元宇宙与智慧图书馆的关系

元宇宙与智慧图书馆在技术应用和理念推演上是一致的，两者有着密切的亲缘性。一是智慧图书馆数据要素是元宇宙发展的资源保障，元宇宙虚拟空间身份认知更需要智慧图书馆的知识服务；二是元宇宙技术支持智慧图书馆发展，促进智慧图书馆服务场景更加优化、用户群体更为广泛，给智慧图书馆带来新的发展机遇。

一、元宇宙与智慧图书馆的发展过程受到相同的新技术驱动

（一）相同的技术支撑体系

元宇宙技术多类型、多样化，能够创造一个与现实平行的虚拟世界。元宇宙技术包括人工智能、脑机接口、数字孪生、区块链等，而智慧图书馆的发展也需要这些先进技术的支撑。通过收集近五年（2019—2023 年）与元宇宙技术相关的文献可以发现，脑机接口技术主要应用于图书馆领域，其他元宇宙技术则在智慧图书馆各组成部分有相应的应用。元宇宙与智慧图书馆拥有的技术支撑体系是一样的，协调一致的技术存储为元宇宙赋能智慧图书馆高质量发展打下了坚实的基础。

（二）相似的演进过程

与元宇宙演进过程一样，智慧图书馆不断聚集信息资源、增强技术能

力、提升服务品质，当积累达到一定程度时，革新随即发生。元宇宙与智慧图书馆也有极为相似的历练过程，演进方向一致为元宇宙技术赋能智慧图书馆高质量发展提供了极大的便利。

要想使智慧图书馆知识服务紧跟时代潮流，发挥最大的社会效益，智慧图书馆就要趋向于元宇宙虚拟化发展，以智慧和理性为依据构建符合时代发展需求的虚拟空间，形成智慧图书馆元宇宙化的技术支持和实践应用范围。智慧图书馆馆员需要付出更多精力关注知识服务的智能化进程，以此更为熟练地运用人工智能技术对虚拟资源进行智慧化处理，为知识信息的智慧化服务打好基础。智慧图书馆实施知识信息的虚拟化服务，是符合元宇宙知识组织和知识服务基本原则要求的。可以说，元宇宙技术赋能智慧图书馆知识信息虚拟化服务，是一种设置虚拟数字人或虚拟智能机器人进行知识信息流通的新的虚拟化服务形式。构建一种存在于元宇宙虚拟空间的知识信息虚拟服务方式相当于构建一个具有虚拟空间的智慧图书馆。

二、智慧图书馆的数字资源建设与知识服务是元宇宙的重要构成要素

智慧图书馆是知识数据二次创造和数字信息虚拟化传播的高智能场所，元宇宙同样表现出促进知识交流、协调信息传播的功能作用，元宇宙虚拟社区之间的数字差别要通过知识交流、信息传播平衡。元宇宙倡导的沉浸式虚拟空间体验，在促进智慧图书馆创造出新的信息服务方式上发挥着重要作用。同时，元宇宙提出的信息资源与知识服务需求度在本质上完全符合智慧图书馆知识检索、知识输出的运行规律。元宇宙由底层技术、虚拟空间场景、终端设施设备三个层次组成，其中，虚拟空间场景是典型的技术应用场景入口，如旅游、娱乐、社交入口。① 智慧图书馆不仅通过元宇宙化进行演变，也将自身转变为元宇宙虚拟空间场景的一种入口形

① 清华大学.2021 元宇宙研究报告[EB/OL].[2021-11-07]. https://mp.weixin.qq.com/s/NTTFj0P7cYuvZJHM0E63eQ.

式，促使数字虚拟资源出现在虚拟空间中，发挥信息保障和维持场景秩序的作用。如果智慧图书馆以虚拟空间的形式呈现，那么提供的数字资源和知识服务将是助推元宇宙发展的有效动力。

三、元宇宙是智慧图书馆新发展的机遇与挑战

元宇宙蕴含着世界未来发展的挑战和机遇，这将给智慧图书馆带来无限广阔的知识传播自主权，甚至能够提高虚拟资源获取优先权的分配意识。元宇宙主导原始资源的开发与应用，将主导控制权推至绝对位置上，这种主导控制权能够在智慧图书馆各主体利益分配上起决定性作用。因此，智慧图书馆进入元宇宙空间，实施虚拟资源建设，为智慧图书馆带来了一次难得的挑战，智慧图书馆应高度重视这一发展机遇。

元宇宙是一种虚拟空间形态，包含着社会意识元素。智慧图书馆拥有虚拟空间发展许可资格并以海量级信息数据投入为基础，说明元宇宙赋能智慧图书馆具有广阔的发展空间和深远的历史意义。通过元宇宙虚拟空间达成资源协同意向，可以实现馆际虚拟资源的共建共享。信息传输智慧化能力和知识服务水平是评判不同类型智慧图书馆差异的最佳标准，元宇宙空间中的每一个主体都具有唯一的数字身份，可以实时接受智慧图书馆的资源和服务。所以，在元宇宙空间互联互通的前提下，智慧图书馆信息知识服务的能力和水平是非常重要的，甚至不同元宇宙之间的用户也可以通过智慧图书馆的信息知识服务实现跨界访问。

第二节　元宇宙赋能图书馆空间智慧化建设

一、元宇宙赋能图书馆空间智慧化建设新认知理念

元宇宙是现代科学技术快速发展的阶段性产物，由增强现实技术、虚拟扩展技术、现代信息技术等整合而成，是由微观融合发展向宏观集中发展的集大成者，是一个集虚实交互、沉浸体验、应用场景于一体的虚拟化

空间或多元化社会系统。① 元宇宙的出现，虽然不能彻底清除现代产业危机带来的消极影响，但自2021年元宇宙爆发以来，世界各区域频繁出台元宇宙实施纲领，元宇宙产业呈爆发式增长，说明元宇宙市场前景广阔。因此，元宇宙被人类社会认定为一场从内在精神层面颠覆传统社会发展的技术革命。对于图书馆来说，应用元宇宙技术，可以创造一个与现实空间融合共生的虚拟空间，进而增强知识服务的智慧能力，使图书馆资源建设和资源流通全过程智能化成为可能。元宇宙技术支持图书馆发展带来的不仅仅是一个虚实交互的元宇宙化空间，更是虚实交互共享、具身沉浸的发展理念。

二、元宇宙赋能图书馆空间智慧化建设新技术理念

（一）虚实共生技术理念

图书馆借助虚拟空间提供知识服务，用户可以利用智能穿戴设备虚拟化地与信息资源进行交流互动；图书馆馆员可以以虚拟数字人的身份进入虚拟空间，实现角色互换，扩展知识传播的广度，更深层次地延伸知识服务的宽度。这既是图书馆虚拟空间技术支持和资源增补的具体表现，也是元宇宙赋能图书馆虚拟空间智慧化强有力的支撑。因此，元宇宙技术赋能图书馆虚拟空间建设，需要以共生关系为基础，这是图书馆高质量发展需要的一个最理想状态，能最大限度地推进图书馆虚拟空间信息资源的智慧化建设，以此提供深度沉浸式的知识信息智慧化服务。

（二）交互共享的技术理念

元宇宙的出现，使图书馆知识服务能力明显增强。在元宇宙环境下，图书馆要广泛参与社会公共文化事业建设，积极构建公共文化服务体系，主动融入国家科技创新及社会智慧场所建设，把图书馆打造成促进国家走向文化强国的创新空间。图书馆要借助元宇宙技术优势，发挥交互共享理

① 郭亚军，袁一鸣，张腾飞．元宇宙场域下用户信息交互生态机制研究[J]．农业图书情报学报，2022，34(6)：4－13.

念的核心作用。特别是进入 Web 2.0 时代后，图书馆要利用交互共享理念影响力促进资源、服务、模式建设。元宇宙的出现，是促进交互共享理念影响力延伸至虚拟图书馆的最好时机。元宇宙技术支持图书馆构建开放性、包容性强且“去中心化”的虚拟空间平台，尽最大可能地实现馆藏资源毫无保留地向用户开放，使用户共享图书馆建设成果并最大化获取发展红利。

（三）具身沉浸的技术理念

图书馆实施虚拟空间智慧化发展，让用户公平、公正地获取信息成为可能，但元宇宙技术对图书馆的持续性支持需要提高用户获取信息的门槛，也由此提升了用户融于图书馆资源建设的信息素养。目前，世界各国依然没有从根本上解决信息贫困问题，用户与知识融合的信息传递机制还需进一步加强。元宇宙通过技术加持增强了用户与知识之间的交融。用户融入图书馆智慧虚拟空间，虚拟化身形成的数字孪生人在虚拟化场景中进行阅读、学习、社交，数据信息也在虚拟用户阅读、学习、社交的过程中将知识信息通过视听传感设备传递给现实用户。这种为虚拟用户创建的具身交互的沉浸式知识服务场域，是现实空间用户获取足量信息的前提保障。

三、元宇宙赋能图书馆空间智慧化建设新场景

（一）智慧化文化场景

用户重视个性化需求，图书馆空间智慧化将提升用户兴趣且使分类细致准确的知识资源全面地呈现出来，提供给用户做参考，提供给馆员进行探讨与互动；同时，在元宇宙技术的支持下，图书馆虚实相融的社交圈范围不断扩展，促使用户融入其中，强势突出用户个人的存在感。在此情景下，图书馆积极组织线下活动并同步推出线上活动，促使线下活动与线上活动融合交互、协调一致，以便用户参与获取沉浸式体验。元宇宙技术赋能图书馆能够促进线下活动实时映射到线上，促进用户虚拟空间信息互

动，以及知识服务创新发展常态化。

通过智慧化改造，图书馆有能力将沉浸式服务提供给用户体验。通过提供沉浸式服务，促使用户从一个基本的文化消费者转变成坚定的资源建设者。在图书馆传统服务中，用户的身份单一，仅有获取信息的职责，被动观看或阅读文献，元宇宙通过具身交互方式促使用户感受多重叙事体验，助力图书馆生成强烈的融入感，为用户提供内容丰富、品质高尚的知识服务。

（二）智慧化教育场景

图书馆虚拟空间服务场景由馆员、读者、阅读环境组成，学习方式超越了单一的阅读方式，可以集合虚拟环境、虚拟资源与读者互动，还可以映射生成馆员虚拟化身，开展虚拟阅读推广活动，促进读者获取感官上的沉浸式体验。例如，在组织地理知识学习时，元宇宙系统提供知识服务，为读者提供丰富的资源，同时运用全息映射技术全景再现虚拟场景地貌、景观，让读者感官突破时空约束，以瞬间转移的方式到达世界任何一个地点，顺利实现对数字孪生场景的感知。在当前实体图书馆读者数量急剧减少、发展前景不明朗的情况下，元宇宙的出现给图书馆的进一步发展带来了无限生机。元宇宙助推智慧图书馆转变空间形式、创新服务模式，而元宇宙化的空间智慧场景能够激发读者的阅读热情和无限创造力。

（三）智慧化工作场景

在图书馆工作场景中，馆员应用增强现实技术可以为用户提供远程访问服务，还可以将馆员虚拟化身放入虚拟空间进行馆际协同办公，准确传达馆员的语言、动作，获得接近现实的沉浸式办公体验。图书馆工作场景最显著的特点是虚拟，用户在虚拟空间内进行虚拟阅读、虚拟展览、虚拟社交时，选择的内容多元、丰富。如果按照馆员自己的意图改变工作环境，那么只需要通过元宇宙技术传感系统视频看到其他馆员的 3D 形象，就能融入整个场景氛围。同时，在元宇宙技术的支撑下，虚拟馆员将涉及人、物、景的数据要素收集起来，通过人、物、景元素实现数据要素的连接与共生，提供统一化的社交管理和社区服务。

四、元宇宙赋能图书馆空间智慧化建设新原则

（一）图书馆虚拟空间与物理空间融合共生

对图书馆进行元宇宙化，促使用户以虚拟化身身份游离于虚实空间之间进行融合切换操作。不论是现实空间还是虚拟空间，图书馆都可以凭借丰富的信息资源和高品质的知识服务创造自身最大价值。用户对虚拟资源和虚拟服务有着强烈的需求，为图书馆虚实空间融合共生提供了保障。由此可见，在图书馆虚实空间融合共生的环境下，现实真人在物理空间内获取信息资源和感知服务体验，助推其虚拟数字人在虚拟空间内组织活动和解决相关问题。

（二）图书馆虚拟空间与物理空间的交融赋能

元宇宙技术打造的虚拟空间是一个既平行于现实空间，又与现实空间密切联系的场域组织结构。元宇宙出现后，其技术力量强力赋能图书馆现实空间，助力图书馆突破现实空间边界向更深广的虚拟空间延伸。在元宇宙环境下，图书馆建构虚拟空间完全可以借助增强现实、虚拟拓展、数字孪生、交融共生等技术，以现实空间为立足点，启动沉浸式服务体验模式，扩大虚拟资源的应用范围，实现用户对数字资源的获取。资源获取形式有呈现数字藏品、浏览虚拟展厅、服务虚拟数字人、全息映射 3D 影像。目前，元宇宙逐渐得到人们的关注，但真正关涉全社会还有一定的差距。可以预测，随着现代信息技术的快速发展，不久的将来，元宇宙将会促使图书馆发展更加智慧化，其产生的影响力是无法想象的。无论如何，元宇宙赋能智慧图书馆都将创造出更多的智慧化服务新场景。

第三节　元宇宙底层技术赋能智慧图书馆的应用展望

2021 年是元宇宙元年，国际社会对元宇宙发展的期望值非常高。面对元宇宙带来的社会空间改造机会和知识转型发展机遇，图书馆应进一步提升智慧化运行程度，保持高质量发展态势。元宇宙或许不能在短时间内实现智慧图书馆的高质量发展，但从长远角度来看，元宇宙环境下应用元宇宙技术赋能智慧图书馆高质量发展应是助推现代图书馆事业进步的重要内容之一，推动智慧图书馆高质量发展是一个技术力量逐渐释放、运行经验逐步积累的过程。

一、虚拟现实技术在智慧图书馆中的应用

虚拟现实是元宇宙空间的表现形式，也是元宇宙的底层技术。在智慧图书馆中，虚拟现实技术已经有了一定的应用，能够展现智慧图书馆虚拟空间三维立体图像。美国普林斯顿大学图书馆应用增强现实技术展现图书简介及历史，使书目检索内容更加全面，检索方法更加智能、细微。在技术应用方面，虚拟现实、增强现实、混合现实的技术特点不同，但在实施元宇宙改造中均能发挥迭代更替的作用。

智慧图书馆运用虚拟现实技术，主要体现在两个方面。一是虚拟现实技术促进图书馆运行的无人值守化。促进全息投影技术与馆藏资源数字化处理技术相结合，通过头套穿戴式设备感受视听觉效果，运用增强现实技术增强信息资源导航的时效性，协助馆员精确排架，帮助读者获取图书位置，运用混合现实技术提高信息资源的检索效率，达到图书借阅率的最大化，提高个性化文献受欢迎程度。① 二是运用虚拟现实技术提高虚拟化身孪生化程度。以现实空间信息资源为保障，建立馆员、读者虚拟化身，借助体感设备增强虚拟阅读学习的沉浸感，促进虚拟化身了解、掌握信息资

① 李庆华. 混合现实技术在图书馆中的应用前景分析[J]. 四川图书馆学报,2017(2):29－32.

源检索习惯，向社会传播虚拟化信息，向读者提供智慧化知识服务。

二、区块链技术在智慧图书馆中的应用

区块链技术具有分布式记账功能，支持信息资源版权的跟踪与确定以及数字货币资产交易。在智慧图书馆元宇宙化发展阶段，区块链技术承担着重要职责，发挥着关键作用。智慧图书馆发展加持区块链技术，以时间戳的方式记录信息资源流通、上传、下载的时间，形成行为数据，供系统参考使用。通过全过程多节点认证，维护区块链信息不可篡改本性，证明虚拟用户替身身份的有效性，解决虚拟空间中数字资源产权的认定问题。构建智慧图书馆联盟，促进馆际互通、图书馆与用户的无障碍合作，实现数字资源流通的区块链管理。① 通过非同质化代币，可以实施信息资源资产虚拟化交易，预判现实信息的价值。非同质化代币具有唯一性和不可代替性特征，其强大的功能特征促使现实资源被顺利地映射到元宇宙虚拟空间并提供确凿证据，这能使用户在虚拟世界中获得与现实世界一样的地位和权益。

三、数据孪生技术在智慧图书馆中的应用

数据孪生，是指运用自动化物理模具，进行数字化处理，模仿构建一个与现实主体逼真相近的数字虚拟体，通过虚拟行为运作反映数字虚拟体生命周期的过程。数字孪生是元宇宙系列技术的核心，为此，智慧图书馆着重引入数据孪生技术，推动虚拟知识服务向智慧化方向发展，即推动无人值守智慧图书馆的虚拟知识服务优化发展。

智慧图书馆实现无人值守是虚拟知识服务的具体表现，服务价值体现在自助上，实现无人值守需要以数字孪生技术为支撑构建智慧图书馆数字文献模型，并以此为模板构建智慧图书馆的虚拟空间全景模型。读者利用

---

① 黄敏聪．区块链技术及其对图书馆发展的变革性影响[J]．图书情报工作，2018，62(13)：11－18.

数字文献模型进行信息导航，选择特定书库中的特定区域，浏览特定区域文献目录，精准检索，确定文献，以此提高文献流通效率。运用数字孪生技术协助读者阅览文献，掌握读者阅读兴趣，了解读者阅读习惯，构建读者孪生画像和文献流通数据记录模型，为读者能够获得持续、温馨的阅读体验提供针对性强的文献资料。运用数字孪生技术，构建数字孪生馆员。数字孪生馆员可以对图书馆内部进行实时监控与管理，同时，可以根据馆藏文献借阅情况预测读者需求状况，从而不断增强智慧图书馆知识服务的感知度。数字孪生技术在智慧图书馆中的应用如图 3－1 所示。

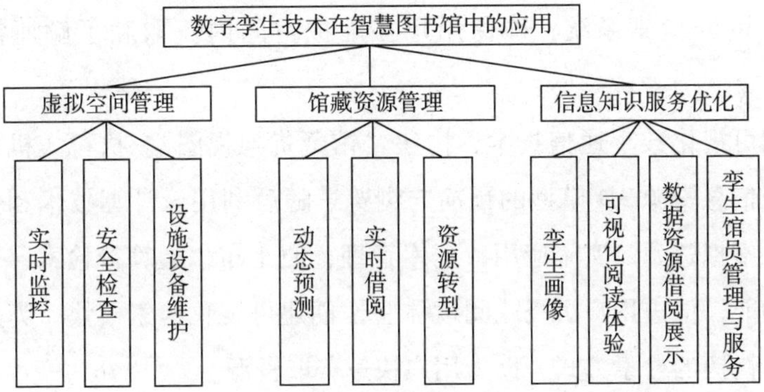

图 3－1　数字孪生技术在智慧图书馆中的应用

第四节　元宇宙赋能智慧图书馆的应用场景

在虚拟现实、区块链、数字孪生等技术支持下，智慧图书馆实现了服务对象（包括实体用户、网络用户、虚拟化身、虚拟数字人等）多元化发展。用户熟知智慧图书馆的特点，充分利用智慧图书馆，从事虚拟资源检索、沉浸式阅读学习、智能咨询答疑、网络教育培训等工作。用户在进入智慧图书馆时，会享受到智慧图书馆提供的交互式个性化推荐服务，这是智慧图书馆应用元宇宙技术将用户推送进虚拟空间场景的主要表现形式。

一、可视化信息资源检索系统

当前，各级各类图书馆均具备信息资源检索功能，但现有信息资源检索方式局限于网络检索，导致检索定位不准确，资源利用效果不理想，阻碍了资源检索的全面推广。在元宇宙环境下，建立可视化信息资源检索系统，促进用户检索信息资源更方便、快捷。建立智慧图书馆元宇宙虚拟空间，在虚拟空间内检索文献时，可以利用虚拟现实、增强现实技术构建虚拟资源的虚拟3D模型，将检索数据留存于集成式数据库内，再根据用户需求引入资源检索系统，确保用户在虚拟空间内获取和了解所需信息资源。

运用可视化数字通信技术，构建“馆藏货架视图”。执行人机接口程序，实现信息资源3D模型的预演与浏览。随后利用云计算技术和强运算技术整合虚拟资源，实施应用数据库管理，便于布尔运算符检索，运用知识发现功能，促进用户沉浸式阅读体验，创建可视化检索模块，为用户提供方便、快捷的检索方式，助力用户快速获取资源。

二、自主学习空间

自主学习空间是培养用户主动性、提高馆员创新性的新型虚拟场域，是集教育理念、先进技术和优质服务于一体的虚拟再造空间。[①] 自主的学习空间是基于元宇宙技术构建的，主要是应用映射类技术确认用户在自主学习空间里的虚拟身份，使其以数字孪生体的身份进入自主学习空间，实施开放式的阅读学习交流。在这个自主性强的虚拟场域中，用户与馆员之间能够相互感知并进行沉浸式交流。

在实验创新区里，用户可以利用自主学习的机会应用所学的知识开展实践创作活动。该区域配有丰富的学科素材资料，并将素材资料置于虚拟

---

① 王宇，车宝晶，王磊．能动性学习与图书馆能动型空间再造[J]．图书情报工作，2019，63(8)：24－28.

空间内存储。运用动作捕捉技术，协助用户体验虚拟场景阅读学习感受，从而提升用户自主学习的能力，促进智慧图书馆产学研的有效转型。

三、虚拟化的参考咨询服务

随着元宇宙技术快速发展，智慧图书馆虚拟服务的感知性越发敏感、交互性越发攀升，促使智慧图书馆向更多的用户提供参考咨询服务，用户获取更多的知识信息；也促使智慧图书馆继续改变服务方式，提供更好的参考咨询服务，以应对用户利用智慧图书馆获取知识难度增加的情形。于是，在元宇宙技术支持下，虚拟化参考咨询服务应运而生。虚拟化参考咨询服务有两项重要功能。一是身份定制功能。虚拟化参考咨询服务提供了一个完全虚拟但又与现实世界相连通的场景，成为场景中的一员需要有一个被认证的虚拟身份。发挥身份制定的功能效果，既可以增强用户自主阅读学习的沉浸感，也是元宇宙理想化形式在智慧图书馆高质量发展中的完美表现。二是虚拟参考咨询功能。借助元宇宙技术构建虚拟空间，其中一个主要目的就是提升智慧图书馆参考咨询服务水平。借助数字孪生技术在虚拟空间构建馆员孪生体，当用户进行文献检索时，馆员孪生体通过虚拟感知设备发出启动指令，以全息投影技术展现孪生体身份，与用户进行沟通交流。

四、参与式的远程教育服务

智慧图书馆教育服务项目主要有三种类型：入馆教育服务、教学管理服务和社会公共服务。实施入馆教育服务，促进智慧图书馆与游戏应用软件结合运作，规划场景漫游路线，用户凭借虚拟身份与“非玩家角色”对话，进入剧情角色，增强对场馆场景的认知。实施教学管理服务，强化智慧图书馆场域与元宇宙空间的合作，为用户提供元宇宙虚拟教学空间。在虚拟教学空间里，教师与学生可以通过感知设备进行面对面的虚拟交流。另外，智慧图书馆以虚拟空间为储备场所，拥有大量数据要素资源，教师孪生体能够轻松展示实体教学中感受不到的心理变化及诸多虚拟情景变化。实施社会公共服务，促进智慧图书馆与社会公共服务机构相互合作。例如，组织开展交通安全培训时，与交通警察部门联合开展虚拟交通安全演练，指导用户维护虚拟交通秩序、掌握出行方式，从而避免安全事故的发生。

五、个性化服务

个性化服务是智慧图书馆推出的新型服务方式，也是解决信息输出难题、沉浸式服务读者的最佳方式。首先，实现推荐服务。实现推荐服务是推行个性化服务的关键，借助人工智能技术了解用户个性化需要，将信息资源有针对性地推荐给用户，确保信息资源顺利输出和精准获取。在虚拟空间里，智慧图书馆以个性化服务的方式为用户推荐信息资源。智慧图书馆推出个性化推荐服务，需要集合用户行为数据和构建用户画像。用户利用智慧图书馆的每一步操作都会产生大量记录数据，这需要利用云计算、边缘计算、分布式存储等对记录数据进行存储与分析。其次，进行个性化推荐。在元宇宙技术的赋能下，个性化推荐以服务的方式被充分展现，用户被推荐后顺势进入元宇宙空间，信息资源也可以根据用户的需求情况被多次推荐。智慧图书馆智能分析用户在虚拟空间的状况，当用户被确定获取推荐时，能够直接定位在信息资源的某一部分或某一空间。

第五节　元宇宙赋能智慧图书馆高质量发展的影响

一、元宇宙赋能智慧图书馆高质量发展的优势

元宇宙赋能智慧图书馆高质量发展存在诸多优势，表现在以下六个方面：一是知识服务的智慧化转型，智慧图书馆知识服务体现在满足用户个性化需求的智慧化推荐服务上；二是沉浸式阅读体验，跨越时空，实现全社会移动阅读，体现阅读活动的沉浸感；三是去中心化的特征表现，缩小数字鸿沟，倡导信息服务的公益性，主体行为去中心化，督促馆员恪尽职

守，主动创新，促进知识服务包容性发展；四是用户社交的立体化、虚拟化发展，运用元宇宙技术支持虚拟化身身份认证，映射现实用户身份，实现虚实空间融合的多元化社交，尤其是借助虚拟知识服务平台，形成元宇宙化的社交新群体；五是虚拟资源的再生创造，虚拟空间成为大量被创造出来的虚拟数据的存储场所，而虚拟数字人也具有自主创造能力，在虚拟空间里发挥着创新生产数据的重要作用，因此，用户生成数据和元宇宙虚拟化身生成数据方式改变了传统数据来源方式；六是智慧图书馆延续传承文化职责，利用元宇宙技术实现古籍资源的虚拟化呈现，构建数字人文平台，实现文明的延续发展。

二、元宇宙赋能智慧图书馆高质量发展的风险

在元宇宙赋能智慧图书馆高质量发展的过程中，风险与机遇并存，不可存在盲目乐观的心理。目前，通过分析研究发现的风险存在于三个方面。一是元宇宙技术处于发展初级阶段，技术成熟度不高，尚需进一步迭代发展。目前，元宇宙技术支持的底层智慧扩展设备有待进一步完善，机器运行算力还不能全力支撑大范围的图书馆基础设施建设。因此，智慧图书馆要想全面实现元宇宙化还需要进行技术革新创造。二是智慧图书馆高质量发展的标准不高、内涵建设的规范程度不足。目前，制定出台的元宇宙技术软硬件标准仍存在问题、技术规范还不够成熟，国内外不一致，因此，智慧图书馆元宇宙化要及早设计方案、尽快实施布局。同时，虚拟空间存储或生产大量数据，数据安全和技术安全立法要尽快落实。智慧图书馆文献资源建设以数字资源为主，有针对性地制定智慧图书馆数字资源建设的标准、规范，对智慧图书馆建设发展至关重要。三是隐私信息身份认知度不高，对信息资源的保护力度不大。目前，元宇宙空间知识信息版权和信息资源隐私保护问题得到了高度重视，其中，虚拟资源确权、虚拟用户身份认证、数据要素产权登记等与智慧图书馆资源建设、信息服务、数据保护等密切相关。

第六节　元宇宙赋能智慧图书馆高质量发展的实践策略

虽然学术理论界对元宇宙赋能智慧图书馆的理论有了一定程度的探讨，但真正意义上的元宇宙图书馆研究仍处于概念化阶段。智慧图书馆如何面对元宇宙发展这个未来图景，需要站在元宇宙发展的高度，构建如何促进智慧图书馆高质量发展的实践策略。

一、加大元宇宙技术的支持力度，厚重智慧图书馆阅读学习的沉浸感

进一步加大增强现实、虚拟现实、云计算、区块链等技术对智慧图书馆的支持力度。首先，加大信息资源输出与全息投影技术的结合力度，增强智慧服务共享视听效果。构建智能化信息流通导航系统，通过智能化扫描系统准确获取信息资源位置，掌握用户利用图书馆的实际情况。其次，构建以实际馆藏为映射对象的数字孪生空间藏书体系，布设现代感知设备，绘制读者孪生画像，追踪读者数字替身体验痕迹，通过数字孪生图书馆为读者推送智能化服务。最后，应用区块链技术，以节点认证方法判断虚拟资源的真实状况，有效规避虚拟空间数字资源的产权问题。

二、构建元宇宙虚拟空间立体式智慧图书馆资源，促进读者更大范围的交流与互动

首先，运用元宇宙技术增强读者阅读学习的沉浸感。通过动作捕捉、数字孪生技术加强读者与文献的互融，促进视听资源在智慧虚拟空间的全面展现。读者服务的沉浸感和信息流通的交互感不断满足读者个性化的信息需求，为智慧图书馆虚拟资源建设开辟了新渠道。其次，实施智慧图书馆虚拟空间信息资源再创造，利用三维立体空间组织虚拟资源结构模式，为读者提供数字孪生空间沉浸式服务，开辟智慧图书馆元宇宙空间建设的更广阔平台。将信息资源数字化处理，加强元宇宙技术对信息资源结构

化、半结构化数据的管理，关注读者对虚拟资源的需求状况，建立信息充盈、数据完整、资源结构立体化的全智慧空间，满足读者开展阅读学习活动沉浸式互动的需求。最后，对元宇宙空间虚拟化程度进行层次划分，使读者阅读学习充分体验层次分明的身临其境之感。发挥元宇宙技术的优势，协助读者感受更多的阅读学习体验，促进读者专业学习水平提升，助力馆员专业技术能力发挥。建立虚拟三维立体知识运用场景，扩大图书馆智能化建设范围，凝练社会文化资源整合、存储新形式，以元宇宙的强大力量促进人类文化发扬光大。

三、拓展元宇宙化服务职能，提升智慧图书馆知识服务效益

突出智能导航、智能检索的作用，增强用户阅读学习体验的沉浸感。借助数字孪生画像的虚拟内容，有针对性地满足读者需求，并将虚拟知识服务场景融合、延展，突出表现阅读学习的沉浸感，在虚拟空间营造浓厚的阅读学习氛围，创造读者、虚拟空间、虚拟资源三维立体互动的效果。首先，将虚实元素融入文献检索过程，实施智能化检索，加大虚拟空间信息知识资源的咨询力度，提升检索的沉浸感。在元宇宙虚拟空间里，智慧图书馆虚拟空间体验范围不断被扩大，读者可以全方位地获取和分享知识。打造创新驱动、虚实环境结合的信息知识服务平台，促进读者沉浸于社会环境和阅读学习。充分运用场域情景、馆员情怀、虚拟空间等资源，为智慧图书馆开展沉浸式实践体验活动服务。其次，切实发挥智慧图书馆虚拟空间再造作用。运用元宇宙超强社交功能，建立智慧图书馆读者服务社交网络。运用区块链技术，完善读者服务社交网络信息，促进读者社交达成共识。运用元宇宙技术为读者创造个性化十足的创新空间，组织读者参与创新空间内的知识创新活动，增强馆员创新意识，调动读者知识创造积极性，提高虚拟空间知识内容的互联互动性。

四、加强元宇宙基础设施建设，提升智慧图书馆信息资源保障能力

首先，以元宇宙技术支撑虚拟空间建设为基本，搭建智慧图书馆现实

空间与虚拟空间融合基础平台。配置头戴服装式显示器、全息投影装备，利用数据扫描手套、动作捕捉器等设备实现虚拟知识服务的交互式运转，也为智慧图书馆构建沉浸式虚拟空间提供设施设备保障。其次，发挥元宇宙整合现代技术的引领能力，打造智慧图书馆虚拟文化知识公共服务平台。整合虚拟空间优势资源，展现读者知识检索和知识获取的荣誉感，建立元宇宙技术支撑的信息公共服务元空间，组建信息资源建设下的文化知识公共服务平台，为读者合理利用智慧图书馆、善用信息资源提供基础保障。通过建设与规划文化知识公共服务平台，最大化扩展读者阅读学习空间，提升馆员驾驭、创造知识信息的能力。当图书馆智慧化建设到达一定水平时，运用元宇宙技术构建可视化智能检索系统便成为可能，在保障信息资源服务场景正常运转的前提下提供文化知识社会公共化的服务。再次，加大增强现实、虚拟现实、数字孪生技术的支撑力度，促进智慧图书馆资源整合、空间互动、智慧服务同向同行。强化智慧图书馆底层设备设施建设，加快数据要素整合、处理、传播速度，促进智慧图书馆元宇宙空间资源的互联互通，以提高读者知识体验的多维度感知力度。最后，借助5G技术的强力支撑，加强智慧图书馆智能化设备和空间建设。注重提升图书馆安全等级，增设虚拟导览、3D漫游、虚拟馆员，促进智慧图书馆沉浸式知识服务，实现读者对信息资源的全面了解，促进读者“身临其境”体验图书馆。

元宇宙时代，智慧图书馆的革新发展一定是颠覆性的，元宇宙赋能智慧图书馆高质量发展是图书馆发展最理想的形态。为此，智慧图书馆应最大限度地应用元宇宙技术，发挥元宇宙技术在信息导航、知识服务、教育培训等方面的作用。为发挥元宇宙技术的作用效果，智慧图书馆应主动寻求技术支持，制定图书馆从业标准，促进元宇宙技术落细落实，实施技术创新，激发图书馆行业虚拟数字空间的活力，并在此基础上，继续拓展智慧图书馆元宇宙化服务应用新场景。

第四章　智慧图书馆虚拟空间建设

第一节　元宇宙环境下的智慧图书馆“第三空间”建设

21世纪初，随着信息技术的快速发展，图书馆建设受到很大冲击。然而，实践证明，实体图书馆非但没有走向灭亡，反而发展得更加顺畅兴旺。进入21世纪以来，图书馆学理论研究此起彼伏，学者做过大量研究，如图书馆新技术应用研究、数字图书馆建设与发展研究、阅读推广研究、信息服务与知识创新研究等，而智慧图书馆空间转向问题在近年成为研究热点之一。2009年，国外图书馆学界提出“图书馆第三空间”的概念，随后吴建中教授结合“图书馆第三空间”概念内涵提出“挖掘图书馆内涵作为应用场所的价值，发挥图书馆‘城市第三空间’的价值”①。目前，许多智慧图书馆开展了“第三空间”创建，尝试实施空间再造和服务重构，图书馆的智慧性得到了很大程度的提高，但是仍存在个性化服务意识不强、空间布局不合理、信息输出渠道有限、信息创造模式固定等问题。以空间再造为例，将以“书”为中心的实体空间改造成以“人”为中心的虚拟空间，确实是一个难度很大的转换，但元宇宙不仅能支持智慧图书馆虚拟空间的深入延伸和无限扩展，还能打破现实空间边界的限制，促进用户在虚实融合的空间里交流、互动。智慧图书馆应以元宇宙发展为契机，掌握

---

① 吴建中．转型与超越：无处不在的图书馆［M］．上海：上海大学出版社，2012：37.

“第三空间”内涵意义，促进元宇宙技术赋能“第三空间”创建，使智慧图书馆元宇宙化的“第三空间”建设体现出虚拟智慧场所的作用和意义。

一、智慧图书馆与“第三空间”

20 世纪 70 年代，美国学者爱德华·索亚首次提出“第三空间”概念，并运用这个重要的跨学科批评概念形成了相关理论。爱德华·索亚在法国哲学家列斐伏尔的“三元辩证法”基础上，用“第三者化身”的批评原则改造二元时空的传统模式，为解构现实空间和创建虚拟空间注入了新理念。“第三空间”汇集了抽象与具象、真实与想象的各类内容，它在精神范围内是超科学的，穿越了已存在的精神视野，在包容现实空间内容的前提下向全世界开放。但在我国图书馆学界，爱德华·索亚的“第三空间”理论没有被普遍认同，大家更习惯运用美国学者雷·奥尔登伯格的“第三空间”理论。雷·奥尔登伯格认为，第三空间是除了现实社会生活之外不受价值观影响的虚拟空间场所，在第三空间内没有家庭、办公室裙带关系的限制，没有职务、职称级别的约束，功成名就在空间影响之外；第三空间是人们情感交流、信息交互的社会空间场所，具有自由、开放、包容、便利的基本特征。①

在图书馆建设与发展实践操作过程中，构建的智慧图书馆“第三空间”模式主要有三种类型。一是信息共享空间模式。例如，知识创造共享空间、阅读推广共享空间。通过整合虚拟资源、现实资源、知识服务形成“一站式”信息传播系统，创造了知识创造与流通“第三空间”环境。二是概念规划店模式。将知识服务与知识教育相结合，构建展览厅、阅读室、艺术培训室等具有育人、涵养情操特征的场所环境，组织读者参加阅读推广和教育培训活动。三是真人图书馆模式。以真人讲述的形式畅谈人生轨迹，把人生当成一本可阅读的书籍，通过交流对话阅读人生历练过

① 何映霏，岳鸿雁．第三空间视域下新加坡社区公共阅读空间的发展探究［J］．出版发行研究，2020(1)：78－83.

程，促进读者与传奇人物的交流互动，形成信息共享的局面。

图书馆工作实践说明，智慧图书馆构建“第三空间”往往是打破常规，不按已经确定的三种模式进行。智慧图书馆结合“第三空间”理论，从自身建设特点和需求出发，形成具有本馆特色的智慧化“第三空间”。例如，南京市图书馆构建的“第三文化空间”，注重打造中式古典与欧式优雅相结合的空间场景风格，设立文化阅读、信息交流、休闲娱乐等虚拟智慧空间，营造优雅、温馨、开放、包容的浓厚氛围。在知识服务方面，南京市图书馆致力于文化的多元化发展，提供功能宽广、深入的虚拟空间服务，满足读者的个性化需求，组织专家讲座，举办艺术赏析，开展英语角活动，不断提高读者的知识素养。

智慧图书馆构建“第三空间”，虽然在理论建设、实践活动方面取得了丰硕的成果，但在理论上始终存在漏洞，由此面临着众多质疑。这些质疑集中表现在“第三空间”属性反向作用强烈，基本抵消了智慧图书馆特有属性的作用，“第三空间”理论着重表现文化意识的现代性，过度消解了智慧图书馆本质文化功能，过于注重文化性、娱乐性，忽视了智慧图书馆原有的传统文化意义。“第三空间”注重技术规划，导致文化建设表面化，多种现代设备混杂过重，读者沉浸于多重体验而无实效，空间体验与知识获得之间存在较大差距，两者之间并不存在对等关系。①

二、元宇宙环境下智慧图书馆“第三空间”的相关论述

随着信息技术的迅速发展，智慧图书馆迎来了“第三空间”建设的高潮。在元宇宙环境下，智慧图书馆不仅要拓展实体空间的知识服务范围，而且要在虚拟空间内开展满足用户个性化需求的知识服务创新，还要促进虚实空间融合共生，构建适应虚实空间融合发展的一体化智慧服务体系，包括参考咨询服务、社区交流服务、智库信息支持服务等。

智慧图书馆元宇宙化突出表现在实践创新上，智慧图书馆构建“第三

---

① 程大立，吴春祥．图书馆第三空间建设研究综述[J]．图书馆理论与实践，2019(12)：40－45.

空间”并将其虚拟化建设就是实践创新的典型例证。智慧图书馆元宇宙化实施现实空间再造，同时，以新介质为载体，构建满足用户需求的虚拟阅读学习空间，搭建虚拟资源建设与融合平台，进入虚实空间联通的信息资源共享平台，实现元宇宙空间虚拟化、泛在化知识信息储备。

总之，元宇宙赋能智慧图书馆实施“第三空间”建设，为智慧图书馆更深入地发展虚拟化注入了新鲜血液。当元宇宙发展达到成熟程度，真正实现虚实融合、全面深入沉浸时，智慧图书馆虚拟空间已经成为一种跨时空，包容性、开放性发展的“第三空间”情景。同时，智慧图书馆的资源、馆员、用户、服务进入虚拟空间获得数字孪生身份，扩大“第三空间”开放范围，向温馨、惬意的场域环境看齐。

三、元宇宙赋能智慧图书馆“第三空间”建设

以元宇宙概念为依据，以元宇宙技术特征表现为基础，Matthew Ball 提出元宇宙四大特性，即实时性、持续性、兼容性、创造性。结合“第三空间”理论，元宇宙是一个平等、包容、自由、人性化的空间。在元宇宙理念的引导下，革新智慧图书馆原有不成熟的“第三空间”建设思路，增强人性本源意识，改进智慧图书馆虚拟空间知识服务路径，提高服务质量。

（一）成就超越现实的自由感

元宇宙作为新生代发展的虚拟空间，能够促进智慧图书馆“第三空间”产生超越现实空间的自由感，以包容、开放的姿态接纳来自世界各地的信息。一是“第三空间”能够营造自由的环境氛围。以元宇宙技术为支撑，打造融合、惬意的场域环境，创建自由开放程度高的空间组织结构，以抵御外部因素的干扰和影响。二是“第三空间”助推用户获取信息资源的自由感。以信息交互、数字孪生技术为支撑，促进虚拟空间多元化信息资源的整合，加强以区块链技术为保障的知识产权保护和用户身份虚拟认定，实现信息资源获取自由。三是产生知识服务提供的自由感。加强元宇宙智慧图书馆建设，扩展线上知识服务范围，提高服务质量，充分满足用户对信息资源的需求。以元宇宙技术为依托，利用人工智能生产内容，推

动虚拟数字人为用户提供虚拟服务活动，这样不仅能最大限度地提高服务质量，还能增强用户享受服务体验的沉浸感。

（二）呈现普及所有人的自由感

人们不分高低贵贱，都要拥有信息获取的自由感。智慧图书馆致力于摒弃社会地位、阶级的差异，向社会所有成员提供资源和服务。汤艺认为，读者具有获取信息资源的平等权，主要体现在拥有身份平等权和机会平等权。清华大学图书馆发布的《元宇宙发展研究报告 2.0 版》提到，人工智能技术支持“完美滤镜工程”，协助其获取容貌平等权、交流平等权、感官平等权，用户以富含滤镜专属形象的身份进入虚拟空间，共享身份平等的知识服务。[①] 在机会平等方面，智慧图书馆提供给弱势群体的服务越来越少，针对智慧图书馆提供服务的门槛高，弱势群体无法跨越，无形中在弱势群体与智慧图书馆之间设立一个无法逾越的障碍这一问题，元宇宙能够解决。在元宇宙环境下，智慧图书馆应加速发展虚拟空间知识服务，为受经济或路途限制的用户群体提供信息资源，使其足不出户即可获取快捷、方便的虚拟知识服务。可见，元宇宙有足够能力协助智慧图书馆消除顽固存在的身份等级和特权行为，保障用户自由、平等地获取信息资源，打破传统行规，解除各类限制，无须承受来自图书馆外部的异样眼光。

（三）实现基于情景感知的个性化推荐

智慧图书馆元宇宙化之后重点实施个性化推荐服务，同时个性化推荐也是智慧图书馆“第三空间”建设的主要内容。根据用户利用图书馆的情况，满足用户的个性化需求，推送信息资源，提供知识服务，创造包容、开放、自由的人文环境。图书馆学界有人认为，智慧图书馆实施个性化推荐将会捎带产生隐私信息暴露、知识茧房成形、资产负担增加等问题。但在元宇宙技术的支撑下，个性化推荐服务已成为时代潮流趋势，与其否定这种方式，不如通过创新体制、完善制度、加强保护等解决捎带产生的这

---

① 清华大学图书馆．元宇宙发展研究报告 2.0 版[EB/OL]．(2022－01－21)[2022－05－14]．http://bsddata.oss－cn－hangzhou.ali－yuncs.com/yuanyuzhou/file/reporter/8b5d6b09114ab2de95e7485738257e9a.pdf.

一系列问题。

以情景感知为基础，进行个性化推荐，是一种极具针对性、“颗粒度”极细的服务模式。元宇宙技术赋能智慧图书馆组织开展基于情景感知的个性化推荐服务，通过扫描传感设备分析用户获取虚拟资源的行为数据。例如，用户在虚拟空间中发出的信息需求和养成的习惯性阅读爱好，可结合用户经常性的检索需求精准地挖掘用户信息，以用户获取资源行为数据为基础合理匹配个性化的推荐，创造用户获取虚拟信息资源的适应环境，并反馈虚拟空间情景实时变化数据，便于图书馆智慧服务系统及时调整或改进服务程序和服务方式。元宇宙赋能智慧图书馆提高了服务质量和效率，有利于满足用户在不同空间场景中的信息资源需求。

（四）实施不受场域约束的多元化场景构建

作为社会公共服务机构，智慧图书馆注重文化建设，包容多元文化，尊重多元价值观，致力于为世界各国社会民众提供平等、自由、包容、开放的知识信息服务，鼓励文化交融与发展。[①] 智慧图书馆“第三空间”是元宇宙化后形成的数字结构化虚拟空间，因此，要不断推动使“第三空间”得以运转的基础设施建设，以促进“第三空间”无限延伸。智慧图书馆“第三空间”不受现实空间限制，通过虚拟原生、虚实相生、数字孪生技术构建多元化的独立知识场景，使用户在“第三空间”多元化场景内感受沉浸式的阅读学习体验。

（五）展现具有强大执行力的社交功能

智慧图书馆具有社交功能，其强大的执行力可推动用户进行信息交互和思想交流，并向用户提供社交机会，展现其强有力的社交功能，这是智慧图书馆“第三空间”形成与发展的标志之一。“第三空间”社交功能主要表现在，可以组织开展社区交流活动，以促进虚拟信息的传播，为社会民众提供交流场所，进而形成思想上的碰撞与共鸣。在数智时代，线上社

① 王馨浥．图书馆“第三空间”研究[D]．哈尔滨：黑龙江大学，2015.

交更为频繁。因此，智慧图书馆应注重运用微信、微博等社交软件，构建虚拟社交场所，组织用户开展网络社交。同时，元宇宙赋能智慧图书馆，一方面能够提供多元化的虚拟社交应用场景，实施“零距离”虚拟社交，方便虚拟空间交友；另一方面能够提供多维的信息交流模式，提升社区信息交互效果，实现知识信息服务效益最大化。

（六）融通内容更丰富的展示路径

构建智慧图书馆“第三空间”，可以为用户提供满足个性化信息需求的智慧平台，为广大社会民众提供产品展示、技能传授的劳动知识分享平台，为民间社会组织提供创新发展、创造力强的励志平台，以此均衡不同社会群体自身表现、自身发展的现实需求。智慧图书馆元宇宙化，一方面将已经存在的展示路径再丰富，提高展示路径的品质；另一方面以时代发展为契机，创新拓展更有效的展示路径，通过用户原创的内容，促进用户广泛参与智慧图书馆虚拟空间数字资源建设。

四、以元宇宙技术为支撑，重塑智慧图书馆“第三空间”场景

根据智慧图书馆运行机理，结合元宇宙特征表现，可以归纳出重塑智慧图书馆“第三空间”场景的内容，共五大模块，即参考咨询服务、教育沉浸体验、知识内容创造、数字数据保护、网络信息社交。以大数据、人工智能、云计算、物联网、区块链等技术为支撑，发挥元宇宙底层技术优势，结合元宇宙“第三空间”智慧理念，从五大模块基本功能表现出发，重塑智慧图书馆“第三空间”场景，实施“第三空间”平稳运转情况的分析与研究。

（一）展现虚拟数字人身份，强化参考咨询服务

参考咨询服务，是指将用户与科学专业相结合，参考知识获取情况，实施问答式咨询的一种现代化服务模式。开展参考咨询服务，主要针对专业性强的用户，满足他们个性化、专业化的知识信息需求。参考咨询服务是智慧图书馆知识服务中的重点，也是智慧图书馆实施“第三空间”建设

的主要内容。开展参考咨询服务，促进虚拟资源向“第三空间”发展，提升“第三空间”虚拟智慧服务的质量。现代信息技术的发展促使智慧图书馆开始应用智能机器人深入常见问题解答数据库进行分析，为参考咨询服务工作提供保障，但这种服务形式相对单一，缺少互动环节，服务效果不甚理想。根据馆藏虚拟资源及用户交互行为数据，构建由元宇宙技术支撑的虚拟数字人，同时促进用户与虚拟数字人在信息利用、知识传播上交流交互，赋予虚拟数字人智慧思维和情感思想。根据用户基本信息、检索交互行为数据构建用户虚拟画像，充分满足用户个性化信息需求，并以3D影像文本展示参考咨询服务成果，将学科专业研究资源准确、快速地传输给用户，切实体现参考咨询服务的应用效果。例如，用户检索经济理论导向研究资料，虚拟数字人依据检索主题迅速查询相关资源，并以3D文字、图片、视频三维立体影像文本的形式将信息资源传输给用户，供用户学术研究使用。

（二）运用数据交互技术，创新教育沉浸式体验场景

智慧图书馆发挥教育职能，以教育培训的方式促进“第三空间”沉浸式体验场景的创造。“第三空间”容纳教育智慧，致力于开展线上教育活动，以教育培训促教育发展，达到教育常态化的目的。组织开展“第三空间”线上教育，首先要以数据交互技术为支撑，将用户、教育活动内容投射到“第三空间”，在确定的虚拟空间场所完成教育任务。沉浸理论与具身认知理论是智慧图书馆“第三空间”开展教育活动的理论基础，同时，数据交互技术能够促进沉浸式教育状态呈现并使用户深入感受沉浸式教育。其次要打造教育空间场景，开展多元化教育培训活动，力求活动精准、细致，使用户在虚拟数字人的引导下进行沉浸式阅读学习，这与在现实空间内被动接受教育的情景相比，知识的接受度更高。最后要强化游戏性互动功能，促进用户在接受教育过程中学中做、做中学。实时进行教育效果评价，传感设备能够准确记录教育数据，针对教育数据进行分析评价，并反馈给用户，帮助用户作出相应的调整。

（三）使用 UGC（用户生产内容）、PGC（专业生产内容）、AIGC（利用人工智能技术生成内容）工具，创造信息内容生产场景

在元宇宙智慧图书馆生态系统中，需要创新创造一些虚拟场景并为其填充相应内容。为此，信息内容生产是必须完成的环节。UGC、PGC、AIGC 工具支持智慧图书馆创新生成知识信息产出场景。Web3.0 网络驱动技术促使 UGC 为智慧图书馆在抖音、快手等应用软件中发挥传播信息功能提供了创新创作平台，从技术上降低了用户创造信息、馆员创造知识生产场景的门槛。欲达到元宇宙智慧图书馆 UGC 细致落地的目的，必须构建信息内容创新平台，以更简便、快捷的知识服务方式，促进立体、多维信息资源的开发利用，如启动人工智能程序赋能 UGC，支持用户利用或创造虚拟信息内容，使用户成为有保障的数据创造者。有时 UGC 信息资源也存在知识结构分散、品性差异明显等问题，需要运用智能整合技术对 UGC 信息资源进行二次处理，形成 PGC 形式的智慧资源架构，创造出协调性、包容性强的知识信息内容。以智慧资源架构为基础，构建智慧图书馆多维立体虚拟资源智慧空间，形成高性价比、深沉浸性的虚拟空间资源结构部署场景。随着元宇宙技术的快速发展，AIGC 必将成为受元宇宙环境影响的重要的知识信息创造方式。AIGC 从协管职责上升到主管地位，切实体现了依据用户需求创造新的信息内容，再精确推送给用户的实际效果，能够有效弥补资源供给与资源需求之间的缺口，合理解决智慧图书馆信息创造能力不足引发的“信息内容荒”问题。

（四）加持区块链技术，保护数字虚拟资源场景

智慧图书馆通过元宇宙化使知识服务关涉大量的数据要素，包括虚拟馆藏、用户行为、信息交互、资源管理等，这些多元化的数据要素为用户带来了个性化、智能化的参考咨询服务。但是，由于产生的数据量大且保护措施不到位，存在数据安全隐患。在保护隐私数据方面，区块链技术为智慧图书馆数据库进行匿名公匙加密，对虚拟空间场景内容实施去中心化措施，以智能合约的方式保障隐私数据的合理应用。主要表现为，通过私

匙加密技术实现数据的全身隐蔽，脱离服务器。相较于中心服务器，以私匙载体为隐蔽场所，数据保护的有效性更大。运用智能合约技术，明确信息资源级别，从技术上将他人获取信息的风险降到最低点，从而消除隐私数据泄露的可能性。加大知识产权保护力度，利用区块链技术为 UGC、PGC、AIGC 知识确立产权。利用时间戳技术记录数据创造与产出过程，建立数据记录回溯程序，保证用户获取数据的完整性，防止恶意病毒数据的侵入，保障有效数据的合理删除。

（五）应用电子游戏技术，渲染虚拟社交场景

在元宇宙环境下，虚拟社交是“第三空间”涵盖的主要内容。从 Facebook 公司经营理念宣传片来看，其通过创造和运用元宇宙产品，确保用户全息映射为虚拟数字人，以虚拟身份进入“第三空间”场景中交友、聊天，参与阅读推广活动，增强智慧思维能力。智慧图书馆“第三空间”建设需要参考借鉴 Facebook 公司宣传片构想，在业务管理中创建多维、沉浸的社交场景。一方面，构建“第三空间”场景虚拟孪生体，开设线上虚拟服务业务，让用户以虚拟孪生体的身份足不出户就能畅游图书馆，进行沉浸式阅读学习，参与各类虚拟活动，与他人交流，共同进步。另一方面，构建满足用户信息需求的新式虚拟社交场景，组织开展丰富多彩的文化展览、交流活动，比如，以馆藏资源为载体设立虚拟阅读场景，沉浸式地阅读；又如，创设专业虚拟场景，用户可以在其中探讨实验操作心得体会。电子游戏技术主要是指游戏引擎、3D 建模、实时渲染，这三种技术能够给用户带来无限接近现实的虚拟游戏体验，超越游戏实现阅读与社交的完美聚合。①

五、打破局面限制，智慧图书馆面向元宇宙“第三空间”的发展机遇

吴建中教授指出，实体空间与虚拟空间是两个平行运行且密切联系的空间。随着元宇宙空间建设与发展，智慧图书馆空间集合有很大可能成为

① 王文喜，周芳，万月亮，等．元宇宙技术综述[J]．工程科学学报，2022，44(4)：744－756.

爱德华·索亚描述的“第三空间”。在元宇宙技术支撑下，实体空间与虚拟空间之间的壁垒被打破，实现了符合智慧图书馆发展目标的虚实融合和相生。为此，元宇宙环境下的智慧图书馆将不再受实体空间的约束，而是更新理念和创新技术，促进智慧图书馆元宇宙空间多模态变革发展。以下提出两种元宇宙治理的建设方案。

一是改革方案。智慧图书馆元宇宙化能够促进符合其实践活动、更庞大的文化体系出现。一方面将知识服务与虚拟化身相结合，统一移至虚拟空间场景中，支持线上服务，促进知识服务创新发展；另一方面构建元宇宙空间，利用其中的虚拟资源，创造智慧图书馆新业务，如应用百度希壤平台，展现产品优势，促进品牌营销。假如智慧图书馆知识信息服务平台能够按照图书馆规程规范知识服务场景，并在其中开设讲座、组织教育培训，将会使用户产生强烈的沉浸感。智慧图书馆可以利用“第三空间”虚拟化特点，组织现代艺术作品展，展览意境与“第三空间”环境相得益彰，使用户能够静心感受现代艺术的魅力。智慧图书馆需要利用“第三空间”创建知识服务虚拟环境体验场景，展现新服务，创造新业绩，发挥引流线下知识服务的作用；还需要应用非同质化代币技术认证虚拟资源产品身份，以多元化方式、多途径推送或营销创新产品。目前，已经投入使用的临港数字科技图书馆是具有元宇宙特征的数字图书馆，是数字图书馆元宇宙化、构建元宇宙空间的典型案例。临港数字科技图书馆承载着上海区域重要的基础数字技术设施，为用户获取数字化虚拟数据、感受沉浸式信息交互体验提供了广阔的基础平台。临港数字科技图书馆构建“第三空间”，集公共文化、休闲旅游、商业营销于一体，运用元宇宙技术重构虚拟资源应用场景，使用户通过应用元宇宙技术建立虚拟化身。以虚拟化身融入临港数字科技图书馆，实现用户与信息的融合、交互发展。

二是革命方案。在元宇宙技术支撑下，智慧图书馆将要如何发展？或者说智慧图书馆元宇宙化发展的最终归宿是以极为丰富的数字化资源保障社会民众自由获取知识的机会和权利。元宇宙倡导信息获取自由、公民地位平等以及现代科学技术支撑智慧图书馆实现高质量发展，同时，还能提供具有个性化特征的知识服务，以多元、虚拟的知识场景增强用户阅读学习的沉浸感。元宇宙的出现也促进了智慧图书馆公益性发展，其积极意义在于启发人们深入分析元宇宙智慧图书馆的建设思路，构建智慧图书馆独特的经济、文化体系，提升办馆定位，革新业务流程，突破传统思维、拓宽理论视野，思考元宇宙环境下智慧图书馆的变革重组。

坚持用好“第三空间”理论，实施场景重构将会提升智慧图书馆的社交能力，促使用户超越现实，发挥虚拟自由空间的想象力，体现更自由、深厚的沉浸感。元宇宙智慧图书馆发展过程中也存在不完美的方面，困难与挑战并存。例如，数字鸿沟问题，通过元宇宙技术的大力支持，数字鸿沟风险等级将会大大降低；用户虚拟空间体验不适应问题，元宇宙会发挥其技术特有的能力，解决用户体验中虚拟现实眩晕情况。为此，元宇宙赋能智慧图书馆高质量发展不是一蹴而就的，而是一个螺旋式上升的过程。智慧图书馆建设要勇于面对困难与挑战，充分运用“第三空间”的优势力量，调动馆员干事创业的积极性，提高知识服务质量，推动智慧图书馆更加接近完美的模样。

第二节　以隐性知识为基础的智慧图书馆虚拟智慧空间建构研究

在教育数字化、社会学习化、发展体验化形式下，元宇宙智慧图书馆深入进行知识服务的供给侧结构性改革，以革新的姿态探寻新的价值增长点。这将成为元宇宙智慧图书馆构建知识型组织的迫切要求。数字技术的迭代发展、知识价值观的改变、用户对数字资源的急剧需求等多模态的交叉互生持续驱动着元宇宙智慧图书馆知识服务模式改革，增强沉浸式知识服务的体验效果，提升用户获取知识信息的能力。为此，以“零距离”接触满足用户知识信息需求、构建信息需求和知识运用的虚拟智慧空间成为元宇宙智慧图书馆高质量发展的必然要求。元宇宙的出现更是将虚拟智慧空间建设推向一个新高度，促使虚拟智慧空间成为物质、精神相结合，重塑而成的“第三空间”。元宇宙能够促进多元主体交互，实施深度沉浸式体验，提升虚拟场景感知程度，这些都能破除智慧图书馆中隐性知识的默会性，增强隐性知识对主体的依赖性，为隐性知识的重用和传播提供了新路径。

基于具身理论和场域理论，探索元宇宙技术赋能隐性知识服务的机理作用，全面构建针对隐性知识服务的元宇宙技术应用平台，通过融合元宇宙技术能力提升智慧图书馆虚拟资源利用能力，不断拓展隐性知识服务边界，提升智慧图书馆组织信息资源的服务效能。

一、智慧图书馆隐性知识服务建设原则

一般情况下，隐性知识表现为智慧图书馆主体获取经验、纠正错误、应用技术、操作把控而必备的判断力。隐性知识源于主体认知、技术创造、信息行为创新等。智慧图书馆隐性知识服务的目的是有针对性地满足用户需求。用户需求表现在对人、事、物的真实认知上。如果认知理解出现鸿沟，知识服务就具备了隐私性的特征。在元宇宙环境下，智慧图书馆进行知识服务，将会促使用户获得元宇宙理念认知。智慧图书馆隐性知识服务建设的基本内容是信息服务重塑和知识场景重构，即在元宇宙技术的加持下将与隐性知识相关的各类内容融入智慧图书馆虚拟场景的知识服务，个体对隐性知识的需求融入虚拟场景即可建立与服务实践的联系。利用虚拟现实技术、数字孪生技术实现隐性知识的多维化交互，不仅能促进用户认知水平的提升，还能促进智慧图书馆藏书结构的更新以及知识资源的创新，实现智慧图书馆知识服务广度和深度的双向发展。为此，智慧图书馆隐性知识服务建设需要遵循以下四项原则。

（一）以用户对虚拟数字资源需求为导向

智慧图书馆设置用户需求导向，是一种以人为本的服务理念。注重用户个性化需求，强化人文服务理念，为用户创造一个良好的虚拟空间环境。智慧图书馆的隐性知识服务基于用户映射成为虚拟画像，通过准确预

判实现知识需求转移，达到满足用户隐性知识需求的目的。在知识服务的过程中，要对隐性知识进行泛化筛选、纵向挖掘，再进一步多维聚合，达到充分满足用户需求的要求。在虚拟数字资源需求导向下，隐性知识服务实施元宇宙化改造，需要将用户身份映射为虚拟空间信息资源创造者，而不是只扮演知识资源获取者的角色。智慧图书馆元宇宙化构建虚拟空间，使其具备了知识传播、创新交互、信息创造的新功能。智慧图书馆虚拟空间凭借精细的组织结构、多元化的虚拟资源促使知识服务多功能化，以满足用户的动态化、多维化、个性化需求，从而实现信息需求和服务创新的完美融合。

（二）以迭代式具身交互为核心

具身认知过程是用户与知识、馆员与环境交互形成认知经验的过程。在智慧图书馆元宇宙化过程中，获取信息与理解知识意义应由静态浏览方式转变为具身交互方式。具身交互的核心意义主要体现在用户对信息知识的沉浸式体验上。知识服务元宇宙化应将隐性知识置于虚拟空间的恰当位置，将隐性知识服务作为一种虚拟动态活动，并且依据具身交互机制实施知识服务的实践创造。通过再造迭代式具身交互信息应用场景提高隐性知识个性化转化速度，这是智慧图书馆元宇宙化组织开展知识服务需求关注的核心内容。

（三）以元宇宙技术为支撑

隐性知识服务的落地落细需要元宇宙环境的熏陶和元宇宙技术的支持。因此，隐性知识服务元宇宙化，本质上是给隐性知识服务元宇宙提供环境和技术平台，目的在于元宇宙技术赋能隐性知识服务，实现智慧图书馆的高质量发展。首先，以元宇宙技术为支撑，构建虚拟学习空间，隐性知识在虚拟学习空间内被承载，用户通过虚拟学习空间再现逼真现实环境，并感受获取隐性知识的体验。其次，在元宇宙技术支撑下，构建资源创造与知识服务一体化平台。以平台为依托，传输隐性知识充实信息资源体系，提高检索效率，增强用户获取隐性知识的满意度。最后，元宇宙技术支持隐性知识服务，保障知识传播全生命周期运作，发挥虚拟空间用户画像、数据挖掘功能，不断提升智慧图书馆隐性知识服务管理效能。

（四）以虚拟服务用户为目标

隐性知识服务元宇宙化促使用户以数字孪生体的身份出现在虚拟空间里，并为了沉浸式体验知识信息获取建立了信息需求模型和迁移模型。隐性知识服务以数字孪生体为对象，提供隐性知识虚拟化组织结构分析图表，对数字孪生体进行隐性知识的个性化匹配，同时提出虚拟服务策略，反馈用户评价，跟踪和输出服务产生的自动校正数据。为此，智慧图书馆需要加大信息资源需求感知力度，适当匹配知识信息的性价比，以知识服务的智慧能力、参考咨询的跟踪程度实现虚拟服务用户的智能校正，达到服务用户智能化的目的。

二、智慧图书馆隐性知识服务元宇宙化概念模型

智慧图书馆隐性知识服务元宇宙化是数智时代服务模式的创新与发展，元宇宙化促使隐性知识服务以用户需求为导向，集空间、资源、技术于一体，拓展信息资源导航、检索、咨询、共享等服务深度，促进隐性知识服务体系向多维度、多元化发展。构建智慧图书馆隐性知识服务元宇宙化概念模型，需要以虚拟空间场景为基础，营造信息交互强的沉浸式服务环境，并能够为用户提供精准、快捷、方便的服务。

隐性知识服务元宇宙化促使智慧图书馆具有开放性和共享性特征。以服务用户的沉浸式体验为前提，促进虚拟空间各要素协调交互，实现智慧图书馆内在结构的自优化，完善信息反馈机制，实时了解、掌控用户需求并以多样化方式满足用户需求。一个阶段的隐性知识服务完毕以后，需要准确记录用户行为数据，为保障下一阶段服务顺利开展及满足用户的个性化需求提供运行依据。同时，发挥元宇宙技术知识创新能力，以信息追踪和信息交互为依据，保存知识信息，输出隐性知识，实现智慧图书馆知识服务的创新发展。

（一）资源空间化

显性知识组织结构体系一般是线性的，而隐性知识以主体、过程、情景为基础，没有明确的结构体系。建构隐性知识虚拟空间是为了收集、整理、输出虚拟异构资源，以业务规范流程、任务责任清单、馆员工作环境为依据，形成庞大隐性知识资源虚拟空间化处理的场景局面。根据隐性知识本质，隐性知识情景可分为虚拟技术场景、音视频展现场景、案例场景、虚拟认知实验室、真人图书馆五种形式。隐性知识在元宇宙空间中的获取路径与知识可视化方式存在着密切的对应关系。

在元宇宙化基础上，智慧图书馆重视现实空间的建设，虚实融合共生是智慧图书馆元宇宙化发展的鲜明特点。现实空间的主要职责之一是为虚拟空间提供知识服务需求的信息资源，这是隐性知识服务元宇宙化建设的基础保障。在虚拟空间里，发挥隐性知识服务功能需要以服务空间为导向，例如，明晰元宇宙化虚拟资源组织结构，为精准实施知识内容检索提供捷径，主要是借助知识关联技术和图像搜索技术快速集结服务空间中的知识内容，精准推送信息资源，有针对性地满足信息需求。隐性知识资源的收集、挖掘、开发是提高知识服务效率和保障知识服务质量的关键。在一般情况下，隐性知识特征无须组织结构来表现，但是隐性知识场景与组织结构有着密切关系。隐性知识场景的建构与管理依赖于知识内容，信息资源知识链管理始终贯穿知识场景。与一般的组织结构建设和知识服务管理不同的是，隐性知识组织结构建设和场景管理需要关注资源数据要素之间联通的紧密程度以及空间场景之间的严谨逻辑关系。

（二）服务空间化

1. 基于数字孪生画像的需求分析

准确判断用户需求是智慧图书馆提供高质量服务的关键。在元宇宙环境下，隐性知识服务借助数字孪生技术对用户身份、需求爱好、行为习惯等进行分析判断，了解用户需求状况，掌握虚拟画像的行为取向，以此为依据选择合适时机为用户提供虚拟空间沉浸式服务。借助情景感知技术，用户以虚拟画像的身份进入虚拟服务空间准确感知隐性知识变化，相应变更知识信息需求，同时，借助人工智能、运算分析技术为用户顺利获取信息资源提供支持和保障。智慧图书馆实施元宇宙化管理，为不同身份、不同需求的用户虚拟画像提供差异性的服务攻略，通过已经明确的虚拟知识需求分别将用户虚拟画像行为数据融入搜索推荐。

2. 基于多元整合的资源组织

以满足信息需求为必要条件的知识服务组织机制，必须具备快捷、方便、精准、强力的特点。实施隐性知识服务空间网络化、立体化建设，将用户虚拟画像隐性化，有利于对隐性知识服务进行引证性分析、对隐性数据要素进行联动分析。根据用户信息需求情况，有计划地进行多维度资源整合，助推个性化、多元化隐性知识服务成为现实。例如，合理安排知识服务进程，把用户行为纳入知识信息整合与管理全过程，引导用户阅读榜单并分享榜单。进行信息资源聚合度分析，以此形成资源主题评议排行榜和资源应用排行榜。实施隐性知识资源关联度分析，构建知识关系图谱和知识主题图谱，使其成为智慧图书馆隐性知识服务的主要参考咨询工具。

3. 基于人本化理念的服务互动

互动是保持用户与馆员之间密切关系的前提条件，也是创造和生产隐性知识的基础保障。把隐性知识服务进行元宇宙化建设，能够充分发挥虚拟知识空间的无限延展性，将服务延伸至虚拟想象空间，构建数字孪生、虚实相融方式的人机互动虚拟场景，满足知识信息社交、信息资源获取、虚拟化身自我表现的实际需求。以多维虚拟服务场景为依托，促进多元信息交互，落实知识信息知情权和获取权，让用户在体验优质知识服务过程中充分感知自由获取知识、平等分享服务的庄重与神圣。

4. 基于知识流动过程回溯的服务反馈

智慧图书馆提供隐性知识服务并将其元宇宙化，促进了服务反馈渠道呈现多样化态势。服务反馈渠道主要有用户点评、经验传授和信息知识追踪。在容纳隐性知识的虚拟服务空间里，服务反馈起到了重要作用：一是以用户需求满意度为评价标准，发起对服务过程的评议，实施对服务效果的评判；二是以用户行为数据为依据，研判用户的个性化需求，提出满足用户需求的新途径；三是定期总结、归纳服务反馈信息，创造生产新的隐性知识，以此补充、完善隐性知识资源体系；四是跟踪监测用户获取知识的实际状态，实时调整、部署服务新策略。可以说，服务反馈既是分析、监管用户信息需求的基本手段，也是改进服务质量、创新服务策略、增强服务意识的力量源泉。智慧图书馆构建虚拟空间，促进虚拟空间智慧化发展，为组织开展隐性知识服务创造了良好场所，也为隐性知识服务元宇宙化提供了前所未有的时机。发挥虚拟空间的功能作用，实时分析、监管用户需求状态，合理排序知识资源便于用户检索获取，并将编排成形的知识景观展示给用户。

（三）技术空间化

在技术支撑上，隐性知识服务元宇宙化有效促进了现代信息技术的整合发展，全面提升了图书馆技术系统的集合度，元宇宙技术赋能隐性知识服务使得智慧图书馆在虚实相融状态下的服务操作成为现实。具身传感技术和全息映射技术的快速发展，为智慧图书馆隐性知识服务元宇宙化发展提供了更好的路径。元宇宙技术支持智慧图书馆虚拟空间的构建，通过提高用户参与服务的积极性，协助用户进行阅读学习，增强用户交互体验的沉浸感和愉悦感。虚拟现实技术促使隐性知识以多元化的方式展现出来，身体感知与数据运算虚实交互，服务创新和服务反馈提供支持，让用户在“理解知识—虚实知识交互—服务反馈”的循环过程中完成隐性知识的创造与建构。就管理空间来说，资源存储空间、智慧服务空间、业务管理空间的发展会“倒逼”技术创新。元宇宙智慧图书馆实施信息资源、虚实空间、业务管理的升维，均能在很大程度上推动技术的创新发展。

（四）管理空间化

实施隐性知识管理的目的在于，分辨隐性知识资源更加精确，获取隐性知识资源更加高效。精准打造虚拟服务空间，通过管理空间化规范，促进隐性知识服务更智能，用户需求得到更大的满足，用户沉浸式体验更满意。就身份管理空间来说，管理让隐性知识产权更明确，图书馆馆员与技术的关系更融洽。

管理演化为空间形式，形成了精细的组织结构、先进的管理理念、有效的管理手段，以此调整服务资源数据要素，保障智慧图书馆信息管理、知识服务的高效运转。管理空间内设有若干管理子模块，包括资源管理、用户管理、制度管理、认证管理、日志管理等。用户需求变化引发管理理念变化，资源维护转变为知识管理，全封闭转变为全开放，智慧图书馆既需要服务管理制定者，也需要服务管理实施者。元宇宙为更加精准地管理空间提供了技术保障，发挥日志记录技术、知识追踪技术的优势，快速、有效地分析用户行为，产生用户行为数据，现代通信技术、手机应用程序技术为数字化数据的联通提供了捷径。制定空间管理规则，促使管理步骤、管理方式更加形象化；制定约束空间信息行为的规章制度，保障智慧图书馆信息资源顺畅流通。浓厚的知识文化气息、和谐的情感融合机制能够促进管理空间生态环境的形成，管理空间生态化发展为隐性知识服务的畅通运转提供了良好的环境保障。由此，构建智慧图书馆超文本管理空间的组织结构，促进知识服务的虚拟化延伸，推动项目管理的灵活转移，准确把握资源与技术之间的互动关系，都可以促进隐性知识服务向元宇宙化方向开展。

三、智慧图书馆隐性知识服务元宇宙化的运行机理

建设智慧图书馆虚拟空间资源，满足用户信息需求，促进知识和服务的高度融合，是智慧图书馆为用户提供个性化强的虚拟服务空间的基本条件。致力于虚拟服务空间的建设，促使用户运用创新的检索方式获取满足个性化需求的隐性知识。智慧图书馆隐性知识服务元宇宙化的运行机理如图4－1所示。

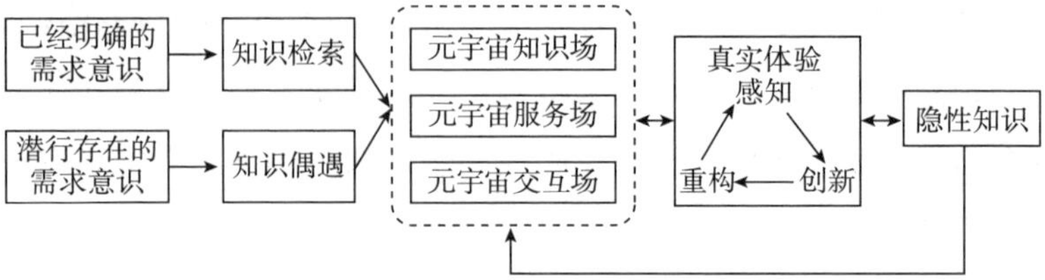

图 4-1　智慧图书馆隐性知识服务元宇宙化的运行机理

（一）隐性知识服务元宇宙场景

在元宇宙场景内，以沉浸式体验激发隐性知识的内在潜能，促进馆员与用户交互沟通，建立情感关系，增强用户运用知识、创造知识的能力。把隐性知识服务进行元宇宙化，在这一过程中，隐性知识建立了与外部世界的联系，其蕴含的数据要素整合形成了虚拟场景的复合体。因此，隐性知识组织结构不再提前设置，可以通过感受体验尝试着进行自行建构。通过了解隐性知识应用环境和对外传输的历史轨迹，构建隐性知识服务元宇宙场景，从场景组织结构中挖掘隐性知识表达的核心要义，借助人工智能技术将核心要义可视化处理后回溯至元宇宙空间环境中。用户可以从回溯内容中理解新意并获取新信息，从而引导隐性知识服务创新发展。隐性知识个体形成知识景观就像虚拟知识“黑匣子”，输入虚拟孪生应用密码就会输出虚拟数字人创造的隐性知识信息。

实现隐性知识服务的功能作用，需要构建元宇宙场景。借助扩展现实技术，应用 3D 建模技术的改造功能，展示隐性知识景观。将用户真实身份全息映射为数字虚拟化身，以数字虚拟化身进入应用场景，扮演第一人称的角色，以此感受、认知隐性知识服务过程。虚实空间的融合相生、信息资源的交互流通、知识情景的交融共现是营造隐性知识服务沉浸式氛围的主要表现形式，隐性知识沉浸式服务能让用户有身临其境的感觉。同时，隐性知识服务元宇宙化创建虚拟知识场景，给用户提供了互依互存的社交机遇，用户与馆员的互交、用户与机器的互交在虚拟知识场景中得到融合，用户的身份特征也得到转化，成为符合虚拟知识场景环境的虚拟化身。在虚拟知识场景中，用户身为信息表示符号，有能力突破现实空间的信息行为限制，发挥无限空间想象的体验效应。同时，智慧图书馆虚拟空间主体感知和参与隐性知识服务时被激活，更加增强了用户在虚实空间交互沉浸式体验中的效果。借助虚拟化身的特殊身份，用户的爱好、习惯会成为虚拟空间行为数据被记录下来并得以延续存留。在现代机器算法的加持下，隐性知识服务元宇宙场景的虚拟性得到持续保留并进一步被优化。

（二）基于真实体验的认知构建

隐性知识的创建过程与显性知识有明显差别。隐性知识的存在，需要经历强烈的内化建构才能被认同。因此，隐性知识的创造建构意义是隐性知识服务组织开展的基础保障，并蕴含于用户对隐性知识获取和学习过程中。在元宇宙空间内，隐性知识通过内化建构历练，具备了自身创造经验的能力，通过用户认知关联隐性知识的意义进而归纳总结出抽象性概念。这个过程是人的思维感知与技术工具应用、用户获取知识行为与机构组织化反思协调产生的结果。虚拟空间被确定为隐性知识服务场所，已经被认知的隐性知识进入虚拟空间后，被用户感知和体验，通过知识情感交互、信息交流互动产生思想共鸣和行为共振。在这种情况下，隐性知识服务促进用户自身感官体验的输出及精神气质持续提升。在扩展现实技术、全息投影技术的加持下，用户分享隐性知识服务，在其场景中体验到自然具身的亲切感知。亲切感知的获得需要五个步骤：第一，深化沉浸式体验，产生自我的情感价值，切实理解隐性知识的意义内涵；第二，整合已经体验过的信息资源，择取关键信息配以相应的解释，运用元宇宙理念归纳隐性知识概念，进一步认知深层隐性知识的内化考量；第三，用户通过智慧思维创造自己记忆中的隐性知识，挖掘隐性知识概念的潜在意义，并将新生隐性知识进行整合，再进一步重构隐性知识的潜在意义；第四，通过归纳总结，促进隐性知识演绎，创造新内容，满足用户对新生隐性知识的需求；第五，以隐性知识服务经验为依托，将实践能力转变为用户自身获取知识信息的技能，进一步观察外部世界，认知事物发展规律，形成隐性知识服务行为数据和价值归属感。在长期的、可持续的隐性知识服务实践中，必然经过“应用—反思—再应用”的反复历练，为此，智慧图书馆需要不断扩大隐性知识服务范围，实现知识信息创造生产的新发展。通过以上阐述可以发现，隐性知识服务体现了事物成长过程中循环历练的实践过程。同时，隐性知识服务的循环实践创造出了多元化信息资源，形成了大量符合用户需求的新型隐性知识，这对智慧图书馆组织结构创新发展大有益处。

在动态变化的状态下生产和创新知识，不断关注隐性知识服务的实践创新和协调发展。智慧图书馆需要认真总结构建经验，重塑知识获取和应用场景，以隐性知识服务为基础，借助元宇宙技术，构建集资源、服务、管理于一体的隐性知识元宇宙空间应用场景，打造智慧图书馆知识服务多体验、多维度、多元化的空间格局。实践表明，用户对隐性知识资源需求越来越大。在需求量的影响下，信息资源场域、知识服务场域、信息交互场域的叠加发展推动了对隐性知识服务虚拟性的认知建构，进而促进了传统隐性知识向个性化隐性知识的转化，这对于满足用户对隐性知识庞大体量的需求起着至关重要的作用。

元宇宙技术为智慧图书馆隐性知识提供了更宽广的服务空间，但技术实施与发挥作用在智慧图书馆虚拟空间知识服务中效果明显。隐性知识服务元宇宙化能否成为促进智慧图书馆发展的实践性关键，取决于现代科学技术创新发展和现代社会的文明进步。隐性知识服务顺利开展与否，依赖于用户的沉浸式体验和对隐性知识的感受与认知。为此，开展隐性知识服务元宇宙化实证研究是实现智慧图书馆高质量发展的必然要求。

第三节　智慧图书馆面向未来多元化学习的空间场景建设

一直以来，智慧图书馆为了实现数字信息与虚拟用户之间的有效连接，创新发展了资源存取空间。在现代信息技术的推动下，智慧图书馆不断满足用户的个性化需求，持续保持信息资源环境的生态化发展，秉承职业道德操守，追求变革创新。相对于传统图书馆来说，智慧图书馆为读者提供的阅读学习空间发生了很大的变化。面向未来，智慧图书馆致力于阅读学习环境的场景化建设，倡导泛在教育，提供深入的沉浸式阅读体验，推动智慧社交，促进虚实空间融合相生。通过多元化的学习方式，促进智慧图书馆以技术为引领，通过数据交互、智能管理全面实施虚拟空间学习场景建设。

一、创建多元化学习图书馆服务平台场景

智慧图书馆的高质量发展促使新型图书馆管理集成系统出现，如 Alma 等软件已经进入普遍应用阶段。比如，对智慧图书馆服务系统进行升级改造，可实现全智慧管理；又如，促进虚拟空间网络结构与场景资源的深度融合，制定合理的服务空间层级结构，实施标准的网络服务规划设计，全面调整细化微服务系统、资源获取系统、数据存储系统、远程登录访问系统，可打造一个用户需要、适应现实环境、面向未来发展的服务平台场景。

在元宇宙环境下，通过知识搜索引擎检索，图书馆馆员能够自主创建信息需求。借助人机接口技术，对接用户需求，实施信息资源收集与应用，以此强化智慧图书馆知识服务功能作用。在创建智慧图书馆服务平台场景过程中，用户经过非同质化代币身份系统的统一认证，具有虚拟空间实施信息行为资格，能够有效进行服务平台场景单项模块登录，实现平台、终端、服务、应用的实践操作。面向读者，实施学习服务平台建设，体现平台多元化特点，支持平台多类型数据结构，融合平台虚实资源，以应用程序编程接口技术为支撑，保障平台的稳定性，增强平台的扩展性。同时，分析、掌握学习服务平台的组织结构，发挥平台程序管理模块功能作用，以用户行为数据为依据形成学习服务平台虚拟画像，以虚拟画像的虚拟性特征和敏锐的鉴别力为保障，增强多元化学习服务平台的支持能力，提升服务效果。

以智慧图书馆的馆藏数据库为基础，以大数据技术为支撑，分析、掌握资源总量分布情况、学科专业资源布局情况、用户需求情况。以数据分析为依据，提升智慧图书馆资源建设能力。立足资源，保障服务，为多元化学习服务平台的顺利运行提供资源保障和技术支持。促进现实发现技术

与智慧图书馆 OPAC 系统的结合，实施布尔算符全域资源高效检索，检索资源特征表征信息，显现用户行为自定义标签记录。促进用户全面利用图书馆，评议资源使用效益和服务质量，通过信息传播系统转发评议结果，促进知识输出和分享。提升个性化资源的使用效益，耦合个体资源之间的关系，链接个体资源组群发展，形成资源立体网络化结构，以此促进用户阅读学习沉浸式体验感受度有效提升。

以用户为服务对象，智慧图书馆学习服务平台能够充分发挥自身功能作用，提供多元化的、沉浸式的终端快捷服务。基于学习服务平台实施个性化资源推送、用户身份资格界定、数字资源移动输出、数据要素存储展示等，为用户提供智能化参考咨询服务，满足学科专业型用户的个性化需求。加强学习服务平台自主化管理，提升服务品质，规范资源使用行为，严格终端服务管理，使学习服务更具针对性，以此推动用户使用应用场景、获取知识资源的统一性发展。

二、构建面向未来多元化学习的空间场景

（一）从共享空间向多元化学习空间转变

在智慧图书馆 2.0 时期，数字资源发展迅速，推动了智慧图书馆空间升级、资源类型改良，其中，共享空间的出现成为典型代表。共享空间出现后，数字移动图书馆发展日新月异，掀起了以阅读推广活动为主的创新体验热潮，而现实空间组织结构改造也随之进入了图书馆创新发展的日程安排。近年来，元宇宙的出现推动智慧图书馆进入了高质量发展的新时期。具有虚拟内涵的“第三空间”出现，其空间场景蕴含时代文化意义，与多元化学习空间建设一脉相承。“第三空间”文化意义必将成为面向未来多元化学习空间建设的基本要素。

（二）虚实融合的沉浸式阅读学习场景

近年来，用户需求越来越广泛，对智慧图书馆的要求也越来越高，不仅反映在资源获取上，还在阅读推广、文化鉴赏、交流互动上有明显的需

求倾向。对智慧图书馆来说，有必要高度重视用户需求，针对用户广泛需求的实际情况提供必要的虚实融合、分区管理的空间场景，为满足用户需求打下良好的场所基础。对用户来说，要想获取更多需求，需要智慧图书馆提供基于沉浸式阅读学习场景感知的多元化服务。用户主动参与阅读推广、文化鉴赏、交流互动等活动，需要阅读学习场景的支持，场景是适宜用户阅读学习的，是人员、资源、服务紧密结合形成的特定空间，在满足用户需求方面发挥着重要作用。沉浸式阅读学习场景的构建，不是虚实空间的罗列、堆砌，而是智能空间与体验空间的完美结合。阅读学习场景能为用户感受沉浸式体验提供保障，关注场景建设，满足用户需求，在阅读中进步，在学习中发展，实现阅读学习场景构建的最终目标。

（三）增强用户感知度，合理使用图书馆资源

智慧图书馆存储、创造数字资源，使其越发丰富多彩，为智慧图书馆整合现实空间和虚拟空间提供资源保障。用户通过非同质化代币技术认证身份资格或启动单程登录程序了解馆藏资源结构，掌控馆藏资源类型。借助 IP 技术，利用 Web 浏览器，实施远程登录访问虚拟场景资源，可以获得沉浸式感知体验和利用馆际资源的成功经验。另外，智慧图书馆实施数据存储后台元宇宙化管理，根据用户行为数据筛检数据要素，制定数据要素存取权限，划定用户社交群体，开通特殊用户账号，为合理使用图书馆资源做足准备。

三、构建元宇宙环境下的虚拟多元化学习场景

引入数字孪生技术治理改造智慧图书馆，推动了知识服务向虚拟空间深处延伸，促进现实空间与虚拟空间融合共生，把智慧图书馆元宇宙空间建设成为跨时空飞跃的崭新世界。在元宇宙智慧图书馆建设过程中，以元宇宙技术支撑力促进全智慧服务体系形成，其将为用户提供虚拟多元化学习场景，为智慧图书馆未来建设学习场景提供新的创新力。

在元宇宙技术支持下，数字虚拟馆员基于图像、语音、语义识别，实现与用户在虚拟空间的映射复制，能够顺利完成虚拟参考咨询工作。用户

可以创建具有个性化特征的虚拟形象，构建独立的个性化虚拟子空间，在虚拟助手的协助下，实现虚拟资源的分享与推荐，并在虚拟空间内发挥多用户互动效应，实现阅读学习、研究交流、演讲互动的同步运行。

通过创新研发智慧图书馆文献集成管理系统，整合管理系统数据，可以推演出用户未来信息资源需求中潜在的阅读学习要求，并在虚拟空间内精准映射，完善用户虚拟画像，对虚拟多元化学习场景情景感知进行精确运算处理，提供适应定制、行程提醒、服务创新的学习场所，使智慧图书馆既是具有独立思考能力的智慧体，又是用户精准化阅读学习的支撑者。

基于传统观念，智慧图书馆是连接信息与用户的资源存储载体，面向未来新发展，智慧图书馆资源管理、空间服务需要与时俱进地重构。在元宇宙发展视域下，智慧图书馆作为面向未来的阅读学习中心，亟待构建面向用户的虚拟多元化学习场景。在元宇宙技术赋能下，多元化学习图书馆服务平台场景、面向未来多元化学习的空间场景、虚拟多元化学习场景建设，是智慧图书馆面向未来用户提供沉浸式服务的基础项目，必须系统谋划、科学布局、提早实施。

第四节　智慧图书馆增强现实空间系统的设计与分析

从智慧图书馆的发展轨迹来看，元宇宙技术支撑是智慧图书馆现实空间向虚拟空间高度映射的强力保障，通过元宇宙增强现实功能促进现实空间与虚拟空间紧密结合，形成针对性极强的现实版虚拟衍生与虚拟版现实关照。① 智慧图书馆不仅要承接知识信息的挖掘功能，还要增强现实技术对知识信息的感知和利用。

① 张庆来，苏云．图书馆与元宇宙：关系、共用与未来［J］．图书与情报，2021（6）：75－80.

一、增强现实技术概述

增强现实技术将数字构造的虚拟空间与现实空间交互融合，并在显示设备上进行虚实交互，形成可视化资源向外输出，不断增强用户在虚拟空间中的智慧能力，加大对现实空间中数据要素的表征力度，以现实主体与虚拟主体融合的良好状态提升智慧图书馆知识服务的活跃程度。智慧图书馆高质量发展的核心诉求是知识信息在虚拟空间和现实空间中得到最大化利用，把大量信息资源进行细粒度匹配，用于满足用户的个性化需求。未来，智慧图书馆的发展模式将发生重大变化，用户沉浸式体验被置于更重要位置上，满足用户信息需求更为精准化，智慧图书馆将要担当更多、更重要的社会职能。随着元宇宙技术的快速发展，智慧图书馆高质量建设逐步聚焦在虚拟场馆功能设计和虚拟空间模型构建上，而增强现实技术作为智慧图书馆建设的支撑力量，在功能作用上具备创新发展的能力，能够助推智慧图书馆虚拟场馆功能设计和虚拟空间模型构建再上新台阶。

二、增强现实技术在智慧图书馆中的应用进展

随着智慧化场景的整合发展，智慧图书馆以丰富的信息资源为基础创造出新的元宇宙形态，作为具有最强交互能力的增强现实技术能够促进虚实空间融合互动，由此产生虚实信息交互的沉浸感，进而推动智慧图书馆元宇宙化的交互融合。一方面可以支持用户以标签方式快速定位所需资源；另一方面可以提升虚拟化身的思维能力，增强智能化程序安排效果。比如，美国迈阿密大学图书馆的文献排架应用 HhelvAR 系统将文献 Tag 编码运算产生感知，以移动自动感知获取资源位置；又如，美国普林斯顿大学图书馆研发 WolfWalk，以技术创新实现师生员工与智能应用场景的有机匹配。在现实资源重组方面，增强现实技术将资源进行整合，创造音频、视频资源输出模式，有力促进数字资源的有效展示，例如，加拿大麦吉尔大学图书馆成功研发出 Scarlet 项目，将触觉搜索引擎引入知识服务管理，实现 iPad 放大文本、视频资料推荐功能。增强现实技术知识导览系统被引

入虚拟空间，实现了智慧图书馆内外环境多维虚拟信息高度匹配的良好效果，说明增强现实技术应用于智慧图书馆，促进智慧图书馆高质量发展已经被普遍认同。

三、智慧图书馆增强现实技术架构

（一）增强现实技术架构

以智慧图书馆的数据环境、全息映射、信息分发、身份认证来对应元宇宙增强现实技术功能作用。增强现实技术的主要功能是数据环境的创造与应用、现实空间向虚拟空间的全息映射、数据要素的激活与渲染、虚拟信息内容的分发与身份认证。智慧图书馆借助增强现实技术实现业务的扩增，扩增的业务主要包括增强身体感知、增强沉浸体验、增强文献资源、增强机制运行、增强内容可视化。以元宇宙技术为支撑，满足智慧图书馆对增强现实技术的需求，加大技术支持力度，建立智慧图书馆增强现实技术架构。

（二）增强现实技术模块

智慧图书馆运用增强现实技术设计了五个功能模块，包括设备支撑模块、数字标识模块、图像预设模块、沉浸感知模块、虚实交融模块。这五个功能模块的具体情况说明如下。

1. 设备支撑模块

设备支撑模块利用设备终端数据收集功能，进行数据要素的采集。采集设备包括智能传感器、全息映射扫描仪、GPS 定位系统、Wi－Fi 传输组件等，在元宇宙技术的支持下实现采集设备的高效率运转。另外，设备支撑模块还包括跨场域整合计算设备、ios、Android 多模态载体系统。

2. 数字标识模块

数字标识模块使用数字标识码扫描传感器件，以此确认增强现实技术架构，如使用动态数字码进行技术扫描。在数字标识模块使用方面较为典型的例子是美国霍普金斯大学研发的 SmartLibrary 项目，该项目把 RFID（射频识别）标签进行加密处理，以此作为辨别信息资源、定位信息位置的标识码，通过标识和定位能够以 Wi－Fi 技术实现快速传递和及时跟踪，与增强现实技术相结合实现虚拟空间资源模拟，以提高现实真人沉浸式阅读体验。

3. 图像预设模块

图像预设模块注重图像预设的文本描述，并在此基础上进行增强现实技术的图像分析。该模块的运行主要依靠图像转换和图像创造。图像预设模块通过构建动态目标图谱，利用增强现实技术激活图谱要素，应用区块链技术推动动态目标图谱演进，借助 AR Studio 技术保持动态目标图谱连续性，创造出连续动态播放的虚拟资源建设目标视频图像。

4. 沉浸感知模块

沉浸感知模块执行增强现实移动服务程序，利用数字标识模块功能实现叙述文本、目标图像的定位跟踪。沉浸感知模块能通过文本描述、图像展现达到深入沉浸式体验的目的；还能判断叙述文本、目标图像损坏程度，及时弥补漏洞，解决出现的问题。

5. 虚实交融模块

虚实交融模块创建增强现实空间，实现虚实空间交融，在虚实交融空间里映射生成虚拟生态人，构建虚拟资源，生产虚拟产品，形成元宇宙链条，并实施反馈机制理顺链条秩序，为现实空间真人提供元宇宙技术支持和创新性工作体验。

四、智慧图书馆增强现实空间系统设计原理

智慧图书馆增强现实空间系统设计原理为空间系统构建提供原则方向指导和基本理论支持。智慧图书馆增强现实空间系统包括识别匹配理论和融合交互理论，如图 4－2 所示。

识别匹配理论包括图像采集、图像识别、图像匹配三部分。图像采集设备装配图像采集软件，用于判断识别智慧图书馆虚拟空间信息资源图像。运用增强现实技术制定信息交互程序，进而对图像信息特征进行提

取，再将图像信息特征提取结果引入信息交互程序进行匹配选择。选择过程是依据图像信息特征提取结果进入馆藏资源库中进行检索，筛选主题相同或相似资源，将筛选到的资源引入信息交互程序，实现资源的流通传播。

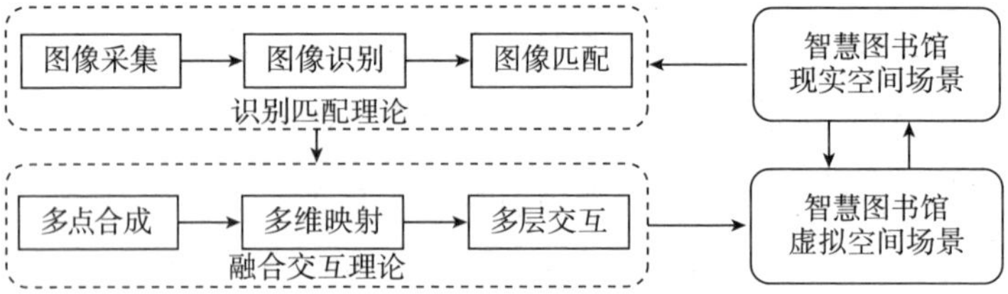

图 4－2　智慧图书馆增强现实空间系统设计原理

融合交互理论包括多点合成、多维映射、多层交互三部分。通过识别匹配，将成功筛选出来的资源多点合成为叙述文本，形成目标图像。借助全息投影技术，将叙述文本、目标图像多维映射到传感设备上，形成虚拟资源模型。在增强现实空间场景中，将虚拟资源模型形象化，通过人机交互的方式对虚拟资源进行多层交互操作。

五、智慧图书馆增强现实空间系统架构设计

元宇宙生态建设原理对智慧图书馆高质量发展具有重要的指导意义。智慧图书馆运用增强现实技术强化虚拟空间数字资源智慧化管理，实现知识信息全场域感知体系的构建。提升馆员知识服务水平、优化用户知识服务业务，是实现智慧图书馆高质量发展的关键所在，两者之间存在着密切的联系，而要保持这一密切联系需要增强现实技术支持和元宇宙价值理论推动。智慧图书馆增强现实空间系统架构有着鲜明的层级结构，主要包括数据环境层、物质感知层、智能管理层、增强应用层，具体层级情况说明如下。

（一）数据环境层

数据环境层发挥着促进智慧图书馆增强现实空间系统高水平设计的保障作用。在虚拟空间内，馆员、用户、资源要素之间交互共存，生成的行为数据与虚拟空间场景状态关联互动，并将数据要素分类存储、专项使用，利用

增强现实技术识别、选择、匹配信息，促进智慧图书馆虚拟空间数据环境优化。

（二）物质感知层

物质感知层利用智能感知设备存储馆藏资源并对资源进行人机交互智能化处理。运用数字孪生技术全息映射现实数据信息，形成全链条数字化协同信息，并将信息进行虚拟化处理。使用的感知设备有 AIoT（人工智能物联网）、云计算设备、边缘运算工具、云化架构等。

（三）智能管理层

智能管理层倡导人文关怀，展现人文伦理精神。该层的管理意义是将文化、主体、智库、机构等纳入元宇宙智能规约，有利于解决发展预判、问题排查、智能控制、应急响应等难题，从而在元宇宙生态发展与智慧图书馆服务规制的双重影响下实现智能管理。

（四）增强应用层

在元宇宙环境下，智慧图书馆构建虚拟空间，主要以虚拟空间作为知识服务的应用场景。将智慧图书馆增强现实管理延伸到虚拟空间知识服务上来，利用增强现实技术实施工具理性的应用，为创造真正的全仿真虚拟空间提供全面的增强现实基础保障。

元宇宙的出现，促使增强现实技术在智慧图书馆高质量发展中发挥重要作用。面对未来智慧图书馆升级换代，在空间再造、场景维护、集成管理、虚实融合等方面都需要有很大程度的提升。我们应保持对技术推新、产权保护等的热情，更多地助力智慧图书馆承担社会职能，为用户提供多元化的知识服务。

第五节　智慧图书馆虚拟数字人数字记忆概念模型及其应用场景

虚拟数字人在图书馆行业受到广泛关注，具有广阔的应用前景。元宇宙中的数字记忆包括数字孪生体、数字虚拟物、虚拟场域、数字信息交互以及信息行为数据记录。从传播学的角度分析，虚拟数字人是智慧图书馆元宇宙化创造形成的新型数字媒介体，也是元宇宙化虚拟空间的数字记忆载体。在促进智慧图书馆建设与发展上，以虚拟数字人为智慧载体为虚拟化身用户提供知识服务，基于虚拟数字人的特殊身份增强虚拟知识资源的归属感，增强用户感受知识服务沉浸式体验效果，把虚拟数字人当作数字记忆媒介来对待，开展针对虚拟数字人行为的人文研究，将研究的实践价值和应用价值广泛推广出去。

一、智慧图书馆虚拟数字人数字记忆概念模型

（一）智慧图书馆“虚拟数字人”的定义及内涵

2024 年发布的《中国虚拟数字人影响力指数报告》重新对虚拟数字人进行了定义，从技术方面来看，虚拟数字人是集合现代技术进行创设，具有人体外形、模仿人的行为和思想交互而成的虚拟形象。构建虚拟数字人强调要深挖个性化信息流通内容，重视信息传播的理性价值观。在元宇宙理念中，智慧图书馆虚拟数字人与社会文化之间的关系甚为密切，由于这种关系具有交互性，不仅可以被模拟，还可以被计算、被评价，如果能给虚拟数字人赋能上“记忆”，就更有资格承担起传播社会文化的责任。因为能全面彰显社会文化价值，所以虚拟数字人数字记忆概念模型具有十分重要的意义。随着元宇宙技术的快速发展，虚拟数字人被构建成为一种全新的数字记忆媒介。虚拟数字人承担着承载虚拟空间社会记忆数据集合的责任。在元宇宙技术支持下，承载社会记忆，传播社会文化，构建虚拟数字人数字记忆概念模型，并以此模型为基础建立多模态、强交互的虚拟数字人资源数据集。在元宇宙环境下，智慧图书馆资源数据集可表现为具有清晰模型结构和严谨格式的数字化知识图谱。

（二）智慧图书馆虚拟数字人的组成结构

虚拟数字人是由个体记忆和影响个体记忆的群体记忆组成的，其中，

群体记忆包括族群记忆、交往记忆、学科群记忆、场景记忆，如图 4 – 3 所示。

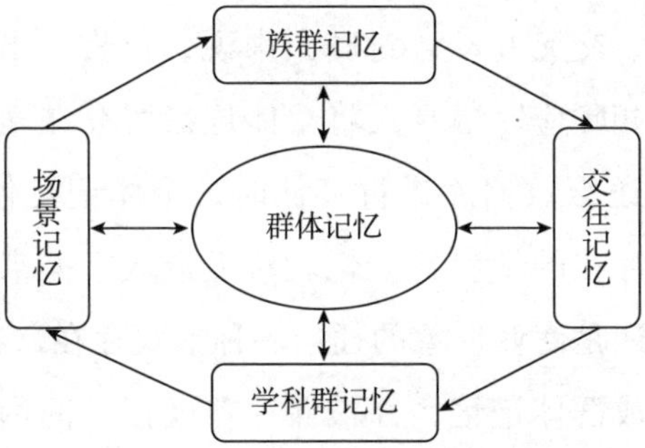

图 4 – 3　虚拟数字人的群体记忆组成结构

个体记忆是基础，是虚拟数字人承载的思想观念、行为模式和精神文化产品，具体表现为存储数字化档案、描述信息多媒体记录、采纳公共信息配备的数字资源，并以集合的形式进行呈现。一般情况下，个体记忆组成的数字资源集是固定不变的，且能够以数据集合的形式映射虚拟数字人身份，如身份标识码、创造时间记录、创造地点、创造人姓名等。

族群记忆，是指族群或家族繁衍息演变过程中记录的历史数据，包括族群人的姓氏源流、家族迁移历史、家族谱系等。族群记忆会随着技术的迭代发展不断丰富。学科群记忆，是指学术研究产出的影响单体记忆的精神成果。真人创造产出的书籍、文章、绘画、雕塑、摄影等科学化记忆资源，可以根据学科类别被划分并被记录下来。场景记忆，是指事物发展形成的现实区域或虚拟场域中的记忆，如区域的建筑、地标、风俗习惯、行为、语言、情感等，或者虚拟数字人创造信息内容、组织活动产生的场景数据。原生数字人通过映射承载的理念、规范、价值观，利用虚拟空间元宇宙技术加持记录数据。元宇宙的出现，促使世界分化为现实世界和虚拟世界，在虚实世界融合的过程中产生了现实行为与虚拟行为的交互，真人与虚拟化身进行的交流互动形成了交互行为记忆资源集。

（三）智慧图书馆虚拟数字人的交互关系

个体记忆与群体记忆存在着密切的关系，在元宇宙技术加持下，两种记忆相互影响、交叉互动。对真人来说，籍贯、出生地明确，族群记忆和场景记忆交相呼应。当真人将个体记忆留存在学科文献中，或者将个人知识成果输送给数据库进行存储时，个体记忆便转化成群体记忆，成为以数字形式存在的学科群记忆。对虚拟数字人来说，不论是以虚拟馆员、艺术作品还是商业形象的任何一种形式存在，都会产生交互关系，交互行为数据形成群体记忆，并被保存在虚拟空间内。例如，馆员以虚拟化身身份为用户提供虚拟服务，馆员与用户发生交流互动既可以产生交往记忆，又可以运用人工智能技术将交往记忆行为数据转换成智慧数据，存储于虚拟记忆系统中，即成为人们格外关注的场景记忆。另外，语言交流作为生成交往记忆的手段，在虚拟数字人群体记忆中占有重要位置。语言在个体记忆中不是单独存在的，而是随时会受到群体记忆的影响，必要时可以将语言进行修改或重塑，促使语言交流随着人员、场域的变化而改变。

二、元宇宙环境中智慧图书馆虚拟数字人应用场景

（一）运用虚拟数字人功能提供公共文化服务

对文化记忆机构来说，赋予图书馆元宇宙理念，提升了知识服务能力，智慧图书馆虚拟信息沉浸式阅读和虚拟服务交流成为一种趋势与潮流。注重数字孪生技术的升级换代，为虚拟数字人的技术提升提供保障，能够基于人机互动提升用户阅读理解能力，进行沉浸式体验，提高用户获取信息资源的能力。智慧图书馆实施元宇宙化管理，强化空间的虚拟化建设，面向用户提供虚拟数字人虚拟解说服务，与用户双向互动，扩充交往记忆的内容数量。以历史名人、文化名人或传记著作为载体，驱动虚拟数字人在虚拟空间内现身说法。组织开展虚拟名人画展，创建名人虚拟孪生体，按照数字记忆模型建立单体记忆和群体记忆，构建数字记忆系统以图

文并茂的方式再现具有语言叙述色彩、实时交互功能的叙述文本，使名人创作经历和交往经历成为语言描述的故事素材，与用户产生共鸣，建立信息交互链接，传递文化精神，创造文化价值。

创造和保护数字记忆，虚拟数字人需要发挥综合媒体报道人的作用，同时，虚拟数字人的行为轨迹要以数据的形式保存，并成为智慧图书馆数字记忆的重要组成部分。在区块链技术支持下，构建虚拟数字人数字记忆概念模型，使其成为一种管理信息组织结构的认知架构，维护数字记忆并支撑信息资源建设。加强智慧图书馆体系后台管理，创建后台管理的文本连续体，扩大数字记忆在文本连续体内的容量，为运用虚拟数字人功能提供公共文化服务奠定基础。

（二）构建虚拟数字人价值体系，协同进行身份认同

智慧图书馆加强元宇宙空间建设，运用非同质化代币技术认证虚拟数字人的身份资格，推动其自由参与虚拟空间社会生活。作为与现实空间平行的元宇宙虚拟空间，要驱动智慧图书馆虚拟数字人在其中的交互活动，需要进行现实虚拟数字人的身份认证。有了身份认证的结构性保障，才能构建起保证虚拟数字人身份认同的价值体系，保障处于虚拟空间内的虚拟数字人的自由权利。智慧图书馆虚拟数字人身份认证和价值提升需要云计算、大数据、区块链等技术的支撑，也需要科学、先进的政治、经济、文化制度的保障。虚拟数字人的身份认证，关键在于个体在虚拟空间中的归属感和虚拟空间对个体的接纳程度，智慧图书馆虚拟空间拥有的集体记忆则是形成虚拟数字人身份认同进而构建高尚价值体系的重要支撑。构建智慧图书馆虚拟数字人数字记忆概念模型有助于推进虚拟数字人价值体系的建立并协同虚拟数字人进行身份认同。例如，通过对交往记忆数据的运算和统计，可进行虚拟数字人社会关系网络分析，从文化创新和社会进步的角度提升虚拟数字人在智慧图书馆元宇宙化发展中的影响力和贡献率。

（三）展现虚拟数字人特点，推动数字人文学科研究应用

在数智时代，数字人文凭借独特的研究方法和全新的研究范式成为所

有人文学科的研究热点与学科增长点。进入元宇宙时代后，现代信息技术应用更为成熟稳健，虚拟数字人作为一种全新数字媒介，在虚拟空间内被现代信息技术广泛支持并得到了最大范围的应用，促进了数字人文学科研究创新发展，对数字人文学科研究产生了极为深远的影响。在元宇宙环境中形成的虚拟化身，体现了真人演变为虚拟数字人全息映射的过程。虚拟数字人体现了虚拟化身的文化性和社会性，是真人本质属性的映射象征体，因此，其与数字人文有着密切的联系，可为数字人文研究提供新的支撑。虚拟数字人可以为数字人文研究提供精确的计算模型，用于研究数字人文中个体或群体地域语言分布和演变情况。

智慧图书馆虚拟数字人的应用被元宇宙确定为非常成功的一项智慧案例，已经在图书馆行业中显现出极大的应用价值和广阔的应用前景。智慧图书馆虚拟数字人数字记忆概念模型包括的记忆类型之间存在交叉互动关系，构建模型的目的是展现虚拟数字人的价值取向，为智慧图书馆保存数字记忆、创新虚拟知识服务方式提供参考。目前，元宇宙处于快速发展阶段，除技术支撑外，法律法规、伦理道德规范的支持力度也在进一步加大，只有这样才能更好、更快地实现智慧图书馆元宇宙化的宏大愿景。在虚拟数字人实际操作中，关注记忆隐私，尊重个体或群体记忆的自我选择，被记忆和被放弃的主观意愿得到保护，还需要在制度上规范信息隔离机制，以此保护记忆的合法存在。

第五章 元宇宙环境下智慧图书馆建设

第一节 元宇宙环境下图书馆智慧转型路径分析

2021 年 12 月，上海市经济和信息化委员会发布《上海市电子信息产业发展“十四五”规划》，首次将元宇宙写入“十四五”规划中。该规划明确指出，作为科技引领经济发展的前沿城市，上海市在新兴科技领域发展上将着重强化元宇宙技术赋能社会建设的基础性作用。“十四五”期间，国家产业经济发展将助推数字中国朝元宇宙方向迈进。图书馆元宇宙转型的动力源于数字信息的广泛需求和现代信息技术的快速发展。图书馆智慧化转型要立足长远，融入元宇宙发展，更加深入地服务用户，转型发展的重点是满足用户对知识信息的需求。在新的创新时代背景下，图书馆智慧转型是一个亟待解决的社会问题。图书馆智慧转型发展需要革新组织结构、创新服务模式，在元宇宙技术的支持下实现高质量发展。为此，探索元宇宙环境下图书馆智慧转型路径成为解决新问题的关键。

一、重塑元宇宙环境下图书馆智慧服务的新理念

元宇宙的出现，促使图书馆重塑知识服务新理念，并以此引领智慧转型发展新方向。重塑知识服务新理念需要组织开展周详的调查研究，进行充分的研讨论证；重新解读图书馆知识服务内容，使其符合元宇宙发展环境；重新明确智慧化发展目标，进一步提升知识服务效果，使其成为元宇

宙化治理的重点内容。在智慧转型过程中，图书馆应坚持以用户为中心的原则，破除制度管理的本位化惯性思维，真正做到以人为本、与时俱进。图书馆要创新发展智慧服务理念，把理念要求落实到每一个馆员身上，促进馆员增强服务意识、转变服务观念，以元宇宙思想为出发点，以元宇宙技术为支撑点，实现图书馆智慧服务新发展。

二、重构元宇宙环境下用户智慧化社交体系

在图书馆传统服务中，用户习惯于目录卡片式检索方式，依赖服务柜台获取文献资料，用户之间没有交流互动，仅仅通过浏览文献排行榜、借阅目录了解图书馆的服务状况。元宇宙的出现使图书馆网络社交快速发展，从单一化实体空间社交转变为立体化虚拟网络社交。以元宇宙技术为支撑，构建虚实融合空间，网络社交组织结构去中心化，实现跨时空交流与互动，促进社交体系智慧化发展。图书馆致力于智慧化社交体系的构建，以智慧化社交更新用户信息观念，以交流互动提升用户获取信息资源的能力。图书馆元宇宙化，能促进用户沉浸式阅读体验向深层次发展，使用户感受沉浸式体验空间越来越广阔，进而使图书馆创造出更优惠的条件满足用户的信息需求。智慧化社交体系构建为用户依靠现代技术设备按照自己的需求意愿有针对性地进行知识信息的获取、交流提供了保障。在智慧化社交过程中，信息交流的时间、地点、数量随机择取，用户之间互不干扰，社交效率大大提升。

三、推动元宇宙环境下图书馆知识数据智慧融合

数据是图书馆实施元宇宙化管理的基础，是推动图书馆知识服务智慧化的动力，同时，元宇宙图书馆构建虚实融合空间需要数据的联结互动。[①]如此，用户获取数字资源和利用信息数据更加方便快捷、得心应手，图书

① 吴江，曹喆，陈佩，等．元宇宙视域下的用户信息行为：框架与展望[J]．信息资源管理学报，2022，12(1)：4－20.

馆也能根据用户的个性化需求提供更加合理、质量更高的数据资源。关注数据要素融合问题，图书馆应借助智慧转型时机进一步完善智慧服务平台，发挥智慧服务平台存储数字资源、管理数据要素的作用，把数据要素融入知识服务，促进数据要素成为平衡图书馆与用户关系的桥梁纽带。通过智慧转型，推动知识数据的融合发展，借助智慧服务平台，整合、传输数据要素，促进数据融合与智慧服务有机结合，完善关系、相辅相成，推动图书馆元宇宙化知识数据智慧化融合。

四、促进元宇宙环境下智慧空间虚实融合一体化

元宇宙技术支持图书馆空间虚实融合。现实空间与虚拟空间求同存异，消除边界限制，有利于用户与馆员交流互动，加快图书馆智慧空间虚实融合一体化进程。区块链技术支持图书馆去中心化，支持虚拟资源的不可篡改性，通过技术支持保障虚实空间融合一体化，维护信息资源流通安全，提倡知识服务自由，进一步增强用户在智慧空间内的信用度。在元宇宙环境下，图书馆智慧空间运行实践具有沉浸性、多元化特征表现，并且两大特征表现导致图书馆以实际行动消解虚实空间边界，促进虚实空间融合共生，形成一体化发展格局。

五、建立元宇宙环境下图书馆智慧反馈机制

元宇宙的出现，促使图书馆信息交流方式多样化、用户信息需求个性化。在宇宙空间里，图书馆根据虚拟画像要求进行资源分类、实施信息交互，有针对性地建设数字资源，提供满足用户个性化需求的知识服务。根据用户的检索习惯和需求特点，创新服务方式，创造信息新载体，提升用户对智慧创新服务的关注度，增强馆员信息服务、知识创新的主动性。建立智慧创新服务反馈机制，通过信息反馈了解用户对知识服务的评价和沉浸式体验舒适度。进一步完善图书馆元宇宙化管理的制度体系，协调图书馆与用户之间的关系，形成和谐、高效、包容的图书馆高质量发展新局面。图书馆应及时回应用户的信息反馈意见，依据用户反馈意见改进图书

馆服务方式，提高用户的满意度。

第二节 元宇宙环境下图书馆智慧化创新发展方向

2021年12月，国务院印发《“十四五”数字经济发展规划》，启示我们面对数字社会发展新机遇，要坚持以拓展数字空间为引领，遵循包容、开放、融合的发展原则，推动数字产业发展，构建数字经济发展新模式。图书馆作为组织知识服务、开展阅读推广活动的主阵地，需要不断创新运行模式，革新服务手段，提升知识创造效能，以元宇宙技术为支撑，构建和创新智慧服务空间新场景。

元宇宙的出现，促进了图书馆知识服务的智慧化发展。以数字、虚拟化为特征表现的智慧化服务必须紧跟现代信息技术发展步伐，不断创新信息流通方式，改革知识服务模式，促进信息资源和知识服务的元宇宙化建设与管理。元宇宙作为促进图书馆高质量发展的核心技术，以技术能力为支撑，发挥技术映射作用，将现实空间映射为虚拟空间，促进虚拟空间数字孪生技术的快速发展，使其成为虚拟智慧空间构建的主要技术支撑。在元宇宙环境下，分析研究图书馆智慧化发展，构建创新发展空间，提高知识服务质量，是元宇宙技术创造发展的新举措，为图书馆虚拟空间再造、知识资源创建、服务模式创新提供强大的技术支持。

一、元宇宙环境下图书馆智慧化服务架构及实践意义

（一）图书馆元宇宙智慧化服务架构

在元宇宙技术支撑下，图书馆智慧化服务方式更多元、服务路径更多样，在此基础上构建图书馆智慧运转新模式成为未来发展的必然。元宇宙技术支持图书馆连接虚拟空间，促进虚实空间融合共生，并依托先进的技术手段，创新发展智慧服务虚拟空间，组织智慧化阅读推广向虚拟空间纵深发展。图书馆实施元宇宙管理，以元宇宙技术为支撑构建包括物理层、

交互层、数据层、协议层、合约层、应用层的六层结构智慧化服务架构，并以先进机器设备规划整理现实空间，将现实资源全息映射至虚拟空间，促进虚实空间的有机结合，实现图书馆元宇宙建设与发展。

物理层是实现图书馆现实空间与虚拟空间有机结合的基础层。借助3D全息投影、智能传感、信息通信设备，获取现实空间数据要素，并将信息要素上传，以全息映射的方式实现信息要素的虚拟化。交互层是现实空间映射融入虚拟空间的入口，通过比特信息转换，形成通往虚拟空间的通道；以智能搜索引擎、硬件接口路由器为基础设备，将现实数据进行转换，实现虚实空间融合相生，构建虚实数据交融一体化体系。数据层对转换进虚拟空间的各类数据进行加密管理。由于数据量大，需要运用分布式处理技术对数据进行分类、排列和整合，以满足元宇宙化数据管理的要求。协议层根据制度管理规定，建立数据传输协议，以符合知识服务的要求。将转换至虚拟空间的数据通过区块链技术进行身份认证，在数据传输协议的支持下，完成数据身份认证，形成虚拟数据认知系统。合约层依据法律法规，制定图书馆与用户之间的合约规定。对合约进行智能化管理，实行符号代码制，实施对信息的约束行为。应用层借助智能终端设备展示虚拟空间信息资源和服务行为，通过增强现实、虚拟现实技术构建虚拟空间元宇宙立体化场景，以此现实虚拟空间多维信息交融，促进用户感受沉浸式知识服务。

（二）构建图书馆元宇宙智慧化服务框架的实践意义

构建图书馆元宇宙智慧化服务框架，深化服务框架意义，呈现图书馆虚拟空间数据传输、交互过程。组织图书馆智慧服务工作，构建元宇宙智慧化服务框架具有重要的实践意义。

1. 创新阅读学习服务模式

当前，图书馆主动开展实践创新活动，推出知识场景服务、数字资源服务、智能空间服务，以实践创新推动服务效益提升，而这些服务也成为阅读推广活动的主要模式。运用人工智能、云计算、增强现实、数字孪生等技术进行图书馆元宇宙化建设，构建图书馆元宇宙化发展新模式，组织元宇宙阅读推广活动，为图书馆创新开展虚拟智慧服务提供新思路。图书馆实施元宇宙化建设，突破了时空限制，实现了信息需求的虚拟化表达，信息交流更加自由，阅读推广活动更加丰富多彩。在元宇宙环境下，图书馆发挥智慧服务功能，向用户提供沉浸式服务体验，以高质量服务增强用户体验的愉悦感。图书馆元宇宙化为文献作者创造作品提供了新空间，促进文献作者创造大量虚拟科技文化知识，并在保护信息安全的前提下，保持科技文化知识的原生创作，维护知识产权，保障用户利益，为图书馆元宇宙智慧阅读推广活动注入新活力。

2. 拓展阅读学习服务半径

拓展阅读学习服务半径，提高知识服务效率。服务半径越大说明服务效率越高。图书馆实施元宇宙化建设，加速了服务空间虚拟化进程，促进信息传播向外界扩展，实现了知识信息的跨界融合。在元宇宙环境下，图书馆提供跨区域、跨行业的阅读学习服务，拓展阅读学习服务范围成为图书馆信息输出、信息交流的最有效途径。不断完善元宇宙空间，通过元宇宙空间窗口向外推广图书馆智慧服务，并在推广的过程中创新阅读学习方式，为用户提供高质量、内容丰富的知识服务，包括沉浸式交流、愉悦性互动和感触式体验等。吸引用户进入虚拟空间，感受阅读氛围，体验学习环境，进一步拓展阅读学习服务半径，运用元宇宙技术，实施服务措施，不断增强图书馆阅读学习服务效能。

3. 推进全民阅读活动开展

组织开展全民阅读活动，创新服务方式，促进阅读学习服务“走出去”，将创新性更强的阅读学习服务“引进来”。元宇宙的出现，使图书馆虚拟阅读学习服务空间的构建落到实处，在运用元宇宙技术手段促进全民阅读活动开展的同时，积极汲取国际全民阅读活动的经验，在虚实交融的服务空间里创新服务方式，提升阅读学习能力，使沉浸式体验越来越深入。以虚拟空间为实践场景，促进图书馆知识服务元宇宙化，映射、创造虚拟资源，运用元宇宙技术促进虚拟资源的跨时空传播，进一步拓宽阅读学习视野，促进图书馆阅读服务工作再上新台阶。实现虚实空间融合共生，促进图书馆智慧化发展，开拓阅读推广活动新思路，为组织开展全民阅读活动提供理论支撑。

（三）图书馆元宇宙智慧化服务的实现策略

1. 增强虚拟服务技术基础作用

整合各类元宇宙技术，以构建图书馆虚拟服务平台层级架构，最大限度发挥图书馆虚拟知识服务的作用。根据元宇宙理论，以元宇宙技术为支持，创建图书馆虚拟服务技术平台。该平台由基础设施层、智慧感知层、数据资源层、智慧应用层组成。

（1）基础设施层

基础设施层是图书馆有效组织智慧化服务设立的底层基础模块，配有5G 设备、云计算设施及强力运算设备。5G 设备将人、物、机进行网络连接，发挥无线网络通信作用，提高网络速度，夯实现实基础，为用户提供虚实融合的沉浸式体验。加强互联网底层基础设施建设，形成 5G 设备网络化，实现 5G 网络全覆盖，以 5G 技术强劲能力促进图书馆智慧化服务高效率、规模化发展。同时，图书馆要求智慧化服务是低时延的，一般性网络传输频率最大值无法满足这种要求，要想达到低时延运行效果，需要运算设施的支撑。发挥云计算设施高敏捷、强信任的优势，协调图书馆数字资源，以低成本的付出创造高性价比的优质资源，保障了图书馆海量数据的更新和服务平台的低时延。

（2）智慧感知层

智慧感知层是虚拟服务技术平台中的数据处理环境，是识别、传输、利用信息的基础设备层。在互联网技术的支持下，网络传感器、RFID 标签识别装置、分布式语义综合系统整合发力，促进图书馆构建存储海量数据的物联网空间，支持用户无限制检索、自由获取信息资源行为，以智慧化服务促进图书馆元宇宙化发展。网络传感器支持将现实用户行为数据映射至虚拟空间，达到真实的感官效果，使用户获得全新的视觉、触觉体验。RFID 标签识别装置具有无线触摸识别、标签智能定位合成功能，能够准确获取资源位置，实时查询、调取用户行为数据，跟踪分析用户检索习惯，为图书馆智慧化服务引导方向和提供价值数据。分布式语义综合系统加持计算机、传感器、视频监控等应用软件，发挥图书馆智慧化服务系统可视化功能，整合现代科学技术，打造自由、灵活、安全、高效的沉浸式感知体验场景，为智慧应用层的功能实施提供策略支持。

（3）数据资源层

数据资源层是运用数据挖掘技术，抽检出包含在海量数据中应用价值更大的数据，为个性化、精准化信息推荐服务提供价值数据保障，提升图书馆虚拟空间内容的真实体感。仓储数据库能将智慧感知层收集到的价值性更高的数据进行整合、存储，以确保图书馆虚拟服务所用数据完整与统一。应用语义分析技术能够抽取自然语言内涵的主题意义，提供给用户做检索词义使用，实现用户与图书馆信息空间的无障碍交流。

（4）智慧应用层

智慧应用层是整个虚拟服务平台的最顶端交互层。运用虚拟现实技术实现虚拟空间的智慧化服务，制造全息映射逼真效果，呈现可视化虚拟场景全貌，支持用户虚拟空间漫游浏览，体验虚拟智慧化服务效果，分享身临其境般的沉浸感。运用增强现实技术，以强交互性促进虚拟空间资源、服务情景、用户行为整合在一起并应用于现实场景中，超越时空体验虚拟场景梦幻感受。运用混合现实技术，在虚实空间之间建立信息交互路径，实现虚实空间的自由切换，既可以将现实转化为虚拟，又可以在虚拟中呈现现实。

2. 重构图书馆元宇宙化资源建设体系

（1）资源聚合与多源开放

①加大馆藏资源的建设与开发力度。

聚集和丰富信息资源是图书馆实施智慧服务的根本。图书馆重视信息资源数字化建设，关注中外文主题数据库运行效果。以馆藏特色文献为基础，结合地域文化建设状况，构建特色信息资源数据库。在此基础上，强化运算功能，整合构建跨学科、联动式信息知识数据库集群，促进图书馆文化创新，将馆藏资源建设打造成文化建设亮点工程。

②提高信息资源的共建共享程度。

实施图书馆文献资源建设，不断满足元宇宙化建设所需的资源体量要求。注重特色文献资源建设，满足用户个性化信息需求。在元宇宙技术支撑下，遵循信息运行规则，形成信息共建格局，实现信息资源跨行业流通，最大限度地实现资源共享。进一步完善信息共建、知识共享机制，制订统一的资源共享规划，采用数据集中编目、开放链接众包的方式扩展数据库资源共享范围，实现资源裂变增殖，满足用户个性化需求，促进社会文化建设提速增效。

③提升元宇宙空间用户创造能力。

建设图书馆信息资源，离不开用户的支持。用户参与虚拟智慧化服务，创造 UGC 数字化资源，推动数字资源建设良性发展。运用区块链技术，构建用户创造信息价值系统，鼓励用户二次创作，以信息需求为目标，生产更新的信息产品。规划用户虚拟创作变为现实的途径，支持信息产品的虚拟化销售，以产品销售激发信息创造力，为图书馆信息资源建设注入创造新活力。

（2）再创数字化资源

①图书馆特色资源 3D 交互文创化。

关注 3D 数字资源创造，以特色资源 3D 交互呈现图书馆虚拟空间立体、沉浸感观效应。目前，图书馆特色资源以藏为主、以用为辅，这种静态存在方式遮蔽了特色资源的价值，很难发挥流通作用。要想解决这个问题，需要进行特色资源 3D 建模，调整特色资源组织结构，使其更具高精细度和强立体感，以直观冲击的震撼力刺激用户视觉感受。运用数字孪生技术，对应资源数据库构建虚拟生命知识库。以虚拟生命知识库为基础，促进虚拟数字人进行虚拟生命内容互动，以此增强用户沉浸式体验感。

②图书馆馆藏资源知识图谱化。

近年来，图书馆数字资源建设快速发展，数字资料来源广泛、内容繁多，如果没有形成相应的知识图谱，就会导致满足用户需求力度不足、信息流通漏洞频出。运用数据挖掘技术，通过文本语义分析，对馆藏资源进行属性分析，对数字资源进行程序编码。运用细“颗粒度”标引技术，构建数据要素之间的逻辑关系，形成海量数字资源关系图，最终形成馆藏资源知识图谱。

③图书馆信息知识重组。

围绕馆藏数字资源，运用人工智能软件进行专题检索，抽取馆藏数字资源的知识链接，按照知识链接逻辑关系实施虚实融合空间的信息整合，实现知识结构重组，创造以满足用户个性化需求为目的的知识信息产品，为图书馆推出高质量元宇宙智慧化服务奠定基础。

3. 加强图书馆监管体系建设

(1) 稳固图书馆数据环境安全保障

数据是图书馆开展智慧化服务的基本要素，数据安全是图书馆组织阅读推广活动的基本保障。依据法律法规制定图书馆规章制度，以规章制度为准绳，理顺图书馆数据资源维护与管理的权限。强化职责担当，对图书馆数据收集、使用、共享实行规约管理。遵循生命周期法则，维护数据安全，进行数据加密管理。保护用户隐私，禁止数据滥用，防范数据风险。加强图书馆基础设施建设，扩大网络覆盖面，保障网络环境安全，增强数据风险预警与处置能力，维护数据环境，确保数据输出、使用安全。

(2) 保护图书馆数字资源版权

加强数字资源版权保护，推动图书馆数字资源建设可持续发展。实施数字资源确权是保护数字资源版权的前提，为此，运用区块链技术，制定数字资源版权评定标准，构建图书馆数据运营平台。以评定标准为准绳、以平台为基础，验证、确定数字资源版权数据，“运用信息加密技术，明确数字产品与数字创造行为的关系，实施数据共建，建立机制体制，确保数字资源的不被篡改性”[①]。加强图书馆元宇宙化建设，完善数字资源鉴权体系，在元宇宙技术支持下合情合理解决数字资源确权难的问题。

（3）强化图书馆虚拟空间治理

图书馆实施元宇宙化建设，构建虚拟空间，为用户自由发展提供场域保障。然而，虚拟空间不是完全自由之地，而是与现实空间一样需要法律法规维持公平秩序。当前，元宇宙空间治理尚处于探索阶段，应健全元宇宙空间治理制度，构建元宇宙治理体系，以保障图书馆虚拟空间治理生态化发展。遵守法律法规，关注线上问题，注重线下解决。制订线上、线下一体化解决方案，多方联动、多层治理，以价值取向、制度凝练手段执行图书馆伦理准则。[②] 加大经济类数据审查力度，对涉及危害国家安全的数据坚决予以销毁，端正服务态度，严格管理措施，以实际行动实现图书馆虚拟空间治理水平的提升。

二、元宇宙环境下图书馆智慧化创新发展新方向

智慧图书馆是数智时代图书馆发展的生力军。以元宇宙技术为支撑，实施智慧图书馆的创新发展。提高信息资源数字化程度，增强知识产品智能化开发能力，深挖智慧化服务潜力，将元宇宙赋能智慧图书馆高质量发展引向深入。[③] 元宇宙技术作为现代科学技术的核心力量，是提升智慧图书馆管理能力、转型发展的核心技术。Roblox 见证了元宇宙空间的构建与开发，为公共文化服务空间的改造、创新发展提供了技术支持和理论参考。扎克伯格公司参与元宇宙平台社交，将公司名称改为“Meta”，寓意在于实施元宇宙化发展，创新社交平台，引领社交新方向，为虚拟空间信息资源建设与发展提供了新目标、指出了新方向。借助元宇宙技术，集中优势力量发展图书馆智慧化服务空间。建立多维空间视角，打破传统时空

---

① 田丽梅,廖莎．元宇宙视域下智慧图书馆的创新发展研究[J]．图书馆,2022(5):54－59.

② 王文玉．元宇宙的主要特征、社会风险与治理方案[J]．科学学研究,2023,41(9):1537－1544.

③ 李默．元宇宙视域下智慧图书馆服务模式与技术框架研究[J]．情报理论与实践,2022(3):89－93.

格局，突破现实空间惯性思维约束，构建图书馆智慧化创新发展的元宇宙世界。

（一）沉浸式阅读体验引领图书馆智慧化阅读新风尚

关注沉浸式阅读体验，促进智慧化服务发展。元宇宙技术支撑智慧图书馆创新发展，创造出融合现实的虚拟空间，充分说明用户感受沉浸式阅读是有合适场景的。运用全息映射仪、扫描传感器、远程遥控器等设备谋划、构建智慧虚拟场景，根据用户阅读要求实时更新场景内容，馆员、用户均可参与智慧虚拟场景构建，共同打造体现虚拟阅读推广活动的图书馆元宇宙未来世界。现实空间建立在实体建筑、物理场所基础上，具有虚拟化意义的元宇宙空间必须集合人类经过实践活动产生的思想情感，营造丰富阅读内容促进用户知识增长的庞大空间氛围。图书馆拥有的精神财富是书籍，每一本书就像元宇宙技术创造出来的虚拟化空间场景，通过数字孪生将书籍中的思想世界全息映射展现出来，同时配备给作者思想情感表达的虚拟空间。为了解作者思想情感，引导用户进入智慧虚拟空间，赋予用户情感交流的知识媒介，让用户拥有身临其境般的阅读体验，融入心智世界，体会阅读快乐，创造虚实融合空间，生成情景相融的知识阅读新世界。

（二）信用支撑下的身份认知构建图书馆用户数字虚拟化身

现实空间知识服务是图书馆发展的基础，智慧化服务体现了图书馆元宇宙化发展方向。智慧图书馆开展数字阅读活动，把图书馆发展方向延伸至虚拟世界，开展虚拟空间智慧化阅读服务成为智慧图书馆元宇宙化建设的重点。元宇宙技术支持智慧图书馆构建虚拟空间，将超越现实、跨越时空展现作为虚拟空间服务的理想目标，其服务方式是多元化的，多个空间并行实施服务，这是现实空间服务无法比拟的。而且，在元宇宙环境下，虚拟空间之间交互融合，能实现空间规划重组，形成整齐划一的空间体系，提供统一场景的、标准化的虚拟智慧服务。在虚拟空间内，用户的虚拟身份是唯一的，用户以虚拟化身身份参与社交、进行沉浸式阅读学习和获取知识信息。运用区块链技术，制定非同质化代币制度，对用户虚拟化身身份进行私匙管理，维护用户虚拟化身身份，脱离其他系统管制，保护虚拟资源隐私，保持虚拟空间环境严密的安全性。但是，用户虚拟化身在实施行为时受到智能合约的限制，智慧图书馆必须以智能合约为基础，针对虚拟空间信息资源身份、数字虚拟化身身份，构建虚拟化合约治理体系，提升用户使用虚拟资源的信用值，在满足合约的前提下，开展虚拟空间智慧化服务活动。在图书馆元宇宙空间内，用户因受到智能合约的限制，交流互动、阅读学习、获取信息资源的行为会影响现实空间的运行，用户虚拟化身以虚拟行为指导现实资源的改变，推动虚实空间融合，协调阅读推广活动构建新模式，现实资源转变为虚拟资源势在必行。

（三）智慧生态网的构建促进元宇宙阅读生命成长

元宇宙技术支持图书馆创新发展，协助构建智能生态网。此网络是以实现空间为接口，以现代技术设备为基础，以知识数据存储库为依托，整合构建的海量级数据规模的新生态体系。智慧生态网具有开放性和包容性特征，根据虚实空间融合运作条件实施改造升级，促进用户参与其中，引领图书馆元宇宙化的发展。元宇宙环境下的图书馆智慧生态网具备个性化的服务模式，形成了“去中心化”的协调合作方式，自由转换现实空间与虚拟空间之间的知识信息，数据要素交相呼应，知识信息层级化管理，用户与馆员之间情感交互，形成了图书馆元宇宙化管理的良好局面。智慧生态网涵盖虚拟资源交流与传播、用户虚拟信息资源服务、馆员与用户知识信息交互，能进一步使图书馆智慧化服务助力精神文明的建设，让阅读成为图书馆元宇宙空间里茁壮成长的“花朵”，“孕育”出元宇宙阅读新的生命体。

（四）智慧阅读体系发展促进多维虚拟阅读方式构建

元宇宙不仅代表着虚拟空间的内涵意义，还是虚实空间融合相生的有力推动者。元宇宙促进现代科学技术整合发展，以技术集合的优势促进图书馆虚实空间融合发展。现代信息技术的快速发展，消解了现实空间与虚拟空间的边界摩擦，“去边界化”使得虚实空间融合无任何阻挡。3D 技术成就了虚实空间融合状态下智慧阅读的沉浸感，虚拟货币技术促成了虚实空间的资源转换和流通。发挥增强现实、虚拟现实技术优势，拉近虚拟世界与现实世界之间的距离，以“零距离”接触方式创建图书馆多维空间智慧生态系统。促进图书馆空间的虚实融生，打破现实壁垒，促进文化传播、信息交流的无障碍发展，进一步创新阅读服务方式，构建图书馆智慧阅读服务体系。在元宇宙环境下，改造升级图书馆阅读服务空间，突出空间服务的智能性，为用户分享沉浸式体验提供空间保障。加大虚拟馆际交流力度，变革服务模式，改进运行模式，促进图书馆理念创新发展；增强作者虚拟信息知识空间的创造性，突破传统思维定式，展现知识信息创造新产品；用户可以在虚拟空间内跨时空地体会阅读的愉悦感，与馆员进行多维度、立体化交互，与作者进行多元化互动。虚实空间的融合创新发展了多维虚拟阅读方式，也进一步催生了智慧阅读服务线上、线下一体化模式。创新发展智慧阅读服务体系，扩展阅读空间，更新阅读方式，提升用户获取资源的成就感，增强馆员知识服务的自信感，以此开发和创建图书馆智慧化阅读服务新模式。

（五）多元化空间跨界融合促进新知识阅读元宇宙化发展

元宇宙技术可多角度、平行地创造多个虚拟空间，每个虚拟空间都是一个独立的、不断生长着的生命体；同时，这些虚拟空间可以交融相生，为图书馆实施智慧化创新发展进行知识资源的跨时空融合奠定了基础。智慧图书馆元宇宙化促进知识空间高效运转，将服务空间与经济、教育、娱乐等主题空间进行融合，重构知识空间新场景，并将虚拟空间内含的知识信息散播到不同形式的小元宇宙空间内，从而扩大知识信息的传播范围，以多元化的知识信息组织形式映射用户群体，创建生态阅读新体系。信息资源跨时空融合带动图书馆知识空间重组，进而扩展知识空间，更新元宇宙空间，进一步提升元宇宙空间的自我维护和自我管理功能，实施主题空间立体交融规划，在图书馆创新构建行为空间和创新服务模式上发挥着重要作用。

元宇宙的出现，助推图书馆创建元宇宙化虚拟空间，促成了虚实空间融合发展，为图书馆创新发展智慧化新空间提供了新思路。元宇宙引领现代技术发展潮流，把图书馆运行推向智慧化发展新方向。以元宇宙技术为支撑，革新图书馆智慧化服务，增加服务新业务，以改革创新方式引领图书馆智慧化发展新趋势。图书馆元宇宙化建设，为图书馆智慧化发展提供了虚拟智慧阅读空间、智慧生态网，构建了安全可靠的虚拟化身认证体系，服务半径不断扩展、服务手段不断丰富、服务模式不断创新，为图书馆组织实施全民阅读活动提供了强有力的支持。

第三节　元宇宙环境下智慧图书馆服务生态体系的构建

一、智慧图书馆服务生态体系

实现用户智慧与资源智能的有机结合，促进智慧图书馆服务生态体系的构建，是智慧图书馆知识服务元宇宙化必然践行的内容。构建智慧图书馆服务生态体系，需要以元宇宙技术为基础，将技术支持力贯穿服务生态体系各层级，发挥用户智慧的引领作用，倡导资源智能的教育意义，最大限度发挥用户智慧和资源智能作用，体现构建智慧图书馆服务生态体系的重要意义。

首先，广泛收集或直接创造数字信息，通过数据驱动程序，形成海量数字信息数据流，将数字信息数据流推进数据处理层；其次，根据用户智慧要求对数据处理层资源进行创造、管理、应用，随后将资源以信息流的形式推进思想实验层，并在思想实验层实施隐性知识显性化处理，以满足用户智慧需求，为开展阅读推广活动储备显性知识信息；最后，以智慧流的形式将信息数据推进云存储层，实施数据更新处理，保持用户智慧和资源智能有机结合，进行数据云存储，为构建服务生态体系储备更多用户智慧建议和知识智能信息。

元宇宙环境下推动智慧图书馆服务，内容丰富多彩且复杂多变，不仅包括智能型改造、智慧化创新，还包括用户需求调查、智慧服务推展、创新型服务等。在元宇宙环境下，构建智慧图书馆服务生态体系，促使信息成分细粒度更高，信息类型更个性化，便于用户高效获取信息。以智能机器人为抓手，进行信息导航服务，能够组织实施3D全程导览。但是，智能机器人数量受限，3D导览存在定位准确度不高、数据装载不流畅问题，不能充分满足用户的个性化需求。在元宇宙环境下，元宇宙技术支持智慧图书馆创新发展空间环境，借助人工智能技术，为智慧图书馆信息导航服务。另外，智慧图书馆仍在使用传统检索方式，语义检索的智能化功能难以发挥效益，图像扫描检索没有普及，与智慧化检索应用存在很大差距。元宇宙技术支持智慧化检索，为智慧图书馆创新信息检索方式提供了可能。当用户产生信息需求时，输入主题检索逻辑关系式，智慧化服务系统会参照语义进行智慧性检索，呈现信息检索结果页，协助用户获取高细粒度的知识信息。借助智慧化服务系统，分析用户检索习惯，准确判断信息需求偏好。以用户行为特征为参照，全息映射成用户虚拟画像，认证虚拟画像身份资格，提供精准虚拟智慧服务。将单体服务连点成片，聚集具有相同检索爱好的用户群，激发用户群智慧，实施统一检索，提供超出计划范围的智慧型服务。

元宇宙的出现，为智慧图书馆的参考咨询服务创造了新模式，通过设立虚拟化身馆员身份岗位，将智慧管理、智慧服务行为数据汇集起来推送至云存储空间。解读用户智慧，分析来自云存储空间的馆员智慧，为用户装备虚拟化身，增强知识服务智慧性，构建参考咨询服务平台。发挥参考咨询服务平台“一站式”作用，为创新智慧化服务方式奠定基础。确定虚拟化身的馆员身份，实施虚拟化身服务。虚拟化身深入智慧化服务，满足用户需求并提出虚拟资源建设策略，输出服务智慧，不断优化云存储资源。虚拟化身服务方式降低了服务成本、提高了服务效率，平衡了馆员与用户之间的关系，能够充分满足用户的个性化需求。

在元宇宙技术支持下，升级图书馆智慧化服务版本，推动智慧图书馆元宇宙化开展创新性增值服务，如开展智慧型学术理论研究服务、沉浸式阅读学习服务。了解科技人员数字虚拟化身行为状况，获取科技人员学术研究行为数据，绘制科技人员学术研究画像，构建学术理论研究智库。通过开展智慧型学术理论研究服务，督促科技人员履行学术诚信、规范学术行为，构建符合学术研究标准的智慧学术生态系统。通过开展沉浸式阅读学习服务，分析解读用户需求心理，提取用户虚拟化身行为数据，创建满足用户信息需求的阅读学习环境。不论是智慧学术研究服务的诚信与规范，还是智慧阅读学习服务的心理疏导，服务的智慧都在其中发挥着不可代替的作用，这也是智慧图书馆构建服务生态体系的关键。

二、智慧图书馆服务生态体系的实践操作

（一）构建实施智慧服务的数据资源平台

元宇宙赋能智慧图书馆，发挥信息资源智能服务作用，创新数据采集、管理、创造、应用流程，为全面、深入开展智慧化服务提供知识储备。其中，云储备数据包括信息数据、业务数据、行为数据以及相关数据。创新服务流程，促进馆员、用户广泛参与其中。将个性化需求与智慧化服务相结合，不断提升用户应用数据能力，全面提高馆员知识服务水平。运用团队智慧，提高服务管理和业务操作水平，以数据建模方式革新数字资源结构，创新数字资源管理，加快数据转化速度，展示数据服务用户价值，从而为用户提供深度知识服务。

（二）创建多元化、立体化的信息精准拓展交互系统

元宇宙赋能智慧图书馆，促进智慧图书馆服务向智慧化、多层次化、立体化发展，使智慧图书馆服务精准、拓展、交互，特点突出，效果明显。为了满足智慧化服务要求，馆员须打破刻板印象，重塑形象；用户需主动融入智慧化服务活动，运用智能资源，参与智慧团队，发挥创造力，促进“转知成慧”，形成用户智慧。在智慧化服务过程中，用户沉浸式体验的行为数据被元宇宙技术智能系统全程监控，并被纳入数据库。之后，进一步对数据库中的数据进行优化升级，实施数据结构的迭代发展，把数

据历练成用于智慧化服务的优质资源。

（三）开展“转知成慧”的思想创新活动

元宇宙赋能智慧图书馆，通过全息映射技术创建智慧图书馆虚拟世界，以虚拟世界为基础构建思想创新实验室。在元宇宙环境下，借助自然语言语义工具，协调智慧图书馆信息交流环境，促进思想创新实验室组织开展活动。运用集合分析技术评判智慧化服务行为，促进用户“转知成慧”。创造信息价值，迎合用户智慧，以智慧思维对接信息资源建设，将智慧化服务融入虚拟空间规划，实现隐性知识的显性化发展。与此同时，促进用户在智慧图书馆元宇宙化知识服务中的沉浸式体验，在感官赋能多维化的智慧图书馆知识情景下，用户实施智慧行为的门槛越来越低，促进用户的认知结构潜移默化地发生改变，“转知成慧”，使显性知识隐性化。

（四）集成构建具有用户智慧特点的云存储空间

元宇宙通过智能信息技术和脑智慧技术赋能智慧图书馆的知识服务，有机会实现虚拟空间智慧互动、智慧复制，聚合智慧数据集成于云存储空间内，为图书馆元宇宙化发展提供数据资源支持。创新智慧化服务方式，提升用户智慧判断力，突破现实空间知识服务边界限制，呈现虚拟空间知识服务智慧。革新数据资源存储方式，创新智慧化服务模式，突出用户智慧，实施服务意见反馈，创建智慧图书馆智慧化服务新环境。提升馆员知识创造能力，以馆员的智慧化操作高效完成智慧化服务的升级换代，将最新创造的智慧资源传至云存储空间，确保智慧图书馆虚实空间信息资源实时更新。

（五）创新推出嵌入式虚拟数字人的泛在化服务模式

元宇宙赋能智慧图书馆，促进智慧化服务高效率、高质量发展，最明显的表现是，用户充分享受沉浸式服务。明确用户的虚拟化身资格，以虚拟数字人的身份接受智慧化服务，实现实时感受智慧服务空间的沉浸式体验。虚拟数字人在进行智慧服务时，能够提供嵌入式虚拟馆员的“一对一”定制化虚拟服务，基于信息资源的智慧能够满足用户需求，集成智慧云存储空间，为用户提供智慧化服务。构建智慧化服务“一站式”运行模式，以高效、便捷的服务满足用户需求，实现信息需求的最大化。关注智慧化服务的人文性，提倡对用户无微不至的关怀，促进智慧图书馆个性化信息资源的流通、传播，以泛在化智慧服务获得用户的高满意度。

元宇宙技术的支持，为智慧图书馆实施智慧化服务开辟了新方向。随着智慧化服务新模式的构建，元宇宙技术与智慧图书馆技术在演进过程中越来越走向一致，促进了用户需求与新型信息资源的有机融合，人与物的和谐共处在智慧化服务中得到充分展现，嵌入式虚拟数字人在虚拟空间内进行泛在化服务恰恰是人与物和谐共处的有力推手。由此可见，在元宇宙环境下，推动虚拟空间的智慧化服务是智慧图书馆实施高质量、高标准知识服务的重要途径，也是必要的工具化手段。

元宇宙时代的到来，为智慧图书馆实现高质量发展带来了先机。在分享元宇宙技术创造智慧图书馆成果的同时，必须高度关注工具技术带来的不良影响。智慧图书馆快速发展需要保持技术理性，营造人文关怀氛围，保持智慧化服务的先进性和创造性。一方面要以信息资源智慧化服务为主导，创建智慧化服务虚拟空间知识场景；另一方面要以满足用户个性化需求为目标，营造阅读学习沉浸式环境，充分调动用户利用图书馆的积极性，推动智慧图书馆数字人文化发展。积极推动用户与信息资源紧密融合，实现两者相互促进发展的利益最大化，为智慧图书馆元宇宙化建设、知识服务的智慧化发展奠定良好基础。

第四节　元宇宙环境下智慧图书馆数实融合空间的构建

元宇宙浪潮迎面而来，2021 年是元宇宙元年，2022 年是元宇宙从虚拟想象向实际应用过渡的关键一年。当前，人类社会进入了数字经济时代，图书馆界也制定了相应的数字经济发展战略，高度重视数字空间与实体空间融合发展，即数实融合。元宇宙注重虚拟与现实的融合，关注虚实融生发展，其中，虚拟代表数字化，现实代表真实性，正好契合智慧图书馆数字经济发展的现实要求。智慧图书馆作为传统性与数字化之后的时代新式产物，也是传统的物质性与虚拟的数字化进行数实融合的产物。为此，从空间角度分析研究元宇宙技术支撑下的智慧图书馆数实融合的逻辑关系具有重要的理论价值和现实意义。

一、“三个世界理论”下的智慧图书馆数实融合空间

从数字图书馆到智慧图书馆，有一个特殊的视角可以分析和认识，那就是空间视角。世界上最古老的图书馆——亚历山大图书馆，建馆的目的就是收集全世界的书籍，成为世界知识总汇的场所。据记载，人们无从知晓亚历山大图书馆的具体样子，但是其作为知识汇集空间起到的巨大作用一直在流传。如今的现代化图书馆有着像天堂一样美丽的空间，中国国家图书馆、法国国家图书馆以及新建成的亚历山大图书馆都有着进入广阔殿堂般的感觉。沉浸在书海中，遨游在知识的殿堂中，这种广阔的空间将带给人们无尽的遐想与向往。

进入智慧图书馆，通过互联网的高速运转，能充分体验信息资源更快的传递性，感受到空间内数字资源更大的存储量。人们以实体真身的身份实时进入智慧图书馆实体空间内，进行畅享式阅读学习，获取信息交流体验。与传统图书馆相比，智慧图书馆缺少一种天堂的具象，不能给予人们全方位的沉浸式体验，而这也是在传统互联网上从时间和空间两个维度开展知识服务的不足之处。

我们要从哲学的高度认识智慧图书馆存在的空间。《客观知识：一个进化论的研究》一书是英国科学哲学家卡尔·波普尔的代表作，他在书中提出了“三个世界理论”，即“世界 1”是物理世界，包括基本物质和运动能量；“世界 2”是主观能动世界，包括意识和经验；“世界 3”是客观知识世界，包括实践理论、精神产物。三个世界产生的顺序是，首先有“世界 1”（物理世界），其次有“世界 2”（主观世界），最后有“世界 3”（客观知识世界），三者相互作用。图书馆学界可以运用波普尔的“三个世界理论”指导智慧图书馆提升用户认知水平和改造知识服务环境需要进行

的空间建设。

二、元宇宙视域下的智慧图书馆数实融合空间

元宇宙空间环境最明显的特征是，实现了虚实空间的高度融合，智慧图书馆要继承这种特征优势，促进现实向虚拟的空间转型，实现智慧图书馆虚实空间的协调发展。在元宇宙空间内，按照制度的合理安排，现实空间向虚拟空间转型，同时，现实空间的时空安排将不会对应虚拟空间的时空安排。因此，元宇宙环境内的智慧图书馆将变得多样和多维，空间建设既可以拉伸，也可以收缩。在虚拟空间内，依据各类数字技术建立一个融合现实空间的主观三元世界，促进三元世界实现孪生，过渡到相生，再到融生。智慧图书馆数实融合空间的建设需要切实连接现实三元世界的物联网，并将物联网融合到主观三元世界里。通过促进用户、信息资源、知识的互联互交，进一步催生思想创新。三者进行深度的交互，从而产生智慧图书馆知识服务的新模式和新业态。

元宇宙本质上是一种虚实融合空间，其发展依赖用户与信息资源之间的良好互动。在智慧图书馆元宇宙化空间里，存在信息与用户两个基本主体，需要实时建设信息资源，关注信息资源的创新和交流，并关注用户的身份认证、价值造就和阅读学习体验。智慧图书馆需要在数实空间建构中体现元宇宙空间建构理念。

智慧图书馆是一种面向未来空间发展的新型机构模式，其核心理念在于，应用技术智慧，提升智慧能力，激发用户智慧，达到服务智慧社会的目的。我国智慧图书馆体系也以实际行动建设了线上、线下融合的空间，包括实体、虚拟并行的智慧服务空间，同时，进行云基础设施建设，实现现实空间与虚拟空间的深度融合。元宇宙构建虚实融合空间，为智慧图书馆虚实空间融合发展提供了理念支持，在现代科学技术应用上有着明显的一致性。在智慧图书馆高质量发展过程中，从技术智慧到馆员智慧再到用户智慧，整个过程涉及的智慧在元宇宙理念中也得到了体现。元宇宙空间与智慧图书馆体系如图 5 – 1 所示。

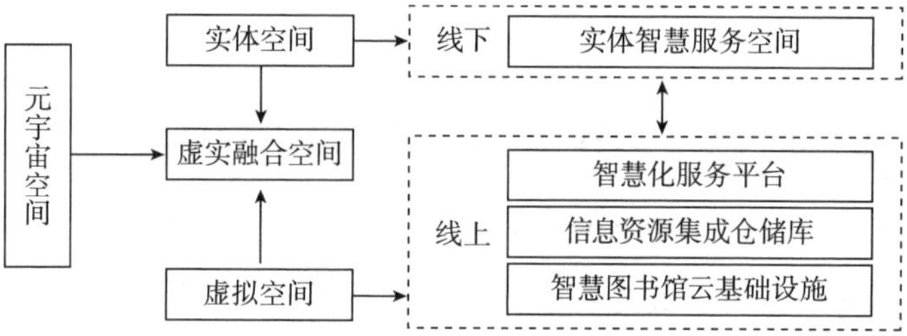

图5-1 元宇宙空间与智慧图书馆体系

三、元宇宙虚实融合中的智慧图书馆建设

（一）智慧的起源以及与图书馆的关系

智慧起源于何处？人类从原始森林发展到城市，逐步演进，不断认识世界，实现了对自我的认知。语言的交流促进了文化的发展，开启了科学革命和经济革命，促使人类增添了更多智慧。智慧图书馆的英文表达是Smart library，其中“Smart”一词表示“聪明”的意思，说明拥有与生俱来的天分，而智慧是后天形成的素养。智能分为流智能和结晶智能两种。聪明属于流智能范畴，表示人的记忆力强、反应快、逻辑能力高；智慧属于结晶智能范畴，代表着人的知识、经验的积累，技能的提高。智慧图书馆应该是在具备更高智能水平的基础上，运用技术手段使图书馆进一步提高智慧程度，并最终使用户拥有智慧。

图书馆与“智慧”有着极深的渊源。我国早期图书馆学家沈祖荣提出“智慧与服务”思想，明确阐述了图书馆馆员学习知识、获得智慧，都是为了更好地服务社会民众。文华图书馆学专科学校校训的提出，距今已有百年历史，但仍蕴含着时代的理念。校训“智慧与服务”中的智慧是指图书馆馆员从文献资料中获取信息，进行分析研究进而获得知识，并将图书馆的公共服务提供给社会民众，启迪社会民众智慧。因此，智慧与服务是一个整体的两个组成部分，共同推动人类智慧发展，构建认知并改造世界。

（二）元宇宙环境下图书馆的大成智慧建设

在智慧图书馆的概念阐述中，智能和智慧包含的意义是不同的。智能强调技术的运用，智慧则强调运用数据、获取知识产生的实际效果。图书馆学中的DIKW，即遵循从数据到知识再到智慧的逻辑，充分说明只有通过学习知识，获得经验，才能有思想的升华，产生智慧。首先全面运用数据，通过加工程序将其上升为信息；其次，进一步从信息中提炼出知识；最后，经过分析理解、消化吸收将知识转化为智慧。所以，需要在图书馆的三元空间内实施数实融合，并在5G、人工智能、区块链等技术支持下进行数智赋能，从而完成由智能到智慧的提升。

实践证明，元宇宙完全可以创造大智慧。早在1990年，钱学森就提到了“虚拟现实”，他把“虚拟现实”理解为“中国味特浓的灵境”。1994年，钱学森在给同事的回信中提到了“灵境技术”与大智慧之间的关系，强调“灵境技术”是计算机技术之后的又一项技术革命，它将引发世界性的变革。随着“灵境技术”的出现，即元宇宙技术的出现，人的创造、创新能力将大幅提升，从而促成图书馆的大智慧，并通过图书馆的信息知识服务使大智慧不断在图书馆体系内循环提升。大智慧的形成将引发图书馆学科专业的大发展，成为智慧图书馆也是必然结果。元宇宙带来的图书馆智慧性提高还表现在用户思想创新的突飞猛进上，同时，通过用户的思想创新反向促进元宇宙技术快速发展。钱学森强调：“必集大成，才能得智慧。”元宇宙作为汇集多种现代技术的集大成者，将在数实融合空间内推动图书馆产生更多的智慧，从而更好地服务社会民众，满足他们的信息需求。元宇宙时代，智慧图书馆将会担负起这样的责任，打造数实融合空间，体现图书馆的大成智慧。

四、元宇宙环境下智慧图书馆数实融合空间的构建方式

（一）以数字经济“四化”方式构建元宇宙数实融合空间

元宇宙是依托数字经济发展起来的。数字经济是图书馆知识数字化发

展的重要推手。数字经济以现代科学技术为发展动力，以物联网为载体。经济学家注重数字经济与现代信息技术的高度融合，关注经济产业数字化发展，致力于提高数字经济智能化水平，力争把数字经济打造成一种新型经济发展形态。数字经济包含“四化”内容，即数字产业化、产业数字化、治理数字化、数据价值化。其中，数字产业化和产业数字化形成了信息创造的闭环，数据价值化使治理数字化和数字产业化成为现实。数字经济中的数字化技术、数字知识的创造以及技术与虚拟空间的深度融合，都与元宇宙有着密切的联系。应该说，元宇宙是数字经济的组成部分，数字经济“四化”方式是元宇宙实现与发展的基础。元宇宙以技术为引领，将会重塑智慧图书馆数字经济体系，汇集现代科技之大成，对智慧图书馆数实融合空间创建具有深远的影响。

元宇宙将运用数字经济“四化”方式推动智慧图书馆的建设与发展。具体来说，以数字价值化为基础，实施产业数字化与图书馆实体的深度融合，通过知识信息联通数字空间与实体空间，实现数实融合。在此基础上，传统图书馆和智慧图书馆分别以实体经济与数字经济为载体，通过数实融合实现智慧图书馆中实体空间和数字空间的交叉融通，从而以元宇宙技术为支撑，打造智慧图书馆的数实融合空间。进一步地，实施智慧图书馆数字资源的产业化发展，形成智慧图书馆资源与服务数字化、智慧化的产业生态体系，并通过数字化治理推进元宇宙环境下智慧图书馆数实融合空间的健康发展。

智慧图书馆是数字图书馆的再发展，是一种典型的数字经济体与实体经济体相融合产生的行业业务状态。在融合过程中，物理、社会、数字三元空间的融合是智慧图书馆建设与发展的关键，是分析智慧图书馆空间建设的有效视角，更是构建智慧图书馆数实融合空间的根本基础。物理空间、社会空间、数字空间三元世界的连接与融合将是智慧图书馆的特征表现，促进智慧图书馆的业务空间、服务关系、主客体建构在元宇宙环境内发生延伸。

元宇宙包含“三维”“三元”“三基”内容，以运用数字经济“四化”

的方式得以实现。元宇宙的数实融合空间就是智慧图书馆需要构建的线上、线下融合空间。

“三维”，是指元宇宙在时间、空间、感知上形成的三维化互联体系。在传统互联网体系中，人们只是在时间和空间两个维度上进行信息交互。元宇宙在传统维度的基础上又增加了感知维度，弥补了传统互联网体系中缺乏具象体验感的不足，数字不再是冷冰冰的符号，而是通过感知与人产生共鸣的信息情感，完全可以在数字化的智慧图书馆中体验到现实空间的精神表达。

“三元”，是指物质、人类、信息三元世界的深度融合。其中，物质是指自然实体的客观存在，人类是改造社会、参与社会活动的主体，信息是跨时空发展、以比特形态扩大社会活动广度和消融社会思想边界的资源总和。

“三基”，是指生产要素、生产关系、生产力的有机融合。元宇宙中的生产要素包括数据资源、人力资源、计算方法、生产关系等相互协调的人机关系，生产力充分体现现代数字技术能力和计算运转能力。

运用数字经济“四化”方式可以强化三个基础，即通过数字产业化、产业数字化提高生产力，通过治理数字化加强生产关系，通过数据价值化提升生产要素，从而建立集世界科学技术之大成的元宇宙世界。

元宇宙发展至今，已经成为集人类科技之大成的“理念之光”，构建数实融合空间创造新的历史文明。元宇宙的数实融合空间也是智慧图书馆需要构建的新的空间形式，能够满足人们对信息知识的个性化需求，打开思维，启迪思想，从而更好地利用知识认知世界、改造世界。这种数实融合空间不会直接取代传统的实体空间，而是通过数字化改造，更加强化实体空间，实现传统空间的虚拟化转型。

传统图书馆存在着真实的物理空间，这是实现智慧化管理的一个重要通口，也是产生智慧的一个真实物理状态。走进传统图书馆，我们会感受到一种宁静的氛围，这说明，在传统图书馆里还存在着需要挖掘的潜力和无限想象的动力。人与机器最本质的区别在于，人对知识的获取可以产生哲学意义上诸多思辨，而机器只能在人的操控下才能产生思辨，即使产生的思辨也是人的思辨。人通过思考与分析，可以分辨知识的属性和指引的方向，进而发挥创造能力改造世界。这种思辨意义上的创新，需要有一个具象化的数实融合空间环境，需要全方位的沉浸式阅读学习体验，从而激发智慧的灵光。元宇宙的数实空间可以个性化知识获取的方式，促进智慧图书馆的活动空间向外部延伸，将博物馆、展览馆、档案馆等文化服务机构数字化连接起来，打造一个针对性强、个性化十足的展示空间，使每个人都可以有私密的个人图书馆，打破时空限制，更大范围地实现知识获取和理念认知。

（二）元宇宙环境下智慧图书馆数实融合的技术实施

运用元宇宙技术打造智慧图书馆数实融合的虚拟空间，需要从五个方面进行，通过集大成的现代技术群实现智慧图书馆文献资源、人员配置、制度维护的科学运行，如图 5－2 所示。

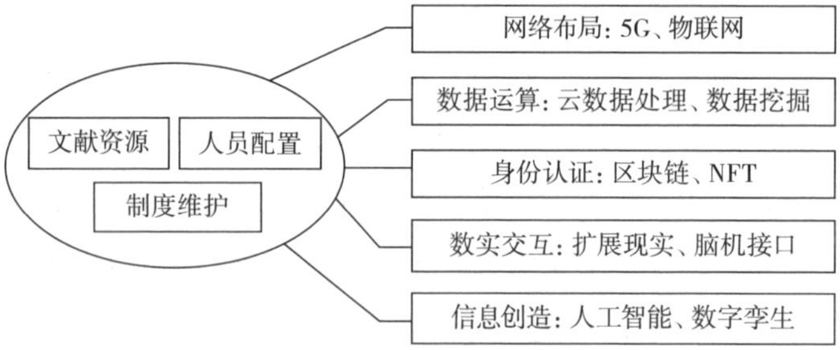

图 5－2　运用元宇宙技术打造智慧图书馆数实融合虚拟空间

1. *网络布局*

在网络布局上，5G 技术和物联网环境是基础。元宇宙的发展是一个演进的过程，与其一致发展的是无线通信技术。5G 网络技术将推动智慧图书馆现实空间与虚拟空间的深度融合，构建充满智慧的数实融合空间，实现数据要素在现实与虚拟之间的无限流动。物联网环境是智慧图书馆提升用户阅读学习沉浸感的关键，通过物联网应用层、网络层、感知层的实践操作，为智慧图书馆的空间链接和虚实融生提供了基础保障，使虚拟空间连接到实体空间中的文献资源、人员配置、制度维护成为可能。

2. 数据运算

在数据运算上，元宇宙发挥信息生态系统功能，云数据处理技术打下了厚实的算力基础，数据挖掘技术为信息价值的转换提供了支持。发挥云数据处理动态分配运算能力的作用，实现智慧图书馆数实融合空间的建构。边缘计算能够解决智慧图书馆网络流量大、中心地带拥堵和网络终端智能化成长速度快引发的计算资源匮乏等问题，是解决智慧图书馆数字化问题的重要手段。通过数据挖掘技术能够对智慧图书馆的概念阐述、运行规律、制度规则进行分析研究，提高用户获取信息和理解知识的认知能力，促使用户客观观察虚拟世界和预测智慧图书馆未来发展。

3. 身份认证

在身份认证上，非同质化代币（Non - Fungible Token，NFT）技术的出现实现了智慧图书馆虚拟资源的资产化。区块链技术能够促进虚拟资源的流通、交流，使 NFT 成为数字化资产实体，进而实现数字资源的价值流转。在智慧图书馆虚拟空间内，NFT 被授予赋能馆藏资源的“价值机器”，是连接现实实体资源与数字虚拟资源的纽带，能够促进虚拟科技革命和现实科学革命的协同发展。另外，数据访问对象（Data Access Objects，DAO）以区块链技术为基础，支持智慧图书馆知识服务和用户信息获取的去中心化，通过自组织连接，实现可信的价值共创。

4. 数实交互

在数实交互上，智慧图书馆依托元宇宙技术强有力的虚实交互界面，实现了知识服务的创新发展。扩展现实技术集增强现实、虚拟现实、混合现实于一体，通过虚实融合构建智慧图书馆阅读学习沉浸式虚拟环境，实现人机的融合交互。脑机接口技术以组织人脑进行信息编码，促进大脑与机器设备对接融合，建立起信号控制通道，实施用户与信息的直接交互，促进信息的对外传输。基于扩展现实技术与脑机接口技术，实现信息资源在虚实空间中的流通与传播，深度体会智慧化服务的沉浸感，为用户创造和应用新知识资源提供技术保障。

5. 信息创造

在信息创造上，人工智能和数字孪生将是促进智慧图书馆创造信息资源的关键技术，利用人工智能技术实时创造和生产信息内容，并纵深延长用户对知识的感知，生成用户需要的各类交互性信息。充分考虑用户与技术之间的协同性因素，智慧图书馆的信息内容创造还需要人工智能的全面辅助。智慧图书馆的数实融合空间将结合数字孪生技术实施业务、用户、人工智能的虚拟化创造和生产。

（三）元宇宙环境下智慧图书馆数实融合空间构建的伦理风险

1. 智慧图书馆数实融合空间构建的风险

在元宇宙环境下构建智慧图书馆数实融合空间，需要遵循科技伦理原则，同时，要合理对待和防控风险。其中，需要特别关注以下三种风险。

（1）隐私风险

隐私数据保护始终是社会公共服务机构最受关注的内容之一。元宇宙代表着集科技之大成构建的数实融合空间，对于智慧图书馆来说，馆员与用户之间如何组织协调数据关系、如何协调保护隐私数据是两个需要高度关注的问题。智慧图书馆收集数据的数量是海量级的，所以，数据泄露的风险较大。

（2）产权风险

元宇宙构建数实融合空间会涉及诸多产权纠纷的问题，这给智慧图书馆提出了一个严峻的挑战。智慧图书馆需要做出法律层面的反应，保护自身在实体世界和虚拟世界中的产权。同时，用户创造信息资源也面临着产权风险的问题，在元宇宙环境内，用户可以最大限度地使用他们创造的信息数据和信息产品。智慧图书馆现实空间内的共同产权规则十分复杂，而在数字空间内，产权利益关系会更加复杂，产权风险会更大。

（3）治理风险

智慧图书馆会运用元宇宙技术建立去中心化机制，各类参与智慧图书馆活动的主体会运用去中心化的方式进行组织、协调、发展。我们期望在进入元宇宙数字空间时，能够通过区块链、DAO 等技术建立一个自由、和谐、公平、自治的空间场域。这种去中心化的元宇宙环境与现实世界中的中心化机制有着本质上的不同，在智慧图书馆运行中存在较大的不确定性。

2. 智慧图书馆数实融合空间的伦理构建

元宇宙是人类社会走向数字文明的产物，关注元宇宙的文明治理是社会加强伦理建设的必然内容。伦理建设不能捆绑科技的发展，而是要为科技进步明确一个更加准确的人文目标。这就要求元宇宙用创新的方法和新型的模式承载“向善”的内容。因此，智慧图书馆构建数实融合空间，必须将“增进人类福祉”作为智慧图书馆建设与发展的基本原则，坚持走“科技向善”之路。元宇宙环境下的智慧图书馆建设与发展一定要“尊重生命权利”。元宇宙技术的无限渗透性，会给智慧图书馆带来无限延伸边界的机会。智慧图书馆提供无限延伸的公共服务，与整个社会的伦理走向是息息相关的。因此，在智慧图书馆数实融合空间构建的过程中，要实时关注科技伦理建设，坚持科技向善，以元宇宙科技伦理观为出发点，推动智慧图书馆的健康发展。

一方面，元宇宙理论仍在不断完善的过程中，尚无专门的法律条文能够有针对性地约束元宇宙行为；另一方面，元宇宙的快速发展已经显现出它迫切需要相关法律的保护。在以元宇宙技术构建的数实融合空间里，首先会受到数字伦理的冲击。在元宇宙发展过程中，对人的行为以及特征数据的收集和分析将是元宇宙运行的基础，目前正在运行的法律规定和伦理规范远远不够条件应对这一新的发展趋势，一开始就要协同技术与用户之间的关系，通过扩展现实或脑机接口技术获得相关数据以保障用户私密行为的安全。其次要正视面临感知世界带来的生命精神理论的挑战。人的大脑通过数字影响的可塑性、虚拟空间对用户信息获取行为的深度操控、虚拟化身与现实真身的关联度等都需要进一步维护和规范，进而为智慧图书馆的数字文明建设划定一个身份安全和认知安全的界限。

从空间的视角分析智慧图书馆元宇宙化建设，构建虚实融合空间，理解元宇宙智慧图书馆智慧化服务的逻辑关系，可以合理化解智慧图书馆可能产生的道德缺失风险。元宇宙打造数实融合空间真正契合了智慧图书馆的发展需求和愿景，我们相信“在元宇宙技术的支持下”智慧图书馆必将为社会文明进步作出贡献。此外，在元宇宙环境里，智慧图书馆促成了传统与数字的结合，回归初心，肩负起了传承人类文明的重要使命。智慧与服务一体化将助推人类学习知识、交流知识，认识世界、改造世界，推动世界走向更加美好的未来。

第五节　元宇宙环境下智慧图书馆多层交互的内外循环机制

随着元宇宙技术的快速发展，关于元宇宙的讨论愈演愈烈，使智慧图书馆设备配置越来越完善、实用技术越来越成熟。数字孪生技术促进虚实空间深度融合，提高虚拟空间的沉浸式程度；人工智能技术助推知识服务模式多样化发展；区块链技术把去中心化模式推向虚拟空间的认知与认可；5G 技术支撑智慧图书馆数据流通物联网化，促进智慧图书馆数字资源产业化发展。元宇宙空间发展备受社会各界关注，在智慧图书馆领域，结合元宇宙虚实融合、沉浸交互、智慧演化、去中心化的特征表现，研究用户在智慧图书馆多层交互的内外循环机制下的运转关系，对于智慧图书馆新的发展格局具有重要的意义。

一、元宇宙视域下智慧图书馆的发展

作为一种时代产物，元宇宙的出现打破了智慧图书馆的发展格局，拓宽了智慧图书馆向虚拟空间发展的界限。2022 年，中国图书馆界专家学者参加“天堂的具象：图书馆元宇宙的理想”元宇宙与虚实交互前沿系列论坛，发表主旨演讲，再次拓宽了元宇宙赋能智慧图书馆高质量发展的视野和范围。马费成指出，元宇宙与智慧图书馆在三个方面进行了结合，即在

关注数据要素、探索智慧空间、体验沉浸式知识服务上结合紧密。[①] 范并思提出，关注元宇宙，发挥元宇宙时代价值作用，是智慧图书馆发展承担的使命。[②] 实践证明，智慧图书馆要想技术革新、创新发展，必须紧跟元宇宙发展步伐，以元宇宙技术为支撑提升智慧图书馆应用能力、深挖智慧化服务潜能。

（一）元宇宙视域下智慧图书馆体系构建

在元宇宙技术支撑下，探索智慧图书馆高质量发展路向、构建智慧图书馆元宇宙化体系是时代发展的必然，是新时代图书馆发展的归宿。张立说和李小璇分析研究智慧图书馆虚实融生的空间发展，将智慧图书馆结构合理分层，定为物理层、交互层、数据层、协议层、合约层和应用层。[③] 通过分析，我们根据元宇宙提倡的虚实融合、沉浸式交互和去中心化，结合智慧图书馆分层结构，突出重点，合理规划，构建针对智慧图书馆发展的板块场景，将用户沉浸式体验按照由虚到实的顺序进行划分，构建了智慧图书馆结构的三个层级，如图 5－3 所示。

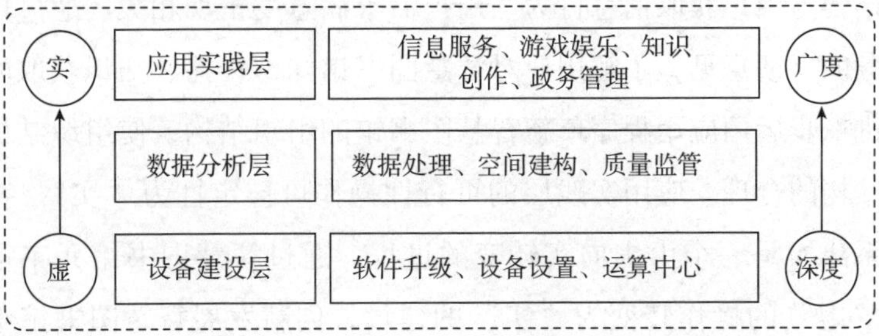

图 5－3　元宇宙视域下智慧图书馆三级结构

第一层：设备建设层。这一层是智慧图书馆组织结构基本架构层，由底层基本设施设备和基础技术组成，主要体现软件升级、设备设置、运算

①② 李洪晨，许可，张闯，等．元宇宙图书馆一座看得见的天堂："天堂的具象：图书馆元宇宙的理想"论坛综述[J]．图书馆论坛，2022，42(7)：1－6.

③ 张立说，李小璇．元宇宙概念下图书馆智慧化创新发展方向研究[J]．大学图书情报学刊，2022，40(5)：24－28，47.

中心功能。加强基础设备建设，有利于推动智慧图书馆元宇宙化走深、走实，基础设备高性能是实现智慧图书馆高水平发展的重要保障。这一层体现了智慧图书馆设施设备的实存实建，具有技术深度，但远离用户群体故定性为“虚”。

第二层：数据分析层。这一层是智慧图书馆结构中起承上启下作用的中间层，主要功能是数据处理、空间建构和质量监管。实时处理设备终端产生的各类数据，整合数据传至应用实践层。构建虚拟空间，拆解数据结构，形成元数据，实现数据的互联互通。确保数据要素的一致性，实行数据要素的统一化管理，既保证用户有机会使用核心数据，又保证数据在虚拟空间内安全存储与使用。质量监管是安全使用海量数据的保障，保证数据输送至下一个层次时安全发展。

第三层：应用实践层。这一层的功能是运用应用程序，实现智慧图书馆结构的软件化管理。例如，实施游戏娱乐，实现知识创作和政务管理。应用实践层的功能化操作促进智慧图书馆组织结构更加细密化，智慧图书馆组织结构与用户获取信息行为、用户需求满意度密切相关。通过用户对信息服务的反馈意见，了解用户对智慧图书馆知识传播、知识获取的理性诉求，进一步运用应用程序革新智慧图书馆的组织结构，使组织结构更加趋向于结构的合理。应用实践层的可行性操作可被定性为“实”。智慧图书馆体系建构是一个由虚向实转变的过程，通过智慧图书馆元宇宙化建设，把“虚”的操作转变为“实”的建设，创新发展智慧图书馆组织结构，清晰绘就智慧图书馆发展蓝图，智慧图书馆终究会在新时代发展中发挥不可代替的作用。

（二）元宇宙视域下智慧图书馆发展方向

1. 服务用户均等发展的教育新模式

智慧图书馆实施元宇宙化建设，其中，创造发展的目标之一就是实现智慧化服务的均等化。元宇宙提倡实施去中心化的理性建设，在区块链技术的支持下，智慧图书馆依据元宇宙去中心化建设原则，发挥智慧化服务的功能作用，以资源存储和信息共享为基础，传递去中心化的特征功能，革新改造智慧图书馆组织结构，发挥用户获取知识、创造知识的自由性，以均等服务的方式创造智慧图书馆教育新模式。

2. 体验虚实融合空间的新实践

创新图书馆智慧化服务，建立综合性知识服务体系，运用综合服务能力满足用户的个性化信息需求。以现代信息技术为支撑，加大数据要素修正、整合力度，按照用户检索要求和信息需求制订信息资源流通、传播、创造方案，研判用户需求，以优质的服务满足用户需求。传统图书馆以现实空间实体信息平台为基础，通过机器设备或馆员信息导航协助用户获取信息资源，而元宇宙智慧图书馆推出新式智慧化服务方式，协助用户获取知识信息的渠道更加广泛。通过虚实空间的深度融合，提高用户自主创新意识，在运用信息资源上更加开放、更加包容。在元宇宙环境下，智慧图书馆创建虚实空间高度融合的教育新模式，有利于用户快捷方便地体验新式知识服务，增强用户对智慧图书馆元宇宙化建设模式的正确认知。

3. 体验沉浸交互式的阅读学习新感受

元宇宙技术支持智慧图书馆知识服务创新发展，被技术赋能新式沉浸交互式阅读学习体验项目。传统图书馆信息服务能实现资源的数字化流通，元宇宙化的智慧图书馆则能改变数字资源的动画形式，通过虚拟化身讲解数字视频或展示 XR 场景，为用户提供沉浸交互式阅读学习体验。用户利用虚拟空间场景，沉浸于阅读学习中，体会信息内涵，感受知识之美。运用数字孪生、虚拟增强技术，构建虚实融生的数字虚拟化空间，形成虚拟数字人虚拟空间管理模式，为用户体验沉浸交互式阅读学习新感受提供充分的保障。

4. 树立自主思考的学习新形象

元宇宙环境下，运用人工智能技术分析、研判用户信息行为，了解用户需求状况，传播数据要素，以用户信息行为数据分析结果为基础，促进用户树立自主思考的学习新形象。吴江等指出，虚拟化用户身份，提高虚拟化身管理数字信息的价值匹配度，降低用户获取信息的运行成本，将有助于转变用户传统思维模式，提高用户自主思考的主动性，充分满足用户虚拟数字信息需求。[①] 智慧图书馆实施元宇宙化转型，能够提供更多机会构建自觉创造新知识的应用型空间。在这种空间内，用户与馆员之间的交流渠道自由、通畅，有利于提升用户自主学习能力，为用户树立自主思考学习新形象提供了良好的培育环境。

二、元宇宙视域下智慧图书馆多层交互的内外循环研究

元宇宙沉浸式交互特征引发了人们的反思，但目前大多数探索的是智慧图书馆交互式发展，如何运用元宇宙技术支持智慧图书馆为用户提供交互式体验，是分析研究的主要内容。在元宇宙环境下，智慧图书馆建立多层交互的内外循环机制，有利于深化沉浸交互程度、扩充交互细节，引导用户进入虚拟世界体会更多的交互式体验，加大虚拟空间沉浸体验技术力度，赋能虚实融生数字空间的高质量发展。智慧图书馆多层交互的内外循环旨在激发用户、馆员、虚实融生空间价值创新力和协同创造力，延长用户虚拟阅读、学习、研究的半径长度，多元化、体验式增强用户对信息需求的黏度。

（一）元宇宙视域下智慧图书馆交互式技术的发展

王世伟指出，智慧图书馆发展趋势要紧紧向元宇宙化靠拢，要在元宇宙理念指导下体现整体与协调、生态与快捷、个性化与泛在化的有机结合。[②] 康存辉和操菊华认为，智慧图书馆创造虚拟空间，需要突破数据鸿沟的限制，以跨越时空的创新方式谋求数字资源的共建共享。[③] 由此可见，

---

① 吴江，曹喆，陈佩，等．元宇宙视域下的用户信息行为：框架与展望[J]．信息资源管理学报，2022(1)：4－20.

② 王世伟．论智慧图书馆的三大特点[J]．中国图书馆学报，2012(6)：75－80.

③ 康存辉，操菊华．高校智慧图书馆数据服务空间再造研究[J]．新世纪图书馆，2019(7)：28－33.

智慧图书馆推进元宇宙化建设，能够实现阅读的情感感知、学习的沉浸投入和服务的智能体验，并且有时会为了满足用户的个性化需求改变服务模式，这些变化都需要交互式技术的支持。

从智慧图书馆未来发展来看，需要运用人工智能技术，打造多源数据处理程序，构建虚拟数据自由流通的智慧孪生空间。以程序、空间为保障，为用户提供智慧图书馆交互式智慧化服务，实现用户阅读学习沉浸式体验和充分满足用户个性化信息需求。运用数字孪生技术构建虚拟空间，全息映射用户为虚拟空间虚拟化身，实施智慧图书馆信息交互式管理。除了数字孪生和人工智能技术，区块链技术也能协助智慧图书馆建立行之有效的数字监控体系，确保数字孪生人身份的认证和数据要素的安全可靠，5G 和物联网技术加快数据的流通速度，指导数据传送方向的快速调整。这些元宇宙技术支持智慧图书馆底层设备高速运转，增强智慧图书馆借助元宇宙技术优势发挥最大效能的交互式作用，推动智慧化服务超越时空限制，实现智能化升级，促进高质量发展。

（二）元宇宙视域下智慧图书馆多层交互内循环

在元宇宙视域下，智慧图书馆实施元宇宙化管理，给馆员、用户、作者、计算机设备提供了实时交互的环境。无论谁参与信息服务互动，都会以主体的身份融入虚拟空间，进行场景再造，实现具有详细内容的交互与反馈。用户可以根据个性化需求，制定有针对性的策略，促进内循环体系中的感受更加沉浸化。

元宇宙技术赋能智慧图书馆，推动智慧图书馆专用数字技术发展，以此促进智慧图书馆应用实践层功能拓展，有助于智慧图书馆信息交互式向前推进，有助于智慧化服务创新发展。馆员、用户、读者、计算机设备在虚拟空间环境中深层次交互，以主体的身份合力组成交互圈层，建立相互依存关系，保持密切联系，在此基础上构建智慧图书馆多层交互的内循环体系。具有相同或相似阅读习惯的用户之间进行交互，能够分享爱好、研究成果发布、传递共同价值。相互投缘的作者之间交互，能够互相激发心灵感应，探讨虚拟空间场景发展情况、促进业务创新发展。技术力量相当的图书馆进行交互，有利于相互借鉴，在技术支持上互补，相互学习管理经验，互助互促，共同发展。

智慧图书馆构建多层交互内循环机制，将智慧图书馆主体闭环管理，实现知识资源交互融合。在虚拟空间内组织多模态信息整合交互，降低用户获取信息、创新创造资源成本，收集作者对信息资源使用情况的意见反馈。分析反馈意见、借鉴先进经验，为智慧图书馆构建新型交互循环系统做充足的准备。

（三）元宇宙视域下智慧图书馆与智慧解决方案多层交互外循环

元宇宙视域下的智慧图书馆需要存储海量数据作为有力支撑，用户不仅需要适应智慧图书馆的内循环，还要走出图书馆将知识服务延伸至相关知识性机构。随着人工智能技术迅速发展，数字技术在智慧图书馆内得到普遍应用，以图书馆学人文领域为主要目标，进行数字资源密集性改造，用于现实资源向虚拟资源的迁移和转型。同时，经过转型塑造，文化资源数量不断增加，体量越来越大，资源的可造性越来越小，直接影响人们接触各类文化场所的次数。为了更好地挖掘人类文化精神遗产价值，运用智慧解决方案，实施智慧图书馆信息资源的开放获取、信息数据的共建共享，依靠社会民众智慧，推动智慧图书馆信息资源输出和运用效益最大化，助推智慧图书馆知识服务创新发展。

在元宇宙视域下，运用人工智能技术创造出智慧图书馆专项技术内容和技术创新手段，并以此为技术基础构建智慧解决方案多层交互外循环体系。智慧图书馆多层交互外循环体系的创建，扩充了智慧图书馆内循环知识内容，优化了智慧化服务组织结构体系，展示了外循环知识信息价值提升维度。

在智慧图书馆与智慧解决方案多层交互外循环系统影响下，用户理解知识、知识拓展用户思维的力度不断加大，同时引发了用户创造知识进行时空跨越交互的深层次思考。按照智慧解决方案的规划设计，以虚拟化手段构建虚拟空间，把虚拟空间内在结构与外在关系融合在一起，并形成随时空变化而变化的关系网络，保障多层交互外循环系统内信息资源和智慧化服务得到价值体现与高度认可。元宇宙的出现，使得智慧解决方案智慧化服务形象被重新塑造，多层交互外循环体系的建立强力推动智慧图书馆信息资源的虚拟化转型，应用人工智能技术引发多层交互外循环体系产生个体化效应，用户的个性化需求不断促进智慧图书馆智慧化服务创新发展。但需要注意的是，多层交互外循环对智慧解决方案包容的知识资源建设提出了更高的要求，需要智慧图书馆进一步加大元宇宙建设的力度，提升信息资源价值输出品性，以高质量的智慧化服务满足用户的个性化需求。

（四）元宇宙视域下智慧图书馆多层交互内外循环

就用户个性化需求而言，用户可以直接与馆员、计算机设备进行内循环交互，产生获取知识的最大化效应，也可以与智慧图书馆认可的智慧解决方案多维化知识结构进行外循环交互，将交互经验反馈至智慧图书馆内循环体系，实现知识资源的共建共享。智慧图书馆多层交互组织结构被元宇宙技术创新发展，由传统单层交互模式创新发展为多层内循环叠加模式，并与智慧解决方案多层交互外循环模式相呼应，形成了智慧图书馆虚拟空间知识资源智慧化服务的新格局。元宇宙视域下智慧图书馆多层交互式内外循环体系架构如图 5－4 所示。

多层交互式内外循环模式新结构创造性地展现了数智时代智慧图书馆战略发展新格局，进一步加强了智慧图书馆与智慧解决方案多层交互外循环体系的关系，将现代信息技术融入智慧图书馆多层交互式内外循环体系构建，提高多层交互模块与智慧图书馆虚拟主体之间的磨合度，这是智慧图书馆实体资源向虚拟资源转换的真实写照。同时，在多层交互式内外循环模式下，拓宽阅读范围，创新开展阅读推广活动，增强全民阅读思考力和沉浸式体验感，模糊民众阅读界限，构建人人平等的教育新理念。在增强用户阅读学习沉浸式体验感的同时，进一步强化文化认同，促进智慧图书馆的知识传输交互性发展。

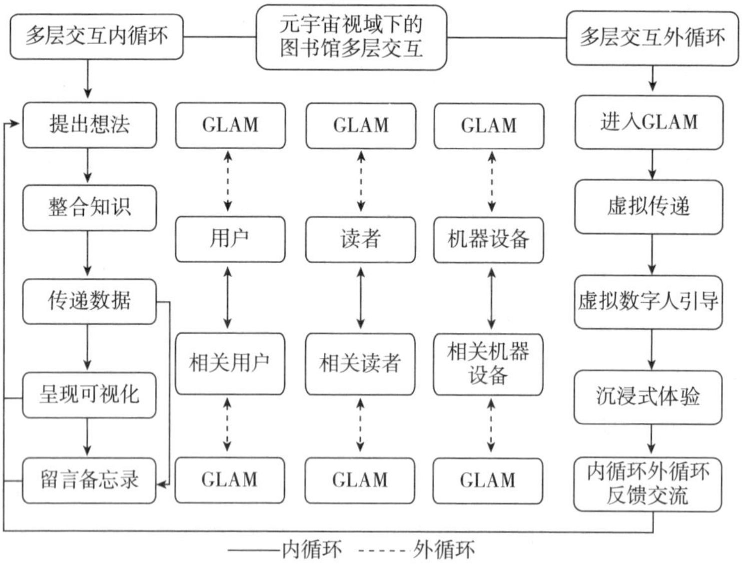

图5－4　元宇宙视域下智慧图书馆多层交互式内外循环体系架构

（五）元宇宙视域下智慧图书馆的多层交互场景应用

1. 多层交互场景应用的基础——个人数据库

在多层交互过程中，由于经过多次、多维交互，用户与用户、用户与馆员、用户与机器设备之间联系更加复杂多变。随着用户数量的增多，虚拟场景的信息资源交互变得拥挤、不畅通，用户的沉浸式体验也会受到影响。因此，要加强智慧图书馆组织结构多层交互管理，有效推进智慧化服务的创新发展，促进多层交互模式更新替换；同时，要构建智慧图书馆个人数据库，给用户创造深度沉浸式体验环境。

智慧图书馆个人数据库包括信用等级评定、个人行为分析、个人信息群、用户等级评定四大板块。通过用户、用户虚拟化身行为数据记录确定用户信用等级，用于评定用户在信息获取和信息创造过程中的具体表现，并依据用户具体表现来确定用户等级。运用区块链技术对用户检索习惯、信息需求偏好、参与活动时长、融入场景磨合度等进行分析，以便图书馆智能系统对用户个人行为作出精准判断，形成用户个人行为数据。对用户个人行为数据进行判断后输出结果，形成个人信息群，作为沟通路径或备案渠道，其他相关私密信息可选择隐藏。随后，根据信用等级评定、个人行为分析、个人信息群三大板块的综合分析，评定用户等级，用户可凭等级评定结果确定如何参与各级各类阅读推广活动。

2. 内循环模式的创新应用——弹幕式阅读

元宇宙时代的到来，使视频弹幕式阅读成为一种时尚，人们习惯了一边观看视频画面一边观看弹幕。弹幕式阅读成就了视频观看同步弹幕讨论模式的出现，创新发展了智慧图书馆用户信息交互讨论形式。通过调查发现，大部分用户钟情于弹幕式阅读，在沉浸式阅读学习时有迫切与馆员或其他用户分享知识、沟通情感的情绪波动。

弹幕式阅读的意义在于，通过机器设备，用户的信息需求可以得到满足，从中产生的想法或疑问，可以实时传递给馆员或机器设备；通过移动设备终端，用户可以收到元宇宙虚拟空间内的实时交互信号，信号接收方认同信号后即可进行信息交互操作并将交互信息全息投影至虚拟空间，形成反馈意见交至对方。这种信息交互操作是内循环交互操作过程的一部分，如果接收方没有在线，交互操作就会成为一种虚拟设置，将交互信息以备忘录的形式存入个人数据库，等待以后查询，发送者也可重复进行全息映射处理，接受留言，存信息入备忘录，待以后查看。

视频信息产生后可以作为交互信息进行演示操作，用户接受智慧化服务感受沉浸式体验就是这种操作形式。用户之所以钟情于弹幕式阅读，主要是因为弹幕式阅读能带动用户的个性化思考。用户通过弹幕式阅读，不断充实个人思想，跨时空实施信息交互，体验沉浸式阅读。弹幕式阅读使用户的行为不再是简单的阅读，而是主动创造知识，创新思维，与阅读交织互动形成的良性循环体系。智慧图书馆设立弹幕式阅读数字化留言簿，更加体现出沉浸式阅读的真实含义，在促进用户智慧化思考上情感氛围更加浓厚。

3. 内循环模式的现代性应用——沉浸式历史体验

在元宇宙技术加持下，智慧图书馆以虚拟再造的形式创造了虚拟数字人。虚拟数字人是通过对比人的生物性特征、模拟人的社会属性产生的具有人的思维能力的意象人。虚拟数字人是智慧图书馆虚拟空间全息映射现实人形成的参照性产物。虚拟数字人被映射进智慧图书馆虚拟空间场景内，引导用户检索文献，协助用户参与智慧化服务，使用户在信息资源传播和知识服务中充分享受沉浸式历史体验。

元宇宙视域内，智慧图书馆虚拟数字人被设置为虚拟馆员，突破时空限制引导用户智慧化利用图书馆，为用户提供知识服务，感受智慧化服务沉浸式体验效果。发挥智慧图书馆多层信息交互作用，提高网络智能社交能力，把用户需求延伸至个性化满足上，推演虚拟空间信息资源智慧化转型过程，推动虚拟智慧化服务落地、落细。虚拟数字人操作虚拟空间场景重塑信息资源历史交互体验过程，引导虚拟用户走进梦幻历史空间，重设历史场景，扮演历史人物，引导用户重读历史，突破传统阅读习惯，激发用户在高度沉浸式体验中进行思考。同时，外循环模式中虚拟数字人的虚拟化操作会造成虚拟化身数量急剧增多，有可能引发权益不清晰、资源利用渠道不畅通等问题。为此，必须强化用户管理。如何掌握多层交互关系中的约束度，如何在虚拟空间内解决资源纷争、把握好利益分配，是智慧图书馆面临的巨大挑战。

4. 内外循环模式质量管理应用评价体系

根据智慧图书馆多层交互内外循环体系运行状况，制定智慧图书馆质量管理应用评价体系，以观察和监测智慧图书馆内外循环发展、智慧化服务创新发展状况。质量管理应用评价体系有三个指标内容：参与人员数量、数字化评价、资源投入比例。参与人员数量包括用户、馆员及虚拟数字人参与智慧图书馆服务或活动的数量。通过计算参与人员数量判断累计时间段内外循环体系的活跃度。数字化评价是指通过机器设备对智慧图书馆多层交互情况进行系统评判，产生评价结果，并将评价结果运用情况实时发布、有效反馈，促进内外循环体系高效运转。资源投入比例是指底层设备、管理技术、人工操作等成本总和占实际资产投入的比重，从比重多少上分析、研判内外循环体系实际运行状况。综合以上指标内容，建立内外循环模式质量管理应用评价体系的长效机制势在必行，而且要保证其高效、科学运转，参考指标内容实时规划智慧图书馆下一步的发展计划和方向。

元宇宙技术的发展给智慧图书馆的智慧运行和知识服务带来了便利，但是仍存在一些需要关注和解决的问题，例如，长期沉迷数字信息浏览导致的心理疾病。另外，由于大数据时代还难以做到数据管理的绝对安全，对于版权、隐私等的保护还需要进一步加强。科技进步、海量数据出现不会停止，智慧图书馆应健全制度，引导用户加大防御风险的力度，提高防范意识，避免危险甚至悲剧的发生。

三、元宇宙视域下智慧图书馆多层交互情境发展策略

（一）建立智慧图书馆云联盟

构建均等教育模式，建立智慧化服务新方式，智慧图书馆要充分发挥多层交互的内外循环机制作用，积极推进云联盟建设。智慧图书馆推进云联盟建设，应共建发展之路，遵循资源共享原则，集公共书目检索系统、数据分析与处理中心、知识服务平台等于一体，形成统一的智慧图书馆数字化窗口，面向社会实施智慧化服务。在此基础上，促进各级各类智慧图书馆资源共享、服务一体化，创建智慧图书馆云联盟体制。运用非同质化代币技术建立用户虚拟化身身份资格，应用区块链技术对用户虚拟身份进行数据库化管理，借助云运算处理技术，将虚拟空间信息资源数据群列装为磁盘阵列（RAID），确保知识数据的统一输出、同步使用。创建智慧图书馆云联盟体系，能够提高数据丢失的容错率和数据恢复空间的磨合率。智慧图书馆具有厚实的虚拟空间数字资源存储量，这是云联盟构建与运转的基础，有助于云联盟体系的安全稳定。智慧图书馆持续地供给云联盟知识资源，能够促进云联盟知识资源多层交互运转，以此扩大智慧化知识服务范围，使用户沉浸式服务体验更有深度。

（二）创建具有鲜明特色的智慧解决方案集合体

在元宇宙环境下，智慧图书馆实施信息资源的外循环交互，促进智慧

解决方案关注信息资源的虚拟化转型，也推动智慧解决方案与智慧图书馆的深度互交成为定局。为此，创建具有鲜明特色的智慧解决方案集合体势在必行。智慧解决方案集合体的出现，将会摆脱社会文化公共服务机构独立运转的窘境，联合不同文化服务机构的数字虚拟资源，实现不同性质、不同场景的资源共享，创造属于智慧解决方案集合体的共性价值。在成功构建智慧解决方案集合体的基础上，进一步将多元类型的智慧解决方案整合成一个有机体，杜绝资源分配不均和资源使用不合理现象，同步整合智慧解决方案的社会化资源，丰富基础资源数据库。在元宇宙技术的支持下，用户仅需选择智慧解决方案中的一个机构场景，即可有秩序地查询所有智慧解决方案集合体场馆资源，然后根据自己的喜好选择最佳场景进行阅读学习，分享对沉浸式服务亲身体会。创建智慧解决方案集合体的目的是促进智慧图书馆创新发展，主要表现在两个方面：一是智慧解决方案推崇去中心化解决方式，以此打造智慧图书馆泛在化集合体；二是智慧解决方案致力于服务空间的虚拟化发展，突破实体浏览限制，促进智慧图书馆用户全场域、全过程虚拟沉浸式阅读浏览。同时，智慧解决方案促进多层交互外循环动力强力提升，很大程度上保证了智慧图书馆智慧化服务的触及面、操作面安全，提升了智慧化服务的活跃度。

（三）打造高效率的智慧教育服务

从未来发展角度来看，智慧图书馆元宇宙化建设将会遇到发展瓶颈，主要因为元宇宙出现暂时性的技术障碍或技术滑坡，智慧化服务信息沟通不及时，用户利用图书馆的机会减少，所以出现一些演化落后的问题。要顺利解决这些问题，智慧图书馆可以协助用户提出更多个性化的信息需求，促进智慧图书馆扩大信息资源存储量，借助人工智能技术构建创新型知识智慧演化模型，带动教育服务模式向智慧化方向转型，创新教育服务过程，实现智慧图书馆教育服务的高效发展。在元宇宙环境下，实施智慧图书馆元宇宙化建设是一项持续发展的工程，发展过程充满着困难与艰辛，因此，加强对图书馆专业人才的培养越来越重要。加强智慧图书馆元宇宙化建设，既需要培养现有馆员，提升现有馆员的能力，又需要引进先进专业人才，充实工作团队力量。智慧图书馆要精心打造高效率的智慧教育服务，将智慧图书馆专业人才与新型专业人才进行有机结合，保障教育服务本身固有的本质内涵不发生改变；同时，要紧跟时代步伐创新发展教育服务模式，走智慧化发展的道路。

（四）确立可持续发展的监管制度

法律监管与制度惩戒是推动智慧图书馆可持续发展的有力保障。智慧图书馆运行需要元宇宙环境，元宇宙运行与技术实施同样需要法律监管与制度惩戒的保障。由于元宇宙对时局环境变化判断极强，促进智慧图书馆运转效率明显提高，提供知识服务更快捷，相关法律监管、制度约束要跟上变化节奏，以可持续发展的监管制度确保智慧图书馆平稳运行。

第六节　元宇宙环境下智慧图书馆双重知识孪生架构

元宇宙的地位日渐提高，如何实现智慧图书馆现实空间与虚拟空间融合相生，解决用户行为数据测度、创建知识价值重组、智慧化服务创新发展等问题，一直是图书馆界关注的焦点。元宇宙提倡知识创造的虚拟化，依据虚拟化发展原则构建虚拟空间场景，为智慧图书馆实体空间虚拟化转型带来了新机遇。元宇宙是一种后现代主义空间，能够构建数字化主体、知识感官、虚拟空间相互融合的互联社交网络，对智慧图书馆的高质量发展具有启迪意义。

数字孪生是智慧图书馆构建虚拟空间的核心技术。数字孪生适用于虚拟空间的技术操作，具有高维空间内施展技术操作的能力。数字孪生技术与虚拟增强技术在智慧图书馆内耦合产生更强烈的作用，合力支撑智慧图书馆现实资源向虚拟资源转换，把智慧图书馆创造成物理需求向虚拟需求延伸的基础平台。① 发挥元宇宙实时交互功能作用，促进智慧图书馆创新

① 孙东亮，姚伟，周鹏，等. 社交化多媒体知识需求者价值共创研究[J/OL]. 情报理论与实践:1－12[2022－10－14]. http://kns.cnki.net/kcms/detail/11.1762.G3.20220410.2123.002.

发展，实施知识资源重组。以知识资源重组的新组织结构为出发点，进行信息资源的多层交互，实现多元化管理，以此建立更深层的交互管理机制。运用数字孪生技术，消除虚实空间隔阂，结合人工智能技术，提高虚拟空间的智能化程度，在元宇宙技术支撑下，创造一个交互发展、沉浸稳定的虚拟空间环境。这个虚拟空间环境将会产生智慧图书馆新创造、新发展的主要力量。

当前，许多学者将数字孪生技术与智慧图书馆专项技术相结合进行分析研究，这对未来虚实融生情况下智慧图书馆知识服务创新性发展具有重要的前瞻性。探索数字孪生技术与智慧图书馆的交互融合，将会把智慧图书馆研究融入更高维度的框架，对促进智慧图书馆知识服务虚拟化发展具有重要的现实意义。

一、基本概念阐述

（一）知识孪生技术

结合现实空间场景的实际情况，元宇宙为实际地理上的空间分布提供了必要的联系空间，从而实现了数字信息在虚拟空间中的价值共创。知识孪生技术具有信息交互反馈、信息创造融合、信息同化克隆等特点。知识孪生的作用是将数字资源全息映射到虚拟空间内，形成现实资源的孪生体，以备在智慧化服务中使用。知识孪生技术系统相对较为复杂，主要是以数字代码形式表述知识空间的虚拟性，同时还表述用户需求和知识交互行为的虚拟性。知识孪生技术的子系统主要负责知识数据的交流互动，交流互动过程是知识创造和知识应用的一个全生命周期，对于保障知识数据交流互动高运转效率具有重要的意义。

元宇宙的出现，促进了智慧图书馆运行状态转型，智慧图书馆运行生态化状况逐渐表现出来，这为知识孪生技术在智慧图书馆内的战略布局提供了基本保障，同时知识孪生技术促进智慧化服务方式创新需要生态化环境的烘托。在提升知识流通率上，知识孪生技术支持虚拟空间知识高效流转，促进虚拟空间知识组织结构创新性重组，倡导知识流通机制的革新。

随着元宇宙技术逐步走向成熟，其已经有能力促进智慧图书馆运行生态体系向多维度、多模态组织结构状态发展。探究智慧图书馆知识孪生化变革途径，有利于进一步掌握知识孪生技术的运行规律，对促进知识孪生技术创新智慧化服务方式、提升知识资源流通价值具有重要的作用。

（二）知识重组

随着知识经济的发展，知识价值逐渐成为衡量社会进步和经济增长的标准之一。知识重组可以有效地整合智慧图书馆虚拟空间中的数字资源，促使馆员创造出新的信息知识。近年来，元宇宙技术快速发展，推动了智慧图书馆知识重组。元宇宙技术将元宇宙理论与知识重组相结合，使智慧图书馆价值得到很大程度发挥，这也是图书馆界一直关注的重点问题。在多模态理论支持下，智慧图书馆实施知识重组，实现了现实资源的跨时空转换，得以深层次、多元化地虚拟性重构，形成了适应智慧化服务的虚拟知识资源，知识重组价值最大化充分地体现出来。知识孪生在智慧图书馆知识服务层面上表征着知识通过数字虚拟渠道进行价值重组，而元宇宙技术的出现则加速了知识流通、共享、同化、克隆的进度。知识孪生技术赋能智慧图书馆场景，促进智慧图书馆知识驱动力爆发，强力推动智慧图书馆组织结构的生态化发展，对创新知识信息管理模式提供了技术支持，对创新智慧化服务模式提供了新的发展方向。

二、元宇宙环境下智慧图书馆的知识孪生

判断图书馆智慧化服务质量的高低需要知识孪生技术的支持。作为元宇宙技术体系中的核心，数字孪生技术对智慧图书馆发展作用明显，它极大地支持了智慧图书馆虚拟空间信息资源运动变化，满足了用户知识信息的个性化需求。在元宇宙环境内，全息映射现实资源，实现现实资源的虚拟化转变本身就是实现知识孪生的过程。由于元宇宙技术的加持，知识孪生技术赋能智慧图书馆高质量发展变得更加复杂，智慧图书馆借助元宇宙技术创建一个平行于现实空间的虚拟空间，现实空间秩序与虚拟空间秩序在理论边界上存在差异，知识孪生技术就像促进知识服务需求的空间斗士

一样，在不同空间知识服务中发挥着不同的作用。

（一）智慧图书馆虚实融合的行为立体化和知识运用情境化需要动态张力的扩展

元宇宙代表着一个可持续发展的、表征虚拟化的空间场景，然而元宇宙空间场景的出现，需要以人的主观思维动机为基础，其中，最需要的是人的创新思维动机。创建一个新式的图书馆智慧化服务模式，需要用户以主体的身份沉浸式地投入服务实践，通过感受服务进行信息创造和信息互动。用户的沉浸式体验感知了智慧图书馆虚拟空间的信息资源流通、传播和创造行为，当用户体验完服务回归现实空间时，信息交互行为主要表现为生存模式，为虚拟空间信息交互行为表现体验模式。在元宇宙视域里，生存模式和体验模式同样重要，元宇宙技术促进生存与体验深度融合，元宇宙理念要求人涉及的元宇宙空间具备服务社会的能力，从而进一步促进社会精神文明建设。

实践证明，用户在现实空间内的知识感知和知识需求与虚拟空间相同，虚拟空间内的感知和需求获得物是现实空间孪生而来，两种空间的知识积累和知识输出状态极为相似，这种高度相似是知识孪生技术支持的结果。知识孪生技术支持智慧图书馆虚拟空间建设，主要作用在创造虚实空间深度融合的环境，促进用户在虚实之间的立体化行为展现上。在元宇宙技术的加持下，发挥知识运用情境化动态张力的作用，将智慧图书馆现实空间场景中的信息资源进行耦合对比、全息映射，提高智慧化服务标准，满足用户个性化需求，这样，虚拟空间知识服务的沉浸感将深入影响每一个用户。

（二）智慧图书馆虚实融合空间场域中的行为感知和需求体验的延伸展现需要行为张力的支持

智慧图书馆虚拟资源多元化属性影响着知识孪生用户的信息行为，虚拟资源不是通过简单的虚拟投射形成的，而是包含用户行为数据，充满现实资源之外的社会知识，并对知识内容进行数字化改造，形成虚拟化表征，并将其进一步应用到虚拟空间中，以重塑数字孪生体的虚拟场景身份。在智慧图书馆虚拟空间内，可以数字孪生出馆员、用户、管理者等多重角色形态。现实环境中的智慧图书馆知识服务行为是需要以社会生活实践为基础的，现实环境中的知识情景和知识关系受到知识服务范围约束，但元宇宙的出现，打破了这种人为设置的约束，运用知识孪生技术满足了用户的个性化需求，通过创新知识获取路径，提供知识需求参考，使知识服务智能化进一步深入发展。在元宇宙技术加持下，智慧图书馆虚实融合空间场域范围得到扩大，用户行为感知和知识需求体验的张力得到保持。通过元宇宙技术对虚拟资源流通效果和传播价值进行评价，摆脱知识依赖窘境，发挥知识价值最大化；进一步提升知识转化效率，将智慧化服务创新中创造生产的知识信息数字化、利益化。

（三）智慧图书馆知识孪生服务促进知识价值重组需要价值张力的维护

在元宇宙视域下，智慧图书馆虚拟空间知识孪生服务需要价值张力的维护。捕捉信息资源传输的历史数据，分析用户信息资源需求状况，实现实体知识资源和虚拟孪生知识资源的交流互通。以满足用户个性化需求为出发点，突破现实空间约束，创新智慧化服务模式，展示虚拟空间应用场景，实现智慧图书馆信息资源的跨时空发展。重视虚拟空间知识孪生服务，回溯展示信息知识的原生状态，通过实施知识信息群的本文链接，开创知识反馈路径，实现知识价值的深度重组。

在元宇宙技术支持下，创建智慧图书馆虚实融合孪生知识信息结构框架，增强知识服务体验的沉浸感，摆脱现实空间内用户信息资源需求的依赖，满足虚拟空间内沉浸式阅读学习要求。精准把握虚拟化身在虚拟环境中的信息需求和发展需求，解除虚拟化身限制，提高本体运行自由度，增强虚拟知识服务的想象力和创新力。在知识孪生技术支持下，实现虚实空间双向数据的交互，以信息交互促资源流通，延长知识信息全生命周期，为智慧化服务迭代发展提供强力的动力源。

三、智慧图书馆双重知识孪生的应用与价值重组

（一）双重知识孪生结构体系的应用情境及运行价值体现

用户以虚拟化身身份进入虚拟空间沉浸式体验知识服务，虚拟化身的个性化释放成为知识服务的一大亮点，同时，用户面对现实空间限制，释放自身个性化需求，智慧图书馆机构创造具有更大的作用和优势。传统图书馆往往存在服务对象不明显、信息处理不准确的情况，不能充分地满足用户的个性化需求。然而，实施智慧图书馆元宇宙化建设，在智慧图书馆虚拟空间内进行双重知识孪生结构体系设计，实施虚拟智慧化服务，就可以充分满足用户的需求。利用元宇宙场景特征，满足用户的个性化需求，创建虚拟化身，凸显虚拟化身感知情境优势，将虚拟化身促进智慧图书馆信息资源交流与满足用户个性化需求完美融合。

在元宇宙环境下，智慧图书馆创新构建知识组织结构，促使知识服务更加开放、包容。双重知识孪生结构适应于虚拟资源多层循环交流与互动，能运用元宇宙技术成功消解现实空间知识组织结构，实现虚拟数据库承受力的快速减压。在这种情况下，智慧图书馆自我原生的创造力将得到激发。利用双重知识孪生组织结构的特征属性，掌握知识的表征，刻画知识“颗粒度”，促进知识更新迭代，进而创造出满足用户需求的知识信息传播新路径。

（二）元宇宙环境下双重知识孪生加持促进知识价值重组

在元宇宙环境下，智慧图书馆构建虚拟知识存在形式，形成区别于现实知识存在形式的虚拟化局面。在虚拟空间内进行知识存储，目的是实现信息共享，通过虚拟知识创新，提供虚拟知识服务，消除传统公共服务机构设置的限制壁垒。在智慧图书馆虚拟空间运行过程中，通常把社区作为实现信息共享的重要载体。实践证明，社区作为实现信息共享的载体有许多不足之处，社区运行宽度窄且因社区人员素质水平不一产生异化数据的机会增多，从而加重智慧图书馆设施设备运行的负担。我国学者提出了以

元宇宙技术为支撑构建智慧图书馆知识孪生系统的论断。以分析计算技术为依据，整合虚拟资源，形成重组资源数据，以“颗粒度”方式刻画服务于用户的虚拟信息需求；展现元宇宙虚拟数据表征，提升用户创造知识能力，进行虚拟信息流通，实现知识信息的共建共享；强化双重知识孪生功能，推动虚拟资源立体化交互，将知识创造与应用贯穿智慧图书馆知识服务过程，助推虚拟知识价值重组，促进虚拟知识组织结构升维。

在智慧图书馆元宇宙空间里，利用双重知识孪生技术同样能够对行为需求进行“细颗粒度”的生命周期解构。双重知识孪生结构具有互动联通的功能，能够保证元宇宙场景赋予用户沉浸式阅读学习体验参与智慧图书馆的阅读推广活动。智慧图书馆创建虚拟场景，向虚拟场景注入一种知识原创力，让用户充分感受知识的无限魅力，使沉浸式体验成为可能。智慧图书馆知识孪生反映了虚拟资源管理的重要性，双重知识孪生技术支持智慧图书馆知识价值重组，实施信息组织结构重建，推动智慧图书馆信息传播竞争力的提升。未来智慧图书馆的发展，更加依赖虚实融合的智慧化知识体系。通过创造智慧化知识体系，智慧图书馆数字化理论得以丰富和完善，进一步明晰了智慧图书馆高质量发展的愿景，为智慧图书馆的未来指明发展方向。

第七节　元宇宙环境下面向数字虚拟资源管理的智慧图书馆建设与发展

信息技术的进步，促进了世界科技革命和国际产业变革的蓬勃发展。虚拟现实技术是信息技术中的新生力量，目前，智慧图书馆的发展尚处于初级技术实施阶段，信息服务的智慧化发展一直受到时空条件的限制。2021 年以来，元宇宙的出现打破了现实世界与虚拟世界的界限，赋能智慧图书馆信息服务延伸至虚拟空间，为智慧图书馆带来了更多的机遇与挑战。

一、以元宇宙为载体，实现智慧图书馆数字虚拟资源的升维再构

在元宇宙技术支撑下，智慧图书馆打造虚实相融空间，成为智慧图书馆元宇宙外在重要表现形式。虚实相融贯穿智慧图书馆视觉再现、交流互动、价值转化等各个领域，形成、过渡、发展、虚实相融将会促进智慧图书馆数字资源多模态管理并发生连续性重构。元宇宙技术打破了现实空间的有限性和时间的线性，使元宇宙信息资源能够实现虚实空间之间的交流互动，进而促进虚实时空跳转，这为智慧图书馆信息资源跨越时空实现虚实融合提供了保障。运用扩展虚拟现实、数字孪生、区块链等技术，为智慧图书馆提供沉浸式体验、虚实交互、去中心化交易，推动智慧图书馆身份系统、社交系统、经济系统的虚拟化运行。

相较于互联网技术对智慧图书馆物理空间的改造，元宇宙技术赋能智慧图书馆能够构建一个平行于现实世界、相对独立的虚拟空间。智慧图书馆运用互联网技术能够做实际存在的事情，而智慧图书馆利用元宇宙技术能够做各种各样的事情，我们认为，互联网技术是一种改造智慧图书馆的工具，而元宇宙技术则是创新智慧图书馆发展的新型社会形态。作为一种新型社会形态，元宇宙技术可以促进智慧图书馆构建更精细的生产系统、经济系统、社交系统等基础性框架体系，通过互操作性功能，促进信息用户运用自己的数字化身与虚拟空间的数据要素进行跨时空交互。元宇宙特征表现促进智慧图书馆发展主要表现在三个方面。

（一）时空延展性

在元宇宙技术支持下，智慧图书馆时空特征得到深入延展，形成了超越现实时空的虚拟空间。智慧图书馆融入虚拟空间，进行深入的沉浸式体验，推动社区交流互动，实施资源再造，从实践行动上产生了良性的智慧化服务效果，并将服务效果的影响力反馈回现实空间。

（二）人与技术的融合性

读者通过数字化身在虚拟空间内与数字虚拟资源进行沉浸式互操作，

数字化身与现实真身相互映衬，数字化身发出体验感受，呈现情绪态度，实施行为动作，均可传感至现实真身，同向同行。

（三）经济增值性

元宇宙技术已经成为促进智慧图书馆经济增值的重要生产工具。在元宇宙技术支持下，智慧图书馆经济呈现多层次、协作性、开放性发展态势。在区块链技术加持下，建立数字身份认证体系，对智慧图书馆数字经济体进行身份认证，实施无障碍联动实现智慧图书馆经济的发展；形成虚实转化闭环，促进智慧图书馆经济转型。

元宇宙虚实融合的技术特征和去中心化的认知理念将会深入影响智慧图书馆的数字资源管理与知识服务方式，革新细分智慧图书馆的身份认证、数据创造、交互交易等功能；元宇宙的虚拟场景入口准则将会逐渐从智慧图书馆的泛化管理转向垂直管理。对于智慧图书馆的资源管理来说，需要应用元宇宙技术对来源不同、分散无序的信息进行聚类、融合和重组。如何实现智慧图书馆信息资源的全视角、立体化呈现？如何利用智慧图书馆数字虚拟资源实现读者阅读的沉浸式体验？为解决这两个实际问题，智慧图书馆需要以元宇宙技术为基础，构建适应数字资源发展的虚拟应用场景，规划智慧化服务途径，规避经济运行风险，畅想元宇宙空间虚拟资源管理与知识服务融合发展前景。

二、面对数字虚拟资源管理，实现智慧图书馆元宇宙技术的应用与建构

由于元宇宙的出现，智慧图书馆数字虚拟资源成为资源管理的重要组成部分。数字虚拟资源管理包括资源的购置整合、传播发布、阅读服务、运行安全等内容。当前，智慧图书馆在运行过程中，存在资源整合不一致、服务类型单一、信息身份确权不准确等问题。作为一种代表先进社会的形态，元宇宙的社会应用功能为智慧图书馆数字虚拟资源管理提供了优化空间。在元宇宙技术背景下，智慧图书馆数字虚拟资源管理必须创新发展，分析元宇宙底层技术融合数字虚拟资源的应用，以此确定和完善数字

虚拟资源管理的潜在路径。

（一）数字虚拟资源的多源类聚和知识场景整合

在元宇宙技术支持下，智慧图书馆可以对数字虚拟资源进行规划标引，建立虚拟数字资源逻辑关联体系，实现数字虚拟资源在语义、知识交互上的整合。当前，智慧图书馆装备的数字资源、采购资源、网络资源，在组织结构和内容形式上存在差异，分化程度明显。对于智慧图书馆资源管理和信息应用来说，如何合理调整多源化数字资源，对数字虚拟资源进行细致分类，是非常重要的。从发挥底层技术优势来看，数字虚拟资源的多源聚类需要在知识语义方面构建交互协议标准，按照标准要求建立资源间的语义链接，形成互操作行为。从数字技术的应用效果来看，可以将不同来源的数字虚拟资源聚集在同一个虚拟场景下，进行统一的元宇宙叙事处理，即遵循互交协议标准，并在此基础上实现智慧图书馆知识场景整合的互联互通。

（二）数字虚拟资源的再造重组和人工智能生成

在元宇宙技术支撑下，智慧图书馆首先形成规范性编码并构建数字虚拟空间；其次把经过资源聚类形成的知识信息进行整合并基于不同类型数字虚拟资源图谱关系进行资源的再造重组，形成不同类别数字资源间的虚拟体与空间场景的关联。如现实生活中客观存在的实体读者，在智慧图书馆数字虚拟资源中具备多元化的身份关系。基于对数字虚拟资源的跨时空关联挖掘，结合元宇宙构建知识形态的方式进行智慧图书馆资源虚拟再生体的人工智能生成，进行经过聚类的资源虚拟体的关联性跳转，从信息流通和发布上实现数字虚拟资源的融合应用。

（三）数字虚拟资源的流通共享和确权认证

在元宇宙虚拟空间里，智慧图书馆数字虚拟资源面临着流通共享和版权确认的问题。元宇宙以区块链作为支撑数字虚拟资源进行流通共享和版权确认的底层技术，在助推数字虚拟资源流通上进行非同质化代币系统的认定，一方面为现实资源流通确定技术支撑程度，另一方面为数字虚拟资源交易和利益获取提供规范与智能管理。元宇宙赋能智慧图书馆高质量发展，不仅有利于数字虚拟资源流通向共享化方向发展，资源权益得以维护，还有利于进一步拓展数字虚拟资源衍生利用范围和挖掘数字虚拟资源价值的深度。

三、发挥元宇宙底层技术功能，实现智慧图书馆的转型发展

（一）基于数字虚拟资源整合标引的知识再构

对数字虚拟资源解构的目的是实现对数字虚拟资源的再构。数字虚拟资源再构的过程如下：首先，对自建资源、采购资源、网络资源进行整合处理，对资源进行元数据标引，在本体语义的基础上实施各类资源的关联，构建多模态资源融合平台；其次，以知识资源图谱为依据，设置资源虚拟元素，建立数字孪生知识应用场景；最后，推送数字虚拟资源进入虚实交融空间，实施虚实资源交互，实现数字虚拟资源的流通、共享。在整个再构过程中，数字虚拟资源细化的“颗粒度”决定了数字虚拟资源管理的多元化和灵活性。首先，进一步细化数字虚拟资源组织结构的“颗粒度”。依据本体技术对资源的概念、属性及匹配关系进行描述，以此保障数字虚拟资源的利用与再创造。为了保障实施融合计算，还需要对数字虚拟资源的知识结构进行本体化改造，一般情况下运用“知识项＝事实＋规则＋概念”模式进行改造。其次，数字虚拟资源组织网络关联度需要进一步加强。对资源进行本体化描述完毕，需要进一步对资源的组织网络关联进行再组织，主要是将原先的资源知识结构序列按照新的组织逻辑结构和语义关联关系进行排列。

由此可见，数字虚拟资源组织管理“颗粒度”越细致、组织网络关联度越强，知识再构的方式就越多元，灵活性也越高。元宇宙环境下的数字虚拟资源关联查询、跨域流通、深度挖掘、交互发布具有无限拓展、无限延伸的空间。我们可以将抽取出来的各类数字虚拟资源本体作为元宇宙虚拟空间中的基础储备，为智慧图书馆虚拟空间虚实融合的交互应用提供底层基础保障。在元宇宙环境下，知识再构不仅加深了读者在智慧图书馆虚

拟空间中的沉浸式体验，让原本处于单模状态的数字资源能够以高维逼真的模态呈现，而且在资源运用场景开放与资源身份联通的基础上强化了不同类型虚拟资源的关联，提高了虚拟资源的可视化程度，带给读者深入的沉浸式阅读体验。

（二）基于数字虚拟资源知识图谱和事理图谱的场景构建

元宇宙技术特征表现对应着数字虚拟资源管理中的多模态虚拟空间建设、多维人机交互规划和资源版权认证。其中，多模态虚拟场景建设是时空与资源互联的虚拟建模，即精炼数字要素，构建知识和事理图谱，以此形成智慧图书馆元宇宙空间场景。在元宇宙空间场景中，可以依据物理空间的可视化建模方式构建时间和事理虚拟关联的模型结构。

元宇宙一方面逼真模仿现实世界的时空规律；另一方面打破常规，跨出现实空间的边界限制，实现虚拟时空新飞跃。在元宇宙技术的支撑下，智慧图书馆虚拟空间场景的知识图谱和事理图谱在节点与边界关系上数量普遍增多并呈成倍增长的趋势。在节点上，元宇宙技术实施虚实融合，带动了智慧图书馆实体数量的增长，推动了实体属性的多元化发展。在边界关系上，智慧图书馆元宇宙空间是弹性的、无限的，有更多的机会、更多的选择供用户切换信息与探索知识。

以数字孪生技术为支撑，提升智慧图书馆空间场景的虚拟化程度；以开放编辑为模式，理顺智慧图书馆物理空间结构，进一步实施纪实资源虚拟空间场景的构建；运用增强现实技术，对比现实场景与虚拟场景中的数字资源，促进资源动态效应的有效发挥，产生虚拟沉浸式体验的知识应用效果。对于时间数据要素，跨越时间的概念描述完全可以与现实时间同步，还具备加速和回溯功能，甚至可以设置多条路线平行运行，在促进数字虚拟资源从不同场景内切换上发挥指导作用。

在技术关系层面，数字孪生、虚拟现实、虚实相融技术支持智慧图书馆虚拟空间场景建设，在同类场景之间或类间场景之间均可以时间、主体或事理逻辑关系进行关联，进行多模态场景建模工作。其中，基于事理逻辑的场景建模能够形成系列资源或多元资源有序排列的叙述模式，而且能够串联碎片化信息，依据事理逻辑关系对无序资源进行场景排序和融合。此外，可穿戴设备的使用为智慧图书馆虚实资源融合提供了技术支撑，国内已有一些智慧图书馆创造并提供了“可穿戴图书”，用户检索利用“可穿戴图书”能够感悟书中的人生哲理，促进虚拟空间沉浸式体验从视听层面深入到了感知层面。①

目前，阶段性打造孪生化智慧图书馆应用场景更具可行性。一方面，运用虚拟现实技术，便于读者检索资源，与虚拟数字人进行交互，在虚拟空间内实现沉浸式阅读学习；另一方面，运用增强现实技术进行数字虚拟信息叠加，拓展数字虚拟资源，补充视听信息，关联场所区域内容。从长远目标来看，实施数字资源虚拟化场景建设，有利于读者身份的虚拟化认证。有关智慧图书馆虚拟资源知识图谱和事理图谱的制定与管理工作仍任重道远。

（三）基于数字虚拟资源虚实空间的交互操作

元宇宙强调人机的融合性。在元宇宙环境中，真身和化身跨时空互交，读者虚拟化身在智慧图书馆虚拟空间中借阅了一本数字图书，读者真身进入图书馆现实空间遇到该馆员的化身，馆员化身依据数字记忆及读者阅读爱好向其推荐相关联的数字图书，这是智慧图书馆虚实资源循环交互的体现。智慧图书馆实施人机互交，打破了现实空间与虚拟空间的边界限制，通过“两身合一”的交融体验，实现数字虚拟资源的无缝对接和紧密切换。从目前的发展状况来看，数字虚拟资源的交互运作和创新管理在沉浸式交互与叠加式交互上还需进一步促进和加强。

智慧图书馆实施元宇宙化建设，促进虚拟资源进行沉浸式交互。具体来说，用户通过虚拟现实设备进入虚拟场景。该场景具有智慧化特征，可通过非玩家控制角色实施数字虚拟资源检索、再造的交互性服务。在智慧图书馆原有储备资源上叠加多模态信息，实现叠加式数字虚拟资源的成功

① 新民晚报．“可穿戴”小说在美问世[EB/OL]．[2021－10－30]．http://xmwb.xinmin.cn/html/2014－01/30/content_15_1.htm.

推荐，需要注重对现实资源纵深的挖掘，通过多模态资源配置解决现实空间受限问题，以展现智慧图书馆资源交互的维度。在人机融合的过程中，数字虚拟资源源于真身语言表达和阅读活动轨迹的数据记录，并以真身与化身融合的方式实施决策从而形成数据反馈。脑机接口技术的升级，使得真身的行为记忆、知识存储、心得体会等产生的数据均可被获取。在获得真身大脑数据许可的情况下，数字虚拟资源的数据量将会更丰富，数据庞大的数字虚拟资源平台将会即时出现，并能够在开发多模态数字虚拟资源、满足读者个性化需求上发挥重要作用。

综合来看，智慧图书馆实施人机融合，构建数字虚拟资源管理系统，将会基于真身大脑，进行意图思维、信息创造和知识重组，以虚拟数字人的身份服务虚拟空间的信息检索和资源流通。脑机接口技术的应用，使读者在产生需求时，无须通过组织程序输出诉求，而是直接对接需求意图，找准问题进行解答结果输出，并考虑读者的知识和认知水平，为满足读者信息需求进行量身定制式信息再造和信息输出。

第六章　元宇宙智慧图书馆建设

第一节　沉浸理论视角下的智慧图书馆元宇宙化发展

一、沉浸理论

沉浸，是指人将精力投入某一情境中，远离不相关的人、事、物，进入纯粹状态的思维投入。随着现代科学技术的快速发展，沉浸理论发展方向已从现实空间延伸至虚拟空间，如智慧图书馆创新发展智慧化服务模式，运用元宇宙技术，基于虚拟空间场景，注重培养读者的阅读兴趣，提供沉浸式阅读服务，取得明显成效。由此可见，智慧图书馆运用沉浸理论，刻画虚拟数字人形象，支撑虚拟数字人面向虚拟知识服务，提升读者阅读学习的沉浸感，增强读者参与阅读推广活动的积极主动性[①]。

沉浸理论的出现，促进了具身认知理论的发展。具身认知理论以思维认知为依据，关注身体触觉体验与心理感知之间的关系，分析研究人的自我认知融入周围环境产生协同作用问题。具身认知理论与沉浸理论一脉相承，异曲同工。智慧图书馆借鉴沉浸理论精细化特征，采用具身认知理论的研究方法，赋予用户沉浸式的智慧化服务环境，将丰富多彩的信息内

---

① 徐娟，黄奇，袁勤俭．沉浸理论及其在信息系统研究中的应用与展望[J]．现代情报，2018(10)：157－166.

容、深层次的环境氛围体验融入知识理论研究。通过创新型的智慧化知识服务，让用户感受到虚拟空间沉浸式阅读学习体验，用户运用具身认知理论也能达到沉浸理论阐述主体自身感受、实践体验与知识情境的广泛交互目的，这为用户主动参与智慧图书馆知识服务、提高阅读学习效率提供了理论指导。

二、智慧图书馆元宇宙化的表现特征：沉浸式阅读学习体验

21 世纪初，沉浸式阅读学习广泛流行于世界各地，教育、社会、心理等方面的沉浸理论具备了深刻的学理内涵。用户进行阅读学习获得沉浸式体验，其经验之谈均可用沉浸理论概述，但沉浸理论并不完全涵盖沉浸式体验中表现出的智慧图书馆具体现象，如“增强现实”“虚实融生”等沉浸式体验需要技术性强的元宇宙理论支持。

（一）智慧图书馆沉浸式阅读学习体验的技术基础

从技术先进性程度来看，元宇宙技术体现了现代技术的先进性，将 5G、云计算、人工智能、区块链等技术进行整合、换代升级，形成 3D 互联网组合，技术能力快速提升，技术的先进性明显体现。为此，智慧图书馆创新发展智慧化服务模式，为用户提供沉浸式阅读学习体验，需要元宇宙技术，尤其需要 5G、云计算、人工智能等现代通信技术的鼎力支持。通过构建沉浸式视觉、听觉、触觉环境，帮助用户在虚拟空间内沉浸式阅读学习。

（二）智慧图书馆沉浸式阅读学习体验的实践基础

随着智慧图书馆发展走向成熟，图书馆有机体的生长潜质逐渐显现出来。有机体的生长性、成熟性促进了智慧图书馆形态和理念发生转变，通过满足用户个性化需求、提高知识服务效率推动智慧图书馆高质量发展。智慧图书馆通过提升知识服务的上线率，增加知识服务的游戏化比例，促进沉浸式阅读学习向深度体验延伸，也为其组织开展阅读推广活动奠定了实践基础。

1. 智慧图书馆沉浸式线下游戏服务

将线下游戏服务与线下知识信息服务相结合，助推智慧图书馆新式服务活动出现。相较于传统图书馆，智慧图书馆新式服务活动的沉浸式体验程度更加深入，能强烈吸引用户进行感官阅读；并且，智慧图书馆新式服务活动具有运行成本低、低门槛融入等特点。2003 年，美国纽约市立大学组织开展了“加入图书馆体验冒险闯关”活动，大学生通过参加解谜游戏，获得沉浸式冒险闯关体验，提升了独立处理问题的能力；2016 年，中国人民解放军海军指挥学院图书馆组织开展了以“战友一起向前进”为主题的知识检索竞赛，将沉浸式检索、阅读、学习知识发挥到极致，提高了指战员遇事沉稳、灵活应变的能力。由此可见，智慧图书馆沉浸式线下游戏服务是以组织开展实践活动为基础的，为智慧图书馆沉浸式线下游戏服务提供了充足的实践经验，促进线下游戏服务内容预设、场景布置、情节规划质量稳步提升。

2. 智慧图书馆沉浸式在线游戏服务

随着元宇宙技术的快速发展，Web 3.0 技术横空出世。Web 3.0 技术支持沉浸式游戏开发，因此，Web 3.0 游戏产品层出不穷，逐步开启了“三维虚拟人生”游戏模式，主要内容是在网络中共同建造学习、生活、社交的最大公共虚拟现实空间，吸引社会公共服务机构进驻，营造生态文化空间氛围。由此可见，在元宇宙环境下，智慧图书馆需要主动融合新生技术力量，抓住技术先进性，拓宽现实空间视野，融合虚拟空间资源，突出职业属性，创造新的增长点，为智慧图书馆沉浸式阅读学习体验深层次推进奠定基础。

（三）智慧图书馆沉浸式阅读学习体验的建设途径

随着元宇宙元年的到来，元宇宙在社会上广泛流行，也得到了全社会的关注。我国图书馆界拓展思维，以实事求是的态度借鉴、运用元宇宙理论，将沉浸式阅读学习体验作为智慧图书馆实施元宇宙化建设的起点，并逐渐成为人们关注的焦点。

1. 智慧图书馆虚拟数字人建设

在元宇宙环境下进行智慧图书馆虚拟数字人的规划建设和服务实践是智慧图书馆构建虚拟空间、实施元宇宙技术融合的结果。实施虚拟数字人在虚拟空间的知识服务实践，体现出虚实融合、沉浸体验、个体规制等具体表现，能够通过语言交流、行为交互、知识服务等表达高尚的情境识别和情感认知，在用户思维中形成情感链接，促进用户享受沉浸式知识服务，以此强化智慧图书馆的认同感和用户的归属感。

2. 智慧图书馆沉浸式虚拟空间建设

元宇宙时代的到来，为智慧图书馆沉浸式虚拟空间建设带来更加有利的发展机遇。建立虚拟空间数据库，实现空间资源数字化，是沉浸式虚拟空间建设的第一步。同时，智慧图书馆的馆藏资源结构复杂，既有图书、古籍、报刊、拓片等文献，又有自购数据库、自建数据库等结构化数字资源，这些都是沉浸式虚拟空间建设的原始数据资源。为此，要求将智慧图书馆内的物理馆藏、数据资源、网络资源统一纳入沉浸式虚拟空间范畴，构建音频、视频数字资源形式，参与知识服务创新活动，实施游戏沉浸式虚拟情境规划设计，以此加深用户阅读学习的沉浸式体验感。

3. 智慧图书馆沉浸式知识服务建设

在元宇宙技术支持下，绘制沉浸式知识导航图谱。依据沉浸式知识导航图谱，绘制用户虚拟画像，分析用户需求情况。设计游戏规则，以积分闯关的方式进行沉浸式互动。加强沉浸式信息咨询力量，通过元宇宙技术，将传统信息咨询模式转化为智慧化参考咨询模式。创建沉浸式创新平台，用户根据阅读学习的资源需求状况使用虚拟数字资源、创造虚拟空间场景，在沉浸式创新平台上进行智能操作、实践模拟、创新学习等活动。

随着国家技术规范的进一步完善，智慧图书馆信息用户和数字资源资本得到逐步加持。推动智慧图书馆元宇宙化建设与发展，需要开展元宇宙环境下智慧图书馆的运行机理研究。目前，我国图书馆学界对智慧图书馆运行机理的研究集中在图书馆与元宇宙融合的基本属性、信息用户意向表达、技术支撑等方面，图书馆学理论工作者需要从本源出发，辩证地看待技术与人文的关系，促进虚实空间高度融合，深化智慧图书馆元宇宙化研究，为智慧图书馆学理论研究打好基础。

三、沉浸理论视角下智慧图书馆元宇宙化的人、场、物重构

实现用户在智慧图书馆内进行信息虚拟交互需要元宇宙技术的支持，通过技术升级增强智慧图书馆知识服务的沉浸感，通过强化技术职责拓展智慧图书馆阅读推广活动的广度。为此，以沉浸理论为基础，在智慧图书馆元宇宙化形成的过程中重构人、场、物要素，对其具有重要的价值意义。

（一）沉浸式智慧图书馆人、场、物要素的重构

在元宇宙空间内，虚拟化身身份是独立的，与现实真人的身份平行存在。通过全息映射技术的复制，虚拟化身获得与现实真人一致的虚拟体验效果，所有虚拟体验都是围绕虚拟化身身份展开的，这种对虚拟个体的映射与复制是元宇宙空间中特有的特征表现形式。人作为智慧图书馆元宇宙化的虚拟主体，基于沉浸理论对人进行重构，将人映射为具有真人情感特征的数字人，已被智慧图书馆在元宇宙空间内合理使用。

智慧图书馆实施元宇宙化建设，并不是要弥补实体空间的缺陷，而是要建构一个平行于实体空间的全新场景。智慧图书馆构建虚拟空间有两种途径：一是运用数字孪生技术，映射或复制现实空间场景，构建相对应的虚拟空间场景；二是以人工智能技术为支撑，创造生成超越现实空间的新的虚拟场景。因此，为了达到沉浸式体验的效果，智慧图书馆并非简单地复制现实空间场景，而是要创造出新的、超越现实空间内容的沉浸式虚拟场景。智慧图书馆以满足用户需求为目的，通过构建一个数字孪生的应用场景，提供智慧化服务，构建用户与馆员、用户与用户交流互动的人际关系。物的重构是将现实信息映射至虚拟空间，促进用户自主创造新的信息，提高物在元宇宙空间之外的作用效果。

（二）沉浸式智慧图书馆人、场、物关系的重构

智慧图书馆构建虚拟空间，要求智慧图书馆知识信息服务从流通、传播到反馈具有一个缜密的逻辑关系，培养用户信息创造力。满足用户需求，不仅仅是协助用户获取信息，更重要的是通过实施信息沉浸式交互赋予用户管理虚拟空间场景和创造知识信息的权利。元宇宙的出现，使智慧图书馆实施元宇宙化建设，并在此基础上形成用户与图书馆良好互动的局面，也给用户感受沉浸式体验创建了合适的生态环境。为此，智慧图书馆实施元宇宙化建设，需要重构人、场、物关系。

重构人与场的关系，重点是突出人权观，赋予用户更多权利，以调动用户改造知识场景的积极性。确定虚拟空间区块，在区块上实施场景改造，由区块链管理者进行检测，若检测合格则说明场景改造成功。赋予用户权利，改造知识场景，进一步增强了用户参与智慧图书馆信息活动的沉浸感。

重构人与物的关系，重点是培养用户的创造力和参与服务获取知识的能力。在元宇宙技术支持下，智慧图书馆内藏数据越来越丰富，其中，一部分来自用户自主创造的信息数据。智慧图书馆元宇宙化，其空间数据来源于两种途径。一是来自现实空间的输出数据。通过全息映射技术，将现实信息引入虚拟空间，用户以虚拟数字人的身份获取信息，通过虚拟空间场景呈现信息。二是来自用户利用虚拟空间环境自主创造的信息。元宇宙技术为用户创造信息提供了良好的空间环境，智慧化服务成为用户创造信息的基础保障。用户在虚拟空间中自主产出信息，成为智慧图书馆创新发展的强劲动力。

在智慧图书馆中，物能够提供四种服务。一是提供信息流通服务，确保用户顺利获取信息。这是一种基本服务功能，利用元宇宙空间环境，用户获取个性化虚拟信息资源成为可能。二是提供信息咨询服务，确保用户的学术研究顺利开展。回应和解决用户的信息诉求是智慧图书馆智慧化服务的重要内容，通过参考咨询服务确保用户的信息诉求得到理解和解决，使用户获取知识信息、进行学术研究无后顾之忧。三是提供信息消费服

务，确保知识产品畅销。发挥非同质化代币不可复制功能，使其成为智慧图书馆信息虚拟消费的货币代用品。以区块链技术为支撑，促进知识产品的身份认证，形成元宇宙化知识信息产品，实现信息消费服务的最大效益。四是提供网络化社交服务，保障社会民众广泛参与信息交互活动。发挥元宇宙强社交功能，将智慧图书馆打造成一个喜闻乐见、花样繁多的公共社交场所；组织社会民众以虚拟身份参与智慧图书馆的社交服务，充分享受社交服务带来的沉浸式体验。

重构场与物的关系，要重点处理好存储信息和流通信息之间的关系。智慧图书馆为了使信息数据更安全，将信息数据保存在区块链上，便于更多信息被收集、被创造，丰富元宇宙空间，提供更快捷的虚拟知识信息服务。

（三）沉浸式智慧图书馆发展策略

1. 加大虚拟现实/增强现实技术的加持力度，提升智慧图书馆的沉浸感

智慧图书馆构建虚拟空间，丰富空间内容，需要虚拟现实/增强现实技术的支持。在元宇宙的推动下，虚拟现实/增强现实技术已经发展得非常成熟，智慧图书馆运用虚拟现实/增强现实技术实施元宇宙化建设也已经取得显著成效。图书馆学理论工作者紧紧抓住现代科学技术快速发展的时机，从资源建设、文献流通、参考咨询、阅读推广等方面进行实践研究，充分运用虚拟现实/增强现实技术，增强智慧化服务的沉浸感，为智慧图书馆高质量发展打下了坚实基础。虚拟现实/增强现实技术的成熟发展，促进智慧图书馆基层设施升级换代，以及底层设备使用普及化。智慧图书馆要充分运用虚拟现实/增强现实技术，促进用户以第一人称的身份进入虚拟空间，全视角浏览场景、全方位使用基础设备，进一步增强智慧图书馆知识服务的沉浸感。

2. 重视智慧图书馆服务均等化建设，增强用户的沉浸感

传统图书馆实施知识信息服务，实体空间是主阵地，但由于时空条件

对实体空间限制程度较大，图书馆服务受众情况不平衡，服务均等化建设无法真正实现，用户分享知识服务的沉浸感无法持续深入。元宇宙具有高互通性和强移植性功能，元宇宙技术支持智慧图书馆知识服务均等化建设。元宇宙空间知识服务应用场景的底层是物理层。以元宇宙底层物理设备为基础，实施知识信息的远程传递服务。借助增强现实技术，突破现实空间限制，提供均等化服务，增强用户沉浸感。肖珑在国际图书馆协会联合会活动中提出，智慧图书馆需要清醒地认识到信息收集与使用存在贫富分化问题，要通过提供均等化服务消除不同区域、不同国家之间的差距。[①] 同时，提升图书馆馆员综合能力能够提高智慧图书馆服务质量，馆员的综合能力是智慧图书馆内涵核心内容的体现，对智慧图书馆长久性提供均等化服务至关重要，不同类型图书馆的馆员综合能力也存在着较大差异。

元宇宙智慧图书馆需注重虚拟场景建设，通过虚拟资源向社会提供均等化服务。强化虚拟场景的规划，培育专业场景，培养或引进专业技术人才，提高均等化服务标准，提供高质量智慧化服务，增强用户的沉浸式体验感。

3. 强化智慧图书馆社群建设，优化社会民众的沉浸感体验

在图书馆发展史上，图书馆始终发挥着启蒙教育、增强民智的作用。智慧图书馆接续保持教育功能，并突破功能限制，创新发展新的教育模式。元宇宙发挥强大的社交功能，强化智慧图书馆信息交互属性，把智慧图书馆建设成强社交性的虚拟信息互交场所。在元宇宙技术支持下，智慧图书馆构建虚拟空间场景，增强场景的沉浸感，提高社会民众参与社交活动的积极性，增强智慧图书馆的社交性。智慧图书馆发挥社交属性的高强度作用，组建虚拟空间社交群体；发挥信息交互沉浸作用，促进社交群体的交流互动；组织用户广泛参与阅读推广活动，分享知识，体会阅读；积

---

① 饶权，麦肯齐，莱特纳，等．弥合数字鸿沟　促进数字包容：信息社会中图书馆的新使命[J]. 图书馆杂志，2021，40(2)：4－19.

极创建知识场景，提升智慧图书馆创造生产信息的能力，以高超的学术水平向用户提供参考咨询服务。

4. 提升智慧图书馆功能成效，构建元宇宙超现代文明体系

元宇宙未来发展目标是构建世界文明体系。将虚拟资源文化融入智慧图书馆元宇宙建设，积极构建智慧图书馆文明体系，促使智慧图书馆成为世界文明体系重要的组成部分。因此，智慧图书馆发挥虚拟空间知识服务的作用，创新工作方法，保护人类文化遗产。智慧图书馆实施元宇宙化建设，将社会实践知识以数字化形式保存下来，成为元宇宙技术支撑下的永久精神财富。通过智慧图书馆的虚拟存储空间，将元宇宙发展过程中创造出来的新精神产品以数字化的形式保存起来，助力元宇宙文明体系的构建，有利于智慧图书馆文明体系目标的实现。

第二节　元宇宙智慧图书馆的内涵、技术与实现路径

一、在元宇宙时代，智慧图书馆遇到的现实挑战

智慧图书馆具有新式的生态系统结构。智慧图书馆是集资源、服务、技术于一体的集合体，是馆员与读者融合的智能协作体。元宇宙时代的到来，扩大了智慧图书馆的服务范围，为其智慧性提高提供了更多的可能。然而，在发挥价值功能的同时，智慧图书馆也遇到了前所未有的挑战，主要包括以下三个问题。

（一）虚拟空间数据安全问题

在元宇宙技术支持下，智慧图书馆信息资源呈现虚拟化、多元化发展态势。然而，信息资源标准化建设日益成为难以解决的问题。智慧图书馆在进行虚拟空间信息资源交互时，技术支持信息采集、存储、流通存在许多不确定性。在元宇宙技术支持智慧图书馆发展的过程中，突然发生的变化和设备出现的故障都有可能引发信息数据丢失；有时还会出

现由于基础设备老化或新设备更新慢，数据流通缓慢、信息使用效率低的问题。目前，多由于虚拟空间信息交互使用的网络频带较窄，当多个用户同时登录智慧图书馆时，会影响用户协作效果，降低信息交互体验沉浸度。

（二）知识服务的智慧化建设问题

知识服务的智慧化发展是智慧图书馆元宇宙化建设的关键，也是智慧图书馆创新发展的前提保障。智慧化服务实施于智慧图书馆虚拟环境中，由于虚拟身份转换不及时，馆员缺乏对知识服务的正确认知。同时，由于资金到位不及时或资金严重缺乏，建设实施者左右为难，在如何更好地建设智慧图书馆上存在模糊认识。随着智慧图书馆逐步向社会开放，不同社会性质的用户在资源获取利益上出现了差异，增加了信息资源输出的复杂性，使智慧图书馆在提供知识服务时越来越难以做到均等化。如何实现知识服务的智慧化，满足不同性质、不同行业用户的信息需求，仍然是一个巨大的挑战。

（三）信息用户之间的互动问题

一直以来，智慧图书馆都是执行“单一用户服务制度”，欠缺同时对多用户服务的能力，导致用户交流少，对知识服务的认识存在偏差。大多数智慧图书馆始终遵循业务部室归口负责制度，资源建设部只负责资源采编、典藏，文献流通部只负责借阅流通，部室之间缺少沟通、合作，团队意识不强，全局眼光短浅。要达到智慧化开放、包容的目的，还需要进一步努力改进。

二、元宇宙智慧图书馆的新时代内涵

（一）元宇宙赋能智慧图书馆的理论逻辑

近年来，随着元宇宙理论的快速发展，智慧图书馆高质量发展研究受到业内人士的高度关注。范并思分析研究“图书馆人”，探讨智慧图书馆实施元宇宙化建设的重要意义，建议科研工作者更多关注元宇宙研究，进一步推动智慧图书馆元宇宙化建设，促进智慧图书馆知识服务的广泛应用。① 李菲菲提出，发挥区块链技术身份认证和权益管理的作用，构建适宜智慧图书馆高质量发展的虚拟空间环境。② 董同强和王梅提出，以元宇宙理论为参照，构建智慧图书馆生态体系，为智慧图书馆元宇宙化建设提供适宜的发展环境。③ 智慧图书馆的元空间既是一种技术的体现，又是一种新思想、新方法的体现，为元宇宙智慧图书馆的建设与发展提供了新的思路。我们在前人研究的基础上，探索元宇宙环境下智慧图书馆的转变发展之路，对于建设元宇宙智慧图书馆具有重要的理论指导意义。

以元宇宙技术为支撑，构建元宇宙虚拟智慧空间，充分体现了智慧图书馆实施元宇宙化建设的价值归属感。建构元宇宙虚拟智慧空间，突破了现实空间约束，有利于知识体验沉浸感强的智慧图书馆元宇宙场景的形成。Messinger 等认为，以元宇宙技术为支撑，已经实现了对现实空间的虚拟孪生。以互动感知为前提条件，实现虚拟现实融合，生成知识信息交互的视觉、听觉及触觉感官效应，产生的这类效应已延伸至智慧图书馆的运作中；元宇宙的出现，革新了传统图书馆的运作方式，重建了虚拟空间场景环境，催生了新型价值观。④ 在元宇宙理论背景下，虚拟现实表现出强势的技术能力，应元宇宙时代要求，通过创新改造虚拟建模，实现虚拟化身的高度仿真，提供给用户现实空间无法超越的沉浸式深度体验。

Ryskeldiev 等认为，在元宇宙技术的支持下建构虚拟空间具有持久性、连续性特点，映射现实空间信息资源地址，建立虚拟现实链接关系，实现现实虚拟资源共享；同时，能促进用户的虚拟化互动，在虚实融合中实现

---

① 范并思. 图书馆元宇宙的理想[J]. 中国图书馆学报,2022,48(6):40－42.

② 李菲菲. 区块链技术驱动的数字图书馆管理模式创新研究[J]. 图书馆学刊,2021,43(9):90－94.

③ 董同强,王梅. 虚实融生:元宇宙视角下智慧图书馆的未来生态图景[J]. 图书馆学研究,2022(5):20－25.

④ MESSINGER P R, STROULIA E, LYONS K, et al. Virtual worlds－past, present, and future: New directions in social computing[J]. Decision Support Systems, 2009, 47(3): 204－228.

对知识信息的沉浸式体验。① Mystakidis 认为，元宇宙具有开放性、包容性特征，是一种组织结构严密的社会形式，能够实现合作团队本质上的转型，能够实施人类社会的虚拟化服务，为此受到人们的普遍关注。② 徐娟和马瑞祾认为，智慧图书馆运用沉浸理论完全可以为虚拟数字人面向信息交流、阅读学习、知识服务等提升虚拟资源的获得感、阅读推广活动的参与感，把更多机会提供给用户，促进用户积极主动地进行信息交流。③ 蔡迎春等深入分析研究了智慧图书馆价值理念，总结出智慧图书馆实施元宇宙化建设，需要持续加强技术支撑和技术创新，借助元宇宙技术优势创造新式虚拟空间，形成强交互、深沉浸的虚拟环境；依据元宇宙强大的技术优势，实施更强劲的信息交互应用，推动智慧图书馆知识服务向深度沉浸方向发展；根据元宇宙理论，运用虚拟现实和人工智能技术实现知识服务的智慧化发展，利用脑机接口和影像模拟技术提升用户阅读学习体验沉浸感，凭借智能型机器设备和智慧化思维进行虚拟空间的构建。④

（二）元宇宙智慧图书馆的内涵

运用虚拟现实/增强现实技术，将元宇宙智慧图书馆虚实空间融合在一起，实现实体技术和虚体技术的协调发展；运用可视化技术，实现虚拟世界和现实世界的融合转换；实施全息影像交互技术，实现虚拟化身与现实真身的互动，极大提升用户虚拟资源和阅读学习的沉浸感。元宇宙智慧图书馆支持用户跨时空信息交互，通过智慧化服务让用户沉浸式体验畅游知识海洋。在映射成像技术的支持下，元宇宙智慧图书馆运用虚拟资源直接冲击用户视角，促进用户产生强烈的交互式体验。

---

① RYSKELDIEV B, OCHIAI Y, COHEN M, et al. Distributed metaverse: Creating decentralized block chain based model for peer – to – peer sharing of virtual spaces for mixed reality applications[C]// Proceedings of the 9th Augmented Human International Conference. Seoul: ACM, 2018: 1 – 3.

② MYSTAKIDIS S. Metaverse[J]. Encyclopedia, 2022, 2(1): 486 – 497.

③ 徐娟，马瑞祾. 数字化转型赋能国际中文教育高质量发展[J]. 电化教育研究，2023(10): 79 – 82.

④ 蔡迎春，严丹，周琼，等. 元宇宙时代智慧图书馆的实践路径：从图书馆的智慧化走向智慧的图书馆化[J/OL]. 中国图书馆学报，2023(4): 103 – 113.

元宇宙智慧图书馆创新发展资源存储方式，注重资源使用，关注资本增值，感知互动体验。智慧图书馆实施元宇宙化建设，不仅仅是技术的操作，更是凭借元宇宙高智能化功能，倡导人文精神，关注资源共享，注重信息交互，创新发展图书馆新业态。在元宇宙技术支持智慧图书馆建设渐入佳境后，元宇宙智慧图书馆信息资源开放程度逐步提高，信息使用量急剧增长，资源交互强度明显提高，犹如宇宙大爆炸一样向空间外部无限扩张，虚实空间界限明显消失。随着元宇宙技术的快速发展，元宇宙智慧图书馆知识服务呈现深度沉浸状态，这是元宇宙智慧图书馆虚实空间界限消失的最佳体现。

（三）元宇宙智慧图书馆的优势表现

元宇宙的出现，推动了数智时代社会文化的交流与传承。技术创新发展了社会文化交流、传承模式，是一种推动社会文化发展的数字化技术。在元宇宙环境下，智慧图书馆打破了资源存储、知识服务、信息交互的时空界限，表现出元宇宙化的巨大作用，因此，元宇宙智慧图书馆具有明显的优势表现。

1. 可圈可点的阅读场景

智慧图书馆实施元宇宙化建设，创新发展知识服务模式，设定以用户沉浸式体验阅读学习为核心服务内容，促使元宇宙智慧图书馆信息资源智能交互、知识跨越链接、虚实空间融合发展。元宇宙智慧图书馆运用5G技术，促进虚实空间的深度融合，实现用户虚拟空间的阅读体验。元宇宙智慧图书馆组织开展阅读推广活动，运用区块链技术进行用户虚拟化身资格认证，塑造虚拟化身形象。在元宇宙技术加持下，智慧图书馆重建虚实交融双重组织结构关系，促进用户跨时空进行虚拟信息交互，达到分享智慧化服务沉浸式体验的目的。元宇宙技术支持智慧图书馆沉浸式体验服务，让用户拥有虚拟知识服务沉浸感的同时为用户提供一个阅读学习的元宇宙空间环境，促进用户全身心地融入图书馆。在现实空间内分享阅读学习的沉浸感受，是受到虚拟空间智慧化服务影响产生的良好效果；同时，虚拟空间的阅读学习行为受到现实空间的影响，两种不同性质的空间在元宇宙智慧图书馆中高度融合，相互影响、相互促进，形成了智慧图书馆元宇宙空间的统一体。

2. 数字媒介引领的资源数据

在元宇宙技术支持下，元宇宙智慧图书馆构建具有社会教育属性的虚拟空间，为元宇宙智慧图书馆激活知识教育功能、盘活教育信息资源提供了坚实保障。加大数字人文资源的创造力度，加强数字教育资源的管理，对数字文化资源进行实时更新，实施元宇宙智慧图书馆虚拟资源的推介与引导，在开发社会教育空间的基础上不断满足用户对知识教育资源的需求。

发挥智慧图书馆元宇宙化功能作用，汇集各类虚拟资源，实施虚拟空间管理，能够拉近信息传播、阅读学习的空间距离，转变知识教育教与学的关系，在元宇宙智慧图书馆的虚拟空间内完成知识信息创建，形成多元化的阅读学习服务新模式。在元宇宙智慧图书馆虚拟空间内，用户拥有自主学习的主动权，自由参与虚拟学习活动，自主拓展空间以备阅读学习使用。通过虚拟空间的无限延伸，拓宽了用户的思维广度，以构建知识体系为基础促进用户思维智能化，为知识服务的智慧化发展奠定了坚实的思想基础。

3. 虚拟空间内的智慧学习与价值创造

以元宇宙技术为核心，支持智慧图书馆构建虚拟空间，发挥虚拟空间数字资源智慧化服务功能，营造沉浸式阅读学习环境，促进用户心智发展。将仿真影像技术运用于虚拟空间建设，创造适应虚拟空间发展的虚拟化身，为用户提供虚拟智慧化服务和视觉、听觉、触觉兼容的阅读学习场景。虚拟现实/增强现实技术为元宇宙智慧图书馆创建虚拟空间场景提供了技术保障，使虚拟空间呈现多元感官交互表现的形式，为用户全神贯注地学习产生心智提供支持。元宇宙智慧图书馆创建虚拟空间，其在知识学习、思维开发、信息创造等方面发挥作用。在虚拟现实技术的支持下，构建虚实融合知识资源评价体系，提高知识信息交互体验强度，增强用户认知能力，为知识创造提供技术支持。

（四）元宇宙智慧图书馆的实践应用

1. 元宇宙智慧图书馆的技术体系结构

以前的虚拟现实技术不能凸显沉浸式体验的功能作用，各类技术之间存在明显差异，以致技术发挥的作用参差不齐，技术支持的力度大小分明，技术之间交互性严重不足。元宇宙重视人机交互的强大作用，助力提升阅读学习的沉浸感和信息资源流通的交互感。促进元宇宙技术发展，严格要求技术的通约性，整合元宇宙技术，促进元宇宙技术实施点、面结合，发挥元宇宙技术整体效应。元宇宙智慧图书馆技术体系结构如图 6－1 所示。

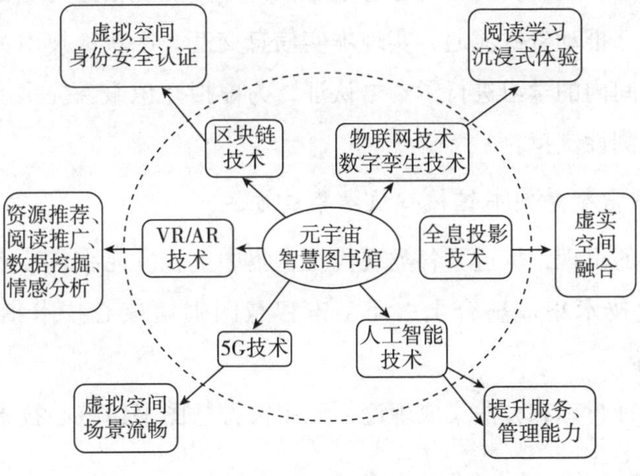

图 6－1　元宇宙智慧图书馆技术体系结构

运用 5G 技术改善元宇宙智慧图书馆网络运行环境，实施网络运行监管，保持虚拟空间场景流畅，保障虚拟资源流转畅通。构建虚拟空间信息资源应用生态系统，解决信息资源传播网络阻塞问题，实现现实真身与数字孪生的融合共生；以虚拟现实/增强现实为技术支持，运用全息投影技术，实现元宇宙智慧图书馆知识服务的低延迟，拓展用户在虚拟空间内的学习边界。这为以虚拟现实/增强现实技术营造沉浸式虚拟空间环境提供了强有力的支持。

元宇宙技术助力智慧图书馆构建创新型网络环境，深入融合智能化知识联通场域，推进现实空间与虚拟空间的联通，实现虚实资源的融合相生。智慧图书馆进行元宇宙化建设，实施智慧化管理，提高了虚拟空间资源的性价比，也对实施虚拟空间管理配备的底层设施设备性能提出了严格要求。尽管满足这种严格要求需要增加建设成本，但在推动元宇宙智慧图书馆高质量发展上发挥了重要作用。整合虚拟现实、增强现实、数字孪生等技术，推动技术融合应用，有利于加强元宇宙智慧图书馆虚实空间的无缝对接，增强虚实资源融合服务的沉浸感，满足用户的个性化需求，促使用户获得深入的沉浸式体验。运用物联网技术，促进元宇宙智慧图书馆现实空间与虚拟空间联通，提高用户感知知识、运用信息的能力。通过数字孪生技术，感知虚拟资源中的思想情感。以原始知识信息为基础，实施元数据再创造，推动资源流通，实现虚实信息交互。区块链技术为用户在图书馆虚拟空间内的学习进行了资格认证，为虚拟知识服务提供了数据保密性、资源回溯性支持。

2. 元宇宙智慧图书馆核心技术集成方式

元宇宙的出现，促进了各类现代技术集中整合。元宇宙技术优势体现在各类现代技术集成整合上。元宇宙智慧图书馆核心技术集成方式如图 6－2 所示。

依据管理哲理和方法集成理论，元宇宙智慧图书馆核心技术集成可采用以下三种方式。

第一种方式是并联集成式。这种集成方式主要用于元宇宙智慧图书馆核心技术松耦合集成，集成体系下分为若干个子模块，集成体系具有多模块输出功能，多模块相加功能会更强大。该方式以虚拟现实为主要技术支撑，集合仿真、映射、智能、多媒体等技术优势，形成了支持元宇宙空间发展的核心技术，5G 技术可以为元宇宙智慧图书馆提供高宽带、低延时的网络核心设施设备。

第二种方式是串联集成式。这种集成方式体现了一个子模块的功

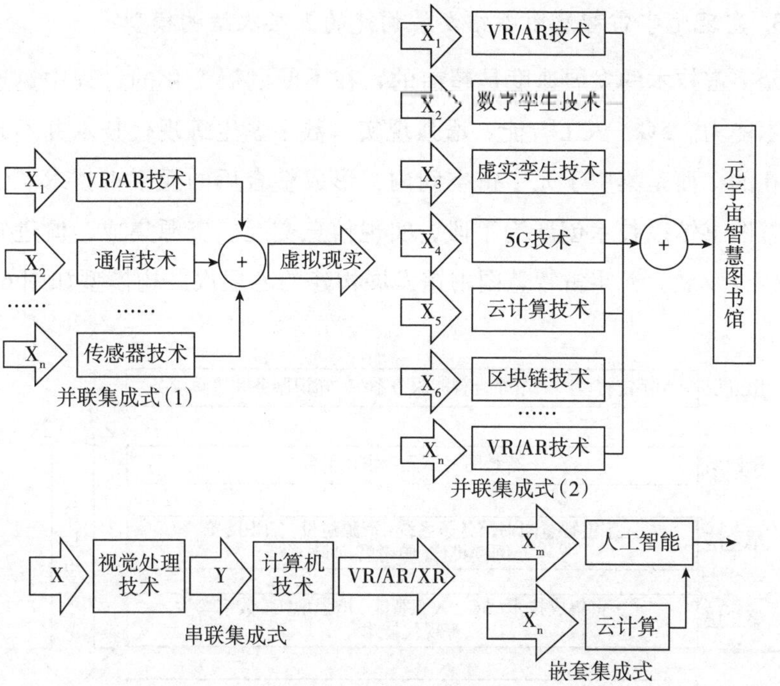

图6－2　元宇宙智慧图书馆核心技术集成方式

能输出是另一个子模块的功能输入。虚拟现实技术支持元宇宙智慧图书馆进行空间模拟从而产生虚拟世界。增强现实技术将现实世界与虚拟世界无缝对接集成并增强空间的现实感。XR技术促进人工智能技术与视觉感知技术有机融合，通过现实增强、虚拟增强技术将现实空间与虚拟空间进行深度融合，形成人机交互创造新资源的元宇宙空间环境，再进一步发挥视觉感知技术优势，实现现实空间与虚拟空间无障碍转换，提升智慧化服务的满意度，让用户在虚拟空间中阅读学习时充分享受深度沉浸式体验。

第三种方式是嵌套集成式。这种集成方式主要通过发挥基础模型模块的功能作用促进嵌套模型模块功能的输出。以云计算、高能运算技术为支撑，通过智能数字化操作，促进虚拟资源处理能力提升，为元宇宙智慧图书馆高质量发展提供生态环境保障。

3. 实现元宇宙智慧图书馆发展构建的五层次结构模型

元宇宙技术的发展速度是超前的，在不断发展变化的过程中迅速提高技术能力。5G、人工智能、增强现实、数字孪生等现代技术并不是独立存在的，而是集中于元宇宙空间内，形成整合后的元宇宙技术。元宇宙智慧图书馆以技术创新为手段，实现信息交互、资源集成，促进知识服务融合发展。元宇宙智慧图书馆发展构建的五层次结构模型如图6－3所示。

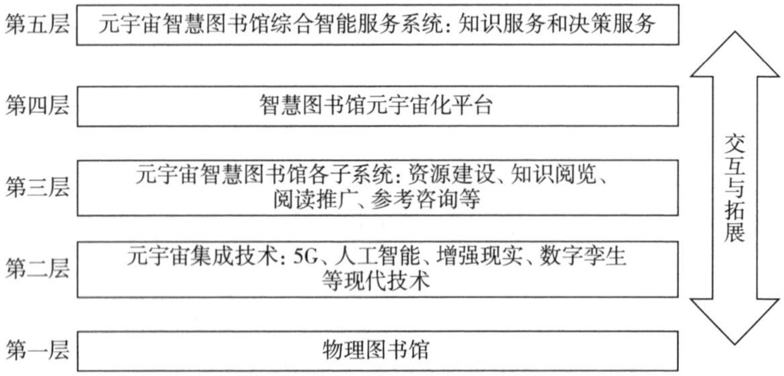

图6－3　元宇宙智慧图书馆发展构建的五层次结构模型

在元宇宙智慧图书馆初始发展阶段，用户欠缺信息交互体验机会，知识服务的沉浸感表现程度微弱，而元宇宙智慧图书馆具有五层技术结构，5G、人工智能、增强现实、数字孪生等现代技术汇集整合，进行资源虚拟化建设，扩大信息开放范围，压缩知识服务延时时间，增强知识的体验感、信息的交互感和资源流通的渲染感。元宇宙智慧图书馆的功能结构更加符合第三层内容，即创建和应用各个元宇宙智慧图书馆子系统，如元宇宙智慧图书馆发挥虚拟空间功能作用，进行信息资源建设、实施知识阅览服务、组织阅读推广活动、策划参考咨询服务等。随着现代信息技术的迭代发展，元宇宙智慧图书馆建设进入了第四层，主要任务是构建智慧图书馆元宇宙化平台。但从元宇宙智慧图书馆发展趋势来看，还需要有更高层次的提升。一是连接虚拟空间内“信息孤岛”，整合“信息孤岛”要素，形成大数据体系。二是发挥大数据体系的功能作用，运用高能运算技术进行数据分析，规范数据流通渠道，得出数据传播规律，以此为依据推动元宇宙智慧图书馆知识服务和决策服务创新发展。元宇宙技术的主要功能在于整合与运用。在图书馆智慧化服务中，以元宇宙理念为基础，探索知识服务的虚拟化并不是最终目标，只有延伸元宇宙技术功能作用，促进智慧化服务创新发展，才能实现现实与虚拟服务深度融合，让用户享受沉浸式体验，最终实现元宇宙智慧图书馆高质量发展的目标。

第三节　元宇宙智慧图书馆融贯式空间与服务模式的构建

一、元宇宙智慧图书馆融贯式服务

（一）融贯式服务的特征与内涵

在图书馆学视域内，元宇宙被定义为运用科学技术创造形成的虚拟世界，元宇宙空间与现实空间平行存在且深度交融，元宇宙世界被视为憧憬新生活的数字化孪生空间。

从媒介特质情况来看，元宇宙是互联网介质的支撑者，实现媒介传递方式数字化是元宇宙技术的主要功能之一。元宇宙智慧图书馆运用多模态交互技术，推动图书馆底层基础设备协调运行，促进虚拟空间知识服务智慧化发展。以优质的智慧化服务加深用户沉浸式体验深度，使用户沉浸式体验成为知识信息交流互动的主观媒介，有利于形成用户与智慧图书馆互通互为的发展局面。另外，元宇宙智慧图书馆运用数字孪生技术，对接虚拟空间，实现现实真身的具体镜像，加快了数字孪生体信息传递速度，强化了信息交互功能，进而促进了元宇宙智慧图书馆虚实资源的深度融合。可以说，元宇宙的出现，打破了智慧图书馆虚实空间的界限，实现了虚拟空间多模态信息数据的融合，以元媒介的身份传播知识信息。元宇宙赋能智慧图书馆，重塑信息空间组织结构形式，创新知识服务模式，建立知识资源传播与智能知识服务之间的新型关系。

从知识运行场域的特征来看，元宇宙空间属于深度融合的虚拟空间形式，与现实世界平行存在，且联系紧密。元宇宙能够保持现实与虚拟之间的平衡，因此能支持智慧图书馆多元主体融合发展，共同创造虚实融合的智能生态场景，这也使智慧图书馆具有了特殊的场域特征。

从信息存在的生态环境特征来看，元宇宙是生态活力型知识空间形象的代表，支持智慧图书馆构建新型数字技术平台，助推智慧图书馆知识服务的生态化发展，即集合数字技术形成技术群体，共同维护底层基础设施设备，形成创新知识服务的良好环境。元宇宙发挥强势的去中心化功能作用，对智慧图书馆实施元宇宙建设、促进多元主体创新发展具有重要的借鉴意义。以去中心化功能作用促进元宇宙智慧图书馆服务不断创新，构建知识资源生态服务系统，维护元宇宙智慧图书馆知识服务的连续性和创造性。

当前，基于元宇宙具有的基本特征，智慧图书馆界从以下两个方面分析研究融贯式服务的内涵。一是注重营造知识场景的生态化氛围，实施知识服务的无缝对接和场域融合；把满足用户需求作为融贯式服务的目标，需要融合虚实空间场景，提倡服务的个性化，推行针对性强的元宇宙化治理模式管理。二是凸显知识服务的多元化特色，进行服务场景的整合，达到服务的智慧化效果；分析不同类型的服务方式，针对性地选取服务内容，提高服务效率，促进知识服务创新发展。将以上两个方面的阐述相结合，实施融贯式服务，既要注重空间对接、场景整合，又要重视线上线下服务的一致性。

通过分析阐述智慧图书馆服务模式的演变过程，理解融贯式服务的特征与内涵。通过满足用户需求，提高服务质量，产生用户阅读学习服务的沉浸效应。这势必要求智慧图书馆创新服务方式，改变传统服务方式，采用普惠化、均等化、标准化的服务模式。随着智慧图书馆数字化建设的快速发展，图书馆服务效率明显降低，服务的针对性模糊不清，在满足用户个性化需求上困难重重。因此，智慧图书馆需要更新服务模式，实施知识服务的创新发展。在改革创新的环境下，智慧图书馆制订个性化服务计划，推送智能化参考咨询服务模式，切实解决通过信息服务满足用户信息需求的困难和难题。元宇宙的出现，打破了传统服务思维界限，推动了以物联网为载体的线上融贯式服务模式创新发展。在创新发展融贯式服务模式的过程中，一方面，创新服务模式是持续的，线下服务依旧存在，只是在元宇宙技术的支持下实现了线下服务与线上服务的深度融合，体现出融贯式服务的多元化特征；另一方面，满足用户需求是智慧图书馆开展服务工作的目标，发挥元宇宙技术优势，提升智慧图书馆融贯式服务效率，为智慧图书馆实现核心目标提供基础保障。

综合以上阐述可以看出，智慧图书馆实施元宇宙化建设，促进融贯式服务创新发展。打造融贯式服务模式，是智慧图书馆元宇宙化发展的必然选择，代表着元宇宙智慧图书馆的发展方向。融贯式服务应用于元宇宙环境下，体现出多元化服务的融会贯通，满足用户的个性化需求，促进用户阅读学习的沉浸式体验。融贯式服务以虚实空间融合为前提，应用于不同性质的空间场域，为用户提供多元化服务，成为个性化参考咨询服务的经典案例。智慧图书馆实施元宇宙化建设，构建虚实融合的智慧型空间，为组织开展融贯式服务提供了良好的空间环境。同时，元宇宙整合形成虚拟现实技术，支持用户沉浸式体验和个性化学习，以此促进融贯式服务场景范围的扩大、服务模式的优化，满足用户个性化信息需求。

（二）融贯式服务模式

1. 融贯式服务的组织形式

与其他类型的服务相比，元宇宙智慧图书馆融贯式服务最显著的特点是支持跨时空信息交流，融合多源异构资源实现虚实融生服务。融贯式服务遵循集中与分散相结合的组织要求。在元宇宙环境下，融贯式服务具有多样化的组织形式，主要包括集中同步、多元同步、分散同步、多元异步四种，如表 6 – 1 所示。

表 6－1　元宇宙智慧图书馆融贯式服务组织形式

<table>
<tr><th colspan="2">融贯式服务组织形式</th><th>内容描述</th><th>服务阶段</th></tr>
<tr><td colspan="2">集中同步</td><td>由图书馆统一组织，在虚实相融空间内实施服务用户群体的同步行为</td><td>服务过程中</td></tr>
<tr><td rowspan="2">多元同步</td><td>集中</td><td>由不同馆员协同组织服务活动，用户群体在同一虚实相融空间内实施同步行为</td><td rowspan="2">服务过程中</td></tr>
<tr><td>分散</td><td>由不同馆员协同组织服务活动，多个用户群体在不同虚实相融空间内实施同步行为</td></tr>
<tr><td colspan="2">分散同步</td><td>由图书馆统一组织，分散的用户个体在虚实相融空间内实施同步行为</td><td>服务过程中</td></tr>
<tr><td colspan="2">多元异步</td><td>在图书馆不同的虚实相融空间内，不同的用户个体自主选择服务方式，实施不同的运行行为</td><td>服务前
或服务后</td></tr>
</table>

集中同步、分散同步两种组织形式类似于传统的混合式服务组织形式。在元宇宙智慧图书馆融贯式服务中，集中同步与分散同步两种服务组织形式表现的服务体验基本一致，不同用户群众也可享用集中的沉浸式服务体验。

多元同步是元宇宙智慧图书馆融贯式服务中的高级组织形式，即由不同馆员协同组织服务活动，不同用户群体在一个或多个虚实相融空间内实施同步行为，具体存在两种形式：一种是集中形式，主要由不同馆员协同组织服务活动，用户群体在同一虚实相融空间内实施同步行为，进而激发思维睿智，提高运用分析能力；另一种是分散形式，主要由不同馆员协同组织服务活动，多个用户群体在不同虚实相融空间内实施全场域联通的融贯式学习与交互行为。

在服务前至服务后整个过程中，融贯式服务拥有灵活多样的组织形式，服务方式呈现多元异步的特征。多元异步的服务活动，如入馆教育线上冒险闯关、文献检索课线上教育，馆员操作知识应用软件，通过网络系统后台掌握数据，了解用户应用图书馆情况。在元宇宙智慧图书馆融贯式服务中，用户群以主体的身份自由穿行虚实融合空间，自主选择服务方式，参与虚拟阅读推广活动。元宇宙智慧图书馆发挥同步获取信息数据的功能，实时收获用户跨时空交互的行为数据，重塑虚拟空间用户画像形象，为顺利组织开展融贯式服务奠定基础。

2. 融贯式服务的基本模式

实施融贯式服务，如果要满足用户个性化需求，服务目标就要由提高用户知识获取能力转变为培养用户想象力、创造力等高端认知能力，为更好地满足用户需求提供基础保障。基于元宇宙智慧图书馆融贯式服务的特征和组织形式，在如何提升用户参与意识方面需要落实好以下三点。一是引导用户融入具有启智作用的元宇宙空间，协助用户获取知识、分享经验，树立正确的价值观。二是提高用户认知能力，凭借知识获取中积累的经验解决知识传播中存在的问题。组织开展融贯式服务，在服务过程中不断修正用户行为，汲取知识精华，进一步充实或建构新的知识体系。三是充分发挥元宇宙智慧图书馆无限扩展的功能，促进用户将知识应用于实践，并在图书馆智慧系统的协助下逐步提升用户高端认知能力。基于上述三点做法，构建元宇宙智慧图书馆融贯式服务基本模式，如图 6－4 所示。

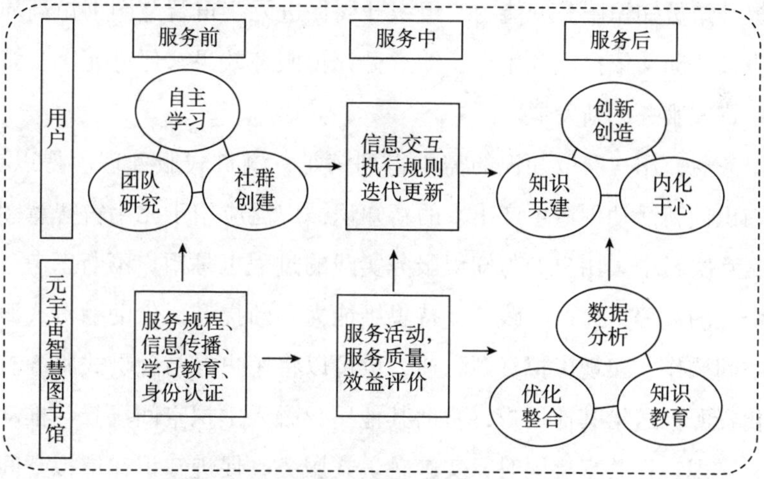

图 6－4　元宇宙智慧图书馆融贯式服务模式

服务前，用户运用多种方式，充分利用元宇宙智慧图书馆，把获取资源作为第一需要。首先，掌握馆藏资源分布，了解用户资源需求，以此为依据制定融贯式服务规程。集中组织信息资源，统一分类、详细表征，明确适用于用户参与服务活动的知识场景。其次，在元宇宙技术支持下，最大限度地开发虚实融合资源，为用户参与融贯式服务活动提供资源保障。突出表现信息资源的数字化形式，将资源模块化管理，融入沉浸感强的虚拟空间中，便于推送给用户，提高融贯式服务效率。再次，促进信息资源多元异步发展，以虚拟资源建设引导用户自主学习，支持团队信息交互，创建社区服务组织机构。最后，运用元宇宙技术分析用户行为数据，进行数据要素系统化管理，重塑用户虚拟数字人，为用户进入元宇宙智慧图书馆虚拟空间进行沉浸式阅读学习奠定基础。

服务中，用户利用图书馆主要是为了交流互动、参与阅读推广活动，而元宇宙智慧图书馆的主要任务是实施知识服务，协助用户提升知识理念、更新知识结构。在服务过程中，元宇宙智慧图书馆需要向用户群体提供多元化的服务方式和服务策略。促进融贯式服务多元同步化，根据用户个性化需求规划融贯式服务实践操作过程，强化融贯式服务中交流互动环节，以此提升用户参与服务活动的积极性。同时，以虚拟资源建设为出发点，提升馆员知识服务的能力，组织开展促进元宇宙智慧图书馆高质量发展的服务活动，依据服务用户反馈意见评价服务效果，促进元宇宙智慧图书馆融贯式服务创新发展。

服务后，用户获取知识的需求得到满足，融贯式服务理念得以更新，通过知识创新活动创造生产出来的新知识被广泛应用于元宇宙智慧图书馆信息交互实践中。用户参与知识服务实践的过程也是用户不断思考、进行行为修正的过程，通过实践，保持思维能力不断提升。借助融贯式服务的虚拟空间操作，实现虚拟资源融通，也可以将用户参与融贯式服务获取的数字化资源推送给其他用户，协助其他用户融入虚拟空间场景，推动信息传播，实现知识共享。同时，实施融贯式服务，促进知识在虚拟空间内传播，从而实现知识的共建。在融贯式服务过程中，运用人工智能技术，提高服务效能，对服务内容进行优化整合，运用高能运算技术对融贯式服务数据进行分析，制订数据要素应用方案，为开展用户知识教育提供数据保障。

（三）融贯式虚拟服务体系

从图书馆实践出发，进行融贯式服务工作的探索，发现图书馆现象背后的本质，依据本质内容构建元宇宙化服务应用场景，不断满足用户需求，最终建立元宇宙智慧图书馆融贯式虚拟服务体系。在元宇宙技术条件下，智慧图书馆从虚拟导览、虚拟展厅、虚拟数字人方面进行融贯式虚拟服务体系构建。

1. 虚拟导览

一般来说，场馆内阅读学习氛围浓厚、沉浸式体验感强会吸引读者高频率进入虚拟图书馆。智慧图书馆实施元宇宙化建设，对虚拟空间场景的构建有具体要求：一是运用仿真映射技术逼真复制现实空间应用场景，场景复制的针对性极强，主要是为了加大对虚拟空间资源的宣传推介力度；二是运用虚拟现实技术指导融贯式服务体系的构建，进一步重塑虚拟空间场景，提高用户利用图书馆的频率，增强用户参与知识融贯式服务的沉浸感。为此，发挥智慧图书馆元宇宙化建设的作用，运用增强现实技术对现实空间场景运营进行全方位仿真映射，运用高能运算技术对用户参与融贯式服务进行数据分析，以此促进元宇宙图书馆虚拟资源落地落实，发挥融贯式服务虚拟导览的实践作用。

①加强元宇宙智慧图书馆虚拟空间融贯式服务的管理，促进融贯式服务更加方便、快捷。用户融入虚拟空间场景可以自由转换位置和场景，实施虚拟导览能够实时跟踪用户活动动向及场景转换情况。

②增强元宇宙智慧图书馆虚拟融贯式服务的综合叠加功能，减轻虚拟导览引导用户浏览资源的压力。将服务综合叠加，发挥强大的整体服务功能，促进元宇宙智慧图书馆的高效运转。

③强化虚拟导览的功能作用，构建用户阅读学习服务空间。在融贯式虚拟服务中，通过虚拟导览的引导作用，规划用户阅读学习习惯，将用户使用频率高的资源有序排列在虚拟空间书架上，为用户再次利用资源提供帮助。构建用户阅读学习服务空间，有利于增强用户阅读学习体验的沉浸

感，也为用户方便、快捷使用虚拟资源提供了平台保障。

2. 虚拟展厅

作为具有公共文化服务性质的图书馆，职能是加强馆藏资源建设，向社会民众提供优质的信息资源，发挥文化传播的作用。文化展览是图书馆传播文化的重要方式。元宇宙智慧图书馆的文化展览是面向虚拟空间的，是信息资源虚拟化、实施空间转型的产物。设置虚拟展厅，提升了元宇宙智慧图书馆知识流通和文化传播的精细化程度，有利于虚拟资源的对外扩展，促进融贯式服务的创新发展。元宇宙智慧图书馆组织构建虚拟展厅应注意以下几点。

①运用3D建模技术拍摄和剪辑虚拟展厅场景状况。3D建模技术支持虚拟场景的构建，其强势的技术特征为用户观览虚拟展厅感受沉浸式体验提供了技术可能。

②关注虚拟展厅的设计规划，注重布展细节，记录展厅内容变化情况。用户充分利用虚拟空间场景，根据个人喜好选择场景观看展览。

③实际展品的虚拟化呈现。对实际展品进行3D拍摄使其虚拟化，便于用户使用虚拟现实穿戴式眼镜欣赏更逼真的场景。

④演变成体验交互的场所。虚拟展厅积极推送用户的交互体验，为用户指导点评、发表意见提供良好环境，一方面吸引更多的用户欣赏展览；另一方面促进虚拟展厅资源交流互动，反馈用户参评意见。

3. 虚拟数字人

在元宇宙时代，智慧图书馆把满足用户需求、加强与用户的沟通交流作为重要职能，因此，引入虚拟形象代言尤为重要。元宇宙出现后，虚拟数字人受到广泛关注，引发诸多讨论。需要对元宇宙智慧图书馆虚拟数字人进行版本升级，增强其智慧操作能力，为实施融贯式服务做好前期准备。虚拟数字人可运用以下技术实施整体建构。

①语音识别与合成技术。运用卷积神经网络算法，将现实真人语音译制成文本格式，便于语音识别。通过对文本格式的解读，实现虚拟数字人

仿真化交流互动。实施语音的仿真克隆，调节虚拟数字人的语速，合成虚拟数字人语音调门，产生模仿现实真人的逼真效果。

②数字孪生技术。运用数字孪生技术，对现实真人形象进行数字化处理，仿真形成虚拟数字人形象。以人工智能集训方式对虚拟数字人进行标准化培训，促进虚拟数字人高度拟人化。

③虚拟现实技术。运用虚拟现实技术开启虚拟数字人“熟人模式”，启动手机应用程序，建立智慧屏，在多元虚拟空间场景中开展融贯式服务，为用户推出阅读推广和参考咨询活动。

二、元宇宙智慧图书馆融贯式空间建构

（一）元宇宙智慧图书馆融贯式空间的内涵与特征

从强化现实空间管理到构建虚拟空间，再到虚实空间融合相生，促进元宇宙智慧图书馆融贯式服务内涵不断深入，融贯式空间成为元宇宙智慧图书馆空间的基本形式。在此前提下，构建元宇宙智慧图书馆融贯式空间已经成为发展趋势。构建融贯式空间，促进元宇宙智慧图书馆信息资源多场景融合，提升主体信息交互能力，实现多模态空间的共建共存。基于此，融贯式空间具有四个基本特征。

1. 全联通结构

建立融贯式空间，能够密切联系空间场景与主体之间的关系。构建元宇宙智慧图书馆无缝对接场景，实施虚实空间融合相生，实现虚拟资源的共建共享。建立融贯式空间全联通结构，能够有效促进用户虚拟化身实施跨时空信息交互，跨越时空界限实现用户的沉浸式体验，促使现实主体与虚拟主体融合共生，形成多元化的关系网络。由此，用户融入融贯式空间，通过全联通结构指引，能够自由阅读、学习，体会融贯式服务的沉浸感。

2. 多元化存储

以元宇宙理念为指导，实施融贯式空间数字资源的多元化存储，支持

用户创新创造信息，进一步设计场景结构、管理空间，在智慧化空间环境里进行虚拟资源的应用。以多元化存储资源为基础，解决数据表征不清晰、用户体验肤浅、信息交互不顺畅等问题，助力用户进行沉浸式的阅读学习。另外，用户在利用元宇宙智慧图书馆获取资源的同时也能获得经验，这将是促进融贯式空间优化发展的有力推手。

3. 一体化体验

构建融贯式空间，有助于重塑虚拟数字人形象，有利于联合多元化场景协同运作，促进不同需求的用户进行一体化体验。用户以虚拟化身身份，寻求数字孪生技术支持，全息映射数字资源，融入融贯式空间，参与知识服务。用户集合成群体参与融贯式服务活动，在服务中进行一体化体验，集中讨论和交流协作。

4. 智慧化支持

在元宇宙技术支持下，构建融贯式空间，整合虚拟资源，开展智慧化服务。一方面，进行数据分析，实施信息推送，协助用户沉浸式体验融贯式空间阅读，在参与阅读推广活动中受益。另一方面，应用融贯式空间，实施多源数据采集、输出模拟演练，提高人工智能开放平台的智慧程度，进而以人机协同的方式将馆员服务和用户学习行为常态化。

（二）元宇宙智慧图书馆融贯式空间的建构

基于元宇宙智慧图书馆融贯式空间的特征，构建元宇宙智慧图书馆融贯式空间结构模型，如图 6－5 所示。

元宇宙智慧图书馆融贯式空间结构模型包括实体空间、虚实融生空间、元宇宙空间等关键要素。在元宇宙技术支持下，各要素之间保持着紧密的联系。元宇宙智慧图书馆实体空间与元宇宙空间深度融合，通过有效连接形成虚实融生空间，促进元宇宙智慧图书馆深度发展。实体空间是实施现实信息资源交互全场景空间。在融贯式服务中，实体空间对应的知识服务是集中的，用户在指定的实体空间内参与服务活动，享受服务带来的知识体验。元宇宙智慧图书馆提供虚拟融贯式服务，服务过程充满智慧化

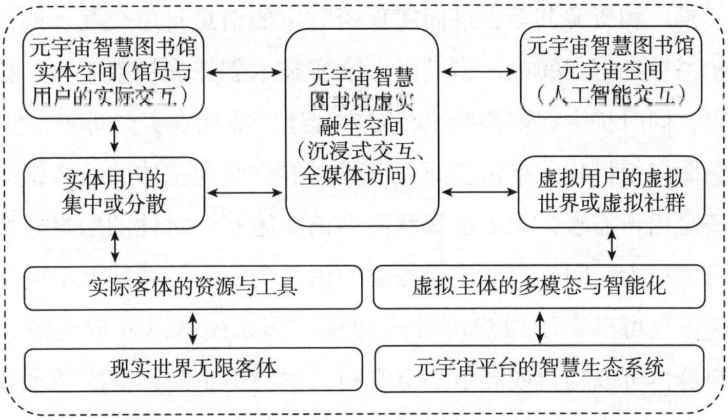

图6－5　元宇宙智慧图书馆融贯式空间结构模型

氛围，用户根据自己的需求自由参与服务活动，运用成熟的信息交互方式进行知识学习，有必要时可进行跨时空信息交互操作。具体情况下，智慧图书馆实施集中式信息服务，注重实体空间的信息交互体验，元宇宙空间信息交互体验充满沉浸感，在实体空间内不能表现出应有的效果，沉浸式体验在分散式信息服务中效果更佳。元宇宙智慧图书馆馆员可在实体空间内运用集中式和分散式两种服务方式满足用户的需求。

虚实融生空间是元宇宙智慧图书馆现实空间和虚拟空间的中介，表现着两者之间的融会贯通。使用沉浸式交互设备，促进融贯式服务的对外交流，实现虚拟资源的共享。通过视觉体验，增强用户参与意识，提高用户认知能力。正确操作全媒体访问设备，打破现实界限，实现虚实空间的深度融合，促进多模态资源有效整合，实现整合资源的跨时空传播，包括智能手机、全息眼镜、便携式计算机等。实体空间和虚拟空间融会贯通的作用体现在四个方面。一是运用增强现实技术，进行可视化程序操作，将虚拟入口前置，实现虚拟数字人在虚拟空间的自由穿行。二是通过虚拟空间的物理坐标技术自由构建空间。促进数字资源的拟人化呈现，扩大实体空间内数字资源的规模，保持数字资源在实体空间的重要地位。对智慧图书馆主体进行元宇宙化塑造，协调元宇宙化建设构建主体需求的个性化实体空间。三是促进用户群以集体模式融入元宇宙智慧图书馆，通过现代技术进行阅读推广和资源共享，进而实现跨时空的信息自由交互。四是在元宇宙智慧图书馆虚拟空间内，借助虚拟现实技术创造虚拟数字人。打破虚实空间界限，同时扩大权限范围执行对方程序，实现虚实空间融会贯通。

智慧图书馆构建元宇宙空间，形成以群空间为主体的社会组织结构形式。为满足用户需求，元宇宙智慧图书馆实施有针对性的融贯式服务，构建个体自主行为空间，存储用户需要的信息资源，并被贴上不同功能用途的标签，不仅可以用于用户沉浸式阅读学习，还可以开放交流、共建共享。用户群体可以构建或展示小组空间，主要用于阅读推广活动或数字资源创造生产。元宇宙智慧图书馆开放、公用的公共空间属于社会空间，在空间管辖范围内拥有公共虚拟设施，如研究室、展厅、科普馆等。在智慧图书馆元宇宙空间内，用户以虚拟化身身份进行跨时空信息交互，深化阅读学习体验的沉浸感，实施人机交流互动，满足个性化需求，以融贯式服务的方式推送虚拟资源，支持用户参与阅读推广活动，赋能用户高水平发展。

元宇宙智慧图书馆构建融贯式空间，其支撑资源源于虚拟空间数据要素，具有鲜明的媒介性特征。数据要素是以虚实融合状态存在的，不同类型的数据要素互动连接得到数字孪生技术的支持，其中，实体数据要素包含现实资源、文本格式、应用软件等；虚拟数据要素包含数字资源、代码格式、知识评价工具等。通过融贯式空间的改造，实体数据要素被重塑，进一步加强了与虚拟数据要素的沟通与联系。在全息仿真技术的支持下，虚拟数据要素的形成是对现实数据要素的映射，通过虚拟情境空间的演绎发挥支撑作用，进而满足虚拟化身的需求，提升用户的操作与思维能力。

第四节　元宇宙智慧图书馆可持续发展研究

元宇宙的出现，为智慧图书馆创新发展带来了机遇，与智慧图书馆可持续发展研究一起成为讨论热点问题。元宇宙赋能发展与可持续发展两者的核心精神理念均是为人类社会谋发展，为人类谋福利，并秉持在虚实之间维护持久且稳定的认知发展态势。可持续发展致力于智慧图书馆空间生态系统的保护以及知识服务信息资源的有效利用，其绿色发展理念契合智慧图书馆发展要求，为智慧图书馆提供了可持续发展的强劲动力。智慧图书馆实施元宇宙化建设，赋予图书馆可持续发展的能力，支撑智慧图书馆底层基础设施建设，提高人力、物力的使用效率，促进智慧图书馆元宇宙空间虚拟资源流通与高效能发展。

一、元宇宙与绿色智慧图书馆

元宇宙技术支持生态型智慧图书馆建设。构建生态型智慧图书馆的关键在于保持可持续性，而智慧图书馆纳入可持续发展过程的鲜明特色就是倡导智慧图书馆的绿色发展，即构建绿色智慧图书馆。绿色智慧图书馆能彰显绿色、智慧特色，保障图书馆传承社会文化，促进人类文明发展，同时在智慧图书馆组织结构创新、精神文明理念建构上统一于人类思想资源库中，为社会民众体验知识服务、形成社会文化认知提供有力支持。促进元宇宙与图书馆绿色智慧理念相融合，重视图书馆专业技术创新，促进用户进行沉浸式体验。运用可持续发展理念重塑智慧图书馆知识服务形象，促进智慧图书馆元宇宙化发展。构建多维发展的元宇宙空间，在元宇宙赋能虚拟空间环境发展的前提下，拓展知识服务业务，提升虚拟智慧化能力，以技术优势促进绿色智慧图书馆发展。

元宇宙的出现，促进了智慧图书馆虚拟空间的创新发展。元宇宙智慧图书馆秉持可持续发展理念，创建生态空间环境，在进行信息服务和知识交互过程中促进了智慧图书馆绿色智慧发展。构建绿色智慧图书馆，要做到以下四点：一是丰富现实空间资源，借鉴元宇宙理念充实绿色理念内容，为元宇宙智慧图书馆创建生态资源存储空间；二是明确元宇宙空间建设的法制基础，依法依规操作信息检索技术，传播绿色理念；三是去除现实空间资源流动的限制条件，实施虚实空间融合，主动开展阅读推广活动，通过文化传承方式推广绿色智慧化服务；四是打破机制限制壁垒，加大元宇宙技术支撑力度，深化虚拟空间的沉浸感，为用户提供个性化生态智慧服务。

二、元宇宙智慧图书馆的价值及建构

（一）元宇宙智慧图书馆的价值层级

元宇宙整合了网络、虚拟现实、数字孪生、人工智能等现代技术，形成了综合的元宇宙技术。元宇宙技术给智慧图书馆带来了科技上的创新，也建立了具有去中心化特征的元宇宙价值愿景。为此，游戏开发创始人 Jon Radoff 提出了底层设备、人机交互、去中心化、空间运算、创作者、发现、体验元宇宙价值七层级模型。

衡量元宇宙价值七层级模型，我们可以总结出元宇宙智慧图书馆规定的价值层级、主要含义和实际场景状况，如表 6－2 所示。

表 6－2　元宇宙智慧图书馆价值层级、主要含义和实际场景状况

价值层级	主要含义	实际场景状况
底层设备	电子通信、互联网络、材料科学、云计算等	支持数字系统、网络、虚拟服务的运算、Wi－Fi、5G 等
人机交互	虚拟空间信息交互的数字设备、耳机装备、智能眼镜等	在虚拟空间内具有沉浸感体验效应的智能眼镜、耳机装备等
去中心化	充分发挥在线运转的功能，无须关注和使用实体空间的后台功能	为元宇宙智慧图书馆用户推荐使用三维搜索引擎、人工智能技术、手势辨别系统等
空间运算	进入虚拟世界，通过运算软件计算这个虚拟世界的信息行为数据，尝试检测交互软件的应用能力，如三维搜索引擎、空间映射、手势辨别等	为元宇宙智慧图书馆用户提供三维搜索引擎、空间映射、手势辨别系统等
创作者	创造新信息，为元宇宙空间提供信息内容、信息产品，并从中获益	为元宇宙智慧图书馆提供产品和服务，从而产生经济效益和价值增值
发现	分析和理解沉浸式体验存在的方式和行为	元宇宙智慧图书馆吸引用户、满足用户个性化需求的方式和行为
体验	参与实践活动，如阅读学习、社交、服务等	元宇宙智慧图书馆组织开展的阅读学习、社交、游戏等沉浸式体验

元宇宙智慧图书馆价值层级涵盖了从硬件建设到服务推广，再到虚拟空间建设的每一个层级，其中，底层设备层是元宇宙智慧图书馆价值体现的基础，不仅包括设施，还包括连接到元宇宙智慧图书馆内在管理的各类技术，可以说元宇宙技术与移动通信技术、人工智能技术、互联网技术是等同的，说明底层设备是所有公共文化机构数字化、虚拟化服务的基础。人机交互层是连接用户与元宇宙智慧图书馆虚拟空间的硬件设备，如智能眼镜；同时，出现了更多产品提升与人体接触的舒适感，如 3D 打印、生物传感器、消费型神经接口等。去中心化层就是运用分布式计算和虚拟服务功能从技术管制中分离出来，形成灵活多样的服务方式，促进用户在不同的虚实融合空间内自由交互。空间运算层设计出台了虚实融合计算的解决方案，清除了虚拟空间与现实空间之间的障碍，机器设备空间生产相互渗透，空间实施运算的元宇宙智慧图书馆突破传统屏幕和键盘限制进行虚拟空间自由延展。创作者层决定元宇宙智慧图书馆沉浸式体验的深入程度，促进智慧化服务创新发展，推动公共社交升级换代，信息产品的产出促使元宇宙智慧图书馆资产升值。发挥元宇宙智慧图书馆公共服务职能作用，促进用户参与知识服务活动，提高自身修养及认知水平，使元宇宙智慧图书馆沉浸式体验愈加深入。发现层聚焦元宇宙智慧图书馆高质量发展，以丰富的虚拟资源吸引用户参与阅读推广活动。建立信息资源主动输出机制，以丰富的虚拟资源流通满足用户需求。体验层呈现出虚拟空间的具象化，表现出用户在虚拟空间内的沉浸式体验。无论是现实环境还是虚拟环境，信息资源的价值增值都是提升知识服务水平的重要保障，阅读学习沉浸式体验是元宇宙智慧图书馆知识服务的重要表现。

（二）元宇宙智慧图书馆融合构建框架

从元宇宙物理空间与数字空间融合发展模型可以看出，实现智慧图书馆数字化向产业化转型需要经历数字化、网络化、智能化演进过程，最终实现数据接口、网络兼容、自动化管理的元宇宙化升级，推动虚实产业融合发展。元宇宙物理空间与数字空间融合发展模型如图 6 - 6 所示。

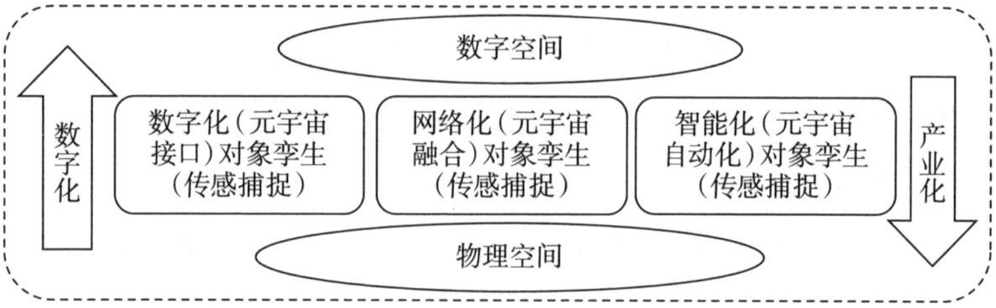

图6－6 元宇宙物理空间与数字空间融合发展模型

参照元宇宙物理空间与数字空间融合发展模型，元宇宙智慧图书馆融合构建，第一步是资源数字化管理，通过传感技术捕捉知识信息，将知识信息打造成面向知识服务的数字孪生体；第二步是知识服务网络化，通过增强现实技术，将知识服务场景映射进高能运算中心，形成虚实资源融合的孪生情景；第三步是资源流通与知识服务的智能化，以数字孪生体为操作手，构建自动化智能策划模型，出台前景发展策略，规划知识图谱，形成智力产业。通过虚拟机器人运算服务参数、调整资源布局，制定元宇宙智慧图书馆服务用户的数字孪生决策战略。

三、元宇宙智慧图书馆发展的负面影响

（一）算力产生的能耗上升

在5G时代跨越到6G时代之际，算力成为智慧图书馆新型生产要素。对于元宇宙空间建设来说，需要超强的算力作支撑。算力数据表明，构建高仿真、低延迟、沉浸式的元宇宙空间，采用底层机器设备的算力至少要比现在的提升1000倍。强大算力资本的背后是强力的电力资源支撑，可以说，电力即算力。为支持元宇宙智慧图书馆的正常运行，巨大的算力需求和不间断的电力供应是非常有必要的，这给运转经费有限的图书馆带来了挑战。因此，仅仅有元宇宙底层基础技术的支持，算力产生的能耗问题是得不到解决的，元宇宙智慧图书馆的发展将存在很大的困难。

（二）碳排放高价值的上升

碳排放的源头不仅包括汽车尾气、秸秆焚烧、工厂废气，也包括信息

技术领域产生的碳排放，例如，美国马萨诸塞大学在一项课题研究项目中对人工智能模型进行神经网络搜索排查训练，仅一次训练就排放了大约62.6万磅的碳物质，相当于一辆美产汽车一年碳排放量的5倍。如果有更多用户进入元宇宙智慧图书馆的虚拟空间，就会导致电力、算力输出呈几何级增长，碳排量更是无法估量。由此可见，当元宇宙融入图书馆行业、出现元宇宙智慧图书馆时，运行经费紧张的图书馆如何减少碳排放量成为一个亟待解决的问题。

四、元宇宙智慧图书馆可持续发展的对策

高耗能、高碳排放量是元宇宙实施智慧图书馆信息数据交互的必要条件。元宇宙智慧图书馆要想顺利运行且降低耗能、减少碳排放量，需要满足以下条件。

（一）持续加大运行资金供给力度

元宇宙智慧图书馆的运转需要大量的资金支持，为保障元宇宙智慧图书馆建设顺利实施，环保指数达标，项目建设及运行过程中都必须保证有连续性的经费支持，否则会导致用户体验不佳、资源浪费、环保不达标等问题。

（二）拥有业务专、技术强的建设团队

元宇宙技术的应用需要高性能、高能耗的底层设施设备作支撑，而且底层设施设备的精确度、敏感度要求以及技术人员的专业素养都会影响元宇宙智慧图书馆的正常运转和用户的体验。因此，在智慧图书馆应用元宇宙技术时，一定要配备业务专、技术强的人员，形成团队以应对元宇宙智慧图书馆运行中的难题。

（三）构建能源智能监测系统

智慧图书馆元宇宙理论的实施与可持续发展理念相悖的主要症结在于高能耗和高碳排放量。就元宇宙智慧图书馆的发展状况来看，可以建立能源智能监测系统，实时监测能源消耗和碳排放情况。设定图书馆系统安全

运行阈值，对运行情况进行智能排序，当底层设施设备运行接近安全阈值时，监测系统会发出警告并关闭程序，确保元宇宙智慧图书馆的安全。同时，元宇宙智慧图书馆要及时关注图书馆政策更新和新机器设备运行情况，有必要时进行更新和改进。

（四）加强碳中和改造

目前，元宇宙智慧图书馆建设还处于初级阶段，以数字孪生技术为依托、以虚拟图书馆建设为雏形，使用的设施设备和出现的能源消耗还在可承受的范围之内。但是，真正实现元宇宙智慧图书馆虚拟空间环境的整体构建、提供给用户强沉浸式的体验还需巨大的算力耗能，依靠当前低标准能源系统供给是无法实现的。因此，元宇宙智慧图书馆要加强社会合作，积极参与绿色环保活动，协同推进碳中和事业的发展。

五、元宇宙智慧图书馆可持续发展展望

智慧图书馆的发展离不开用户对信息资源的需求和科学技术革新的推动。智慧图书馆发展的核心要义是以人为本，致力于技术支撑知识服务，满足用户个性化的信息需求。在当下现代信息技术快速发展形势下，智慧图书馆与用户的黏性更强，这也加快了智慧图书馆转型发展的脚步，因此，智慧图书馆必须创新发展，使元宇宙成为智慧图书馆突破发展瓶颈、紧跟时代前进步伐的重要推手。

（一）发挥元宇宙空间优势

在“碳中和”“碳达峰”等绿色理念的影响下，智慧图书馆应更加关注文献资源的海量级增长与图书馆容量之间的矛盾。虚拟资源具有复制快速、存储广泛、管理简捷明了等特点，用户可以快速通过平台获取资源，这样既能满足用户需求，又能减少管理成本。在元宇宙技术支持下，智慧图书馆将实体馆藏资源进行数字化转型并融入元宇宙虚拟空间，使信息资源立体、完整，具有沉浸式体验的感觉。

（二）优化服务体系

元宇宙智慧图书馆能够提供线上、线下相结合的知识服务，包括线下

经典场域服务、线上多媒体综合服务、虚实空间融通服务。服务类型包含展厅阅览、真人图书馆、知识论坛等。加强元宇宙智慧图书馆后端管理，替换人工操作管理，直接登录智慧化服务平台，快捷完成服务，方便用户获取资源。

（三）整合信息资源

数字资源是智慧图书馆的主要存储资源，而其他类型图书馆大都以传统方式存储实体资源，通过现实空间场所为用户提供服务。元宇宙智慧图书馆以元宇宙技术为支撑，汇集信息资源进行元宇宙化集中整治，促进信息资源虚拟化。用户广泛参与融贯式服务活动，获取个性化的信息资源，同时元宇宙智慧图书馆利用多元化技术平台，组织虚拟阅读推广活动，使用户身临其境地感受服务的沉浸感。

（四）提升图书馆与用户的互动性

智慧图书馆实施元宇宙化建设，促进智慧图书馆向复合型方向发展。构建复合型图书馆，不仅可以承担信息资源流通、文献阅览工作，还可以提供知识讲座、专业学习、特藏文献展览、信息交流互动等服务，让用户体验复合型服务的愉悦感。然而这些服务体验仅限于物理场馆，容易受到区域环境的影响，使得很多服务效果大打折扣，这也加快了图书馆进一步发展的步伐。在元宇宙智慧图书馆里，用户可以通过身份认证的方式进入图书馆，在虚拟空间内实现用户与馆员、用户与用户之间无障碍交流，参与活动、讲座、学习和展览。在大数据、区块链技术支持下，分析用户需求，馆员可以根据用户需求提供各类虚拟服务。这将会极大提升图书馆与用户之间的黏性，增强图书馆与用户的互动性。

总之，当今世界积极践行可持续发展理念，元宇宙智慧图书馆只有把握人类社会发展新趋势，才能高质量发展。基于此，元宇宙智慧图书馆合理运用各类物质资源，协同技术进步获取更多新型资源，依据政策规划制订元宇宙融合发展计划，逐步迈向可持续发展的道路。

第七章　智慧图书馆治理和未来

第一节　元宇宙理念治理：智慧图书馆面向虚实融生的内涵意义、风险和实践进路

元宇宙技术支持智慧图书馆虚实空间融合相生。在元宇宙理念的引导下，实施智慧图书馆治理，提供图书馆网络、数字资源、主体身份的安全保护，呈现身份认证、知识创造、信息交互的渊源，以及不可抵赖、不可篡改性。分析研究智慧图书馆治理、元宇宙技术的安全性及路线方向，对于指导智慧图书馆再造时空、重构价值、发展创新及融合跨界服务具有重要意义。

一、智慧图书馆面向虚实融生的内涵意义

（一）元宇宙与智慧图书馆的虚实融生

随着数字经济的快速发展，图书馆呈现智慧化转型的发展态势，而元宇宙的出现促使图书馆快速形成全智慧多元化图书馆。元宇宙赋能智慧图书馆高质量发展，促进智慧图书馆虚实空间融合相生，实施人机交互，实现万物互联。全息映射虚拟数字人，组织智慧化服务体验阅读学习的沉浸感，生态化建设虚拟空间场景，进行元宇宙化治理，实施智慧图书馆的建设与应用。吴江等提出：“元宇宙理论指导智慧图书馆实践，元宇宙技术

支持构建虚拟数字人，凭借虚拟化身身份参与虚实空间融合的知识服务，实现三元世界信息实践操作和交互。”① 将元宇宙技术应用到智慧图书馆知识服务中，促进信息跨时空交互，拉近用户与信息交互的虚拟化距离。从技术应用来看，促进智慧图书馆信息资源重组，实现信息资源购置资产化管理，运用非同质化代币技术进行虚拟数字人身份认证，以虚拟身份脱离信任实体限制，保障虚拟资源的安全运转。利用元宇宙技术设计用户虚拟化身，以虚拟数字人的身份融入虚拟空间，实施虚拟信息服务，开发虚拟应用场景。基于现实图书馆应用场景，链接虚拟空间，创建智慧图书馆虚拟应用场景，深化用户体验虚拟应用场景的沉浸感。实施增强现实/虚拟现实技术应用，装备虚拟智能化设备，以此提供虚拟资源的智慧化服务，实现用户与知识的虚拟化交流互动。

（二）元宇宙理念治理下智慧图书馆面向虚实融生的内涵意义

当前，快速发展的元宇宙技术支持智慧图书馆实现虚实空间的深度融合。突破现实空间知识服务瓶颈，解决发展中存在的隐患，促进智慧图书馆高质量发展。运用元宇宙理念治理智慧图书馆，产生了良好的效果，主要表现在技术支持知识服务创新发展上。构建虚拟空间，发挥去中心化功能作用，实施监督管理，维护伦理道德，制定规章制度。以虚拟性为特点，以沉浸感为支撑，打造智慧图书馆信息交互平台，增强馆员感知信息资源的能力，抵御风险，排除困难。元宇宙助推智慧图书馆虚实空间融合相生，体现在元宇宙治理力度上，明晰治理问题的本质，通过协作产生共识，制定决策机制，形成适合智慧图书馆元宇宙理念治理深度的理论框架，实施元宇宙智慧化治理，开创身份、权益、安全保障的多元化治理格局。

---

① 吴江，陈浩东，贺超成．元宇宙：智慧图书馆的数实融合空间[J]．中国图书馆学报，2022(6)：16－26.

二、智慧图书馆面向虚实融生的风险挑战

（一）数据的存储与流通：深度挖掘应对数据使用隐私屏障

智慧图书馆高质量发展离不开数据的支持。在元宇宙环境下，智慧图书馆拥有规模庞大的虚拟数据群。由于虚拟数据规模庞大，数据安全成为元宇宙治理的关键问题，需要彻底解决掣肘智慧图书馆高质量发展的数据安全问题。从数据发展状况来看，隐私数据是保持智慧图书馆元宇宙空间运转的重要资源，需要不断地提高隐私数据的质量，扩充隐私数据的数量，确保集中收集、合理存储、合规使用。在元宇宙技术支持下，智慧图书馆构建虚拟资源应用平台，实现虚拟资源的实时流通、用户的沉浸式体验。用户可以在虚拟空间自由地阅读、学习、社交，但受虚拟空间不确定性因素的影响，用户参与虚拟活动的隐私数据可能被泄露。智慧图书馆数据具有隐私性特征，一旦被泄露，就会给用户带来不可弥补的损失。运用增强现实/虚拟现实设备，用户在智慧图书馆虚拟空间的信息交流与互动行为被准确地记录下来，可成功防范数据泄密。因为智慧图书馆主要依靠虚拟空间进行数据的交流与传播，所以更要注意隐私泄露问题，将风险降到最低。

通过增强现实技术支持，虚拟现实技术的配合，高效记录智慧图书馆知识导航、阅读学习、智慧服务等行为数据；同时，借助高能运算技术，深挖个性化服务行为，以此衬托用户虚拟画像的立体感和智慧性。为满足用户个性化需求，需要加强虚拟化身辨别知识数据质量高低的能力，指导虚拟化身推送知识信息，以此增加智慧图书馆的资本价值。同时，加强对信息流通行为的监控，防止隐私数据被解密，禁止信息被滥用。

（二）沟通困境：虚实空间连接尚存在一定的困难

从元宇宙技术支持智慧图书馆发展的情况来看，实现虚实世界的深度融合还需要克服一些困难，亟待对其进行进一步研究探索。实现元宇宙沉浸感效果，需要进行虚拟空间的高度映射，建立虚拟数字人，实施信息资

源的虚拟化管理。如果智慧图书馆不具备元宇宙超强运算能力，那么用户感受沉浸式体验效果将无法表现出来。智慧图书馆具备接待用户群参与知识服务活动的能力，智慧化服务面向的服务对象是用户群体，但是大规模数量的用户参与，对智慧图书馆知识服务接待能力是一个严峻的考验。同时，智慧图书馆实施元宇宙化建设，提升了大规模用户群参与知识服务活动的视听交互效果，智慧图书馆支撑的强度运算和响应延时也是一个严峻的挑战。尚处于建设阶段的元宇宙智慧图书馆，距离融入大规模用户群仍有一定的差距。① 促进智慧图书馆高质量发展，核心建设点是提高数据质量、构建虚拟空间生态机制，这需要借助元宇宙技术，实施智慧图书馆建设的创新发展。在元宇宙理念引导下，智慧图书馆需要扩展新场景，构建多元化虚拟生态场景以备智慧图书馆绿色发展之用。

（三）技术缺陷：能力恐慌影响虚实融生状态安全秩序

元宇宙整合各类现代技术，形成了一个现代先进性综合体，主要包括人工智能、云计算、物联网、区块链等技术。这些现代技术常用于智慧图书馆空间场景建设和知识服务实践，然而在实践应用中会遇到一些风险挑战，主要表现在运用人工智能技术可能会出现偏离智慧图书馆信息系统的风险。具有高强运算能力的云计算技术能够促进数字化资源的深度整合，合成音频、视频，产生数字全复制结果，时刻存在“数字克隆”的风险。物联网技术的核心问题在于虚拟现实/增强现实穿戴设备采集网络资源带来的数据风险，由于采集数据关涉事物属性情况，网络化采集数据会引发知识产权纠纷的风险。区块链技术支持主体虚拟身份认证，关涉信息资源资产确权问题，因此，在数字资源流通过程中可能产生交易风险，包括虚拟数字人身份错位、资源资产权益分配不合理、智慧化信息系统维护不及时等。

① 董同强，王梅．虚实融生：元宇宙视角下智慧图书馆的未来生态图景［J］．图书馆学研究，2022(5):20－25.

三、智慧图书馆面向虚实融生的实践进路

为规避风险、排除安全隐患，智慧图书馆借鉴元宇宙安全理论，遵循元宇宙治理原理，规范智慧化服务运行规则，以保障智慧图书馆信息资源流通和传播安全运行。

（一）以哈希网络交互分层架构为基础，实施智慧图书馆数据治理工程

经过元宇宙技术改造，智慧图书馆演变成了一个超级智能系统。面对智慧图书馆超级智能系统大量的数据流动，解决数据存储、逻辑运算和资源治理等基本问题，需要设计一种基于哈希网络交互分层架构，以保障元宇宙理念治理在智慧图书馆运行过程中的顺利实施，治理架构如图 7－1 所示。

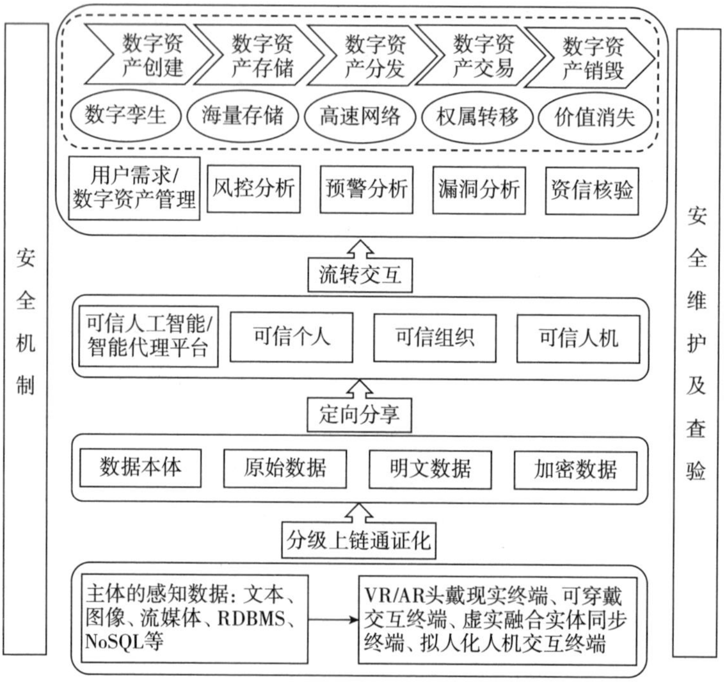

图 7－1　以哈希网络交互分层为基础的智慧图书馆数据治理架构

将数据本体层与数据共识层分离，形成分层治理架构，按照不同需求及数据逻辑关系定序并达成共识，且结论可被验证。通过分层治理架构安排，解决智慧图书馆虚拟空间内数据确权、分级存储、隐私保护、安全流转等问题，保障智慧图书馆虚拟空间的运行高效率，以及安全和隐私得到彻底保护。

依据元宇宙治理原理，对智慧图书馆数据重要程度进行分析判断，依据分析结果将操作数据的本体进行分级，目的是给数据配置链接、加密做前提准备。不同性质的数据组合成数据云，决定着本体的分级层次，而且已经集合的数据云决定的本体层次是固定不变的。在数据治理结构中，中间层具有可信人工智能参与功能，可信人工智能参与能促进智慧图书馆数据治理架构底层数据群被深度挖掘，还可将可信人工智能作为智慧图书馆信息资源虚拟代理，以虚拟化身身份为用户提供服务，为数据外包、读者使用数据信息提供技术支持，保障通证化目标数据高并发、安全、监管的快速流转。人工智能以算法的形式参与智慧图书馆数据治理，可以对智慧图书馆虚拟空间中的数据链进行感知反应，监控数据链异常情况，发出预判警示。

智慧图书馆数据治理架构上层内容为现实用户和现实需求。上层与中层联系紧密，为主体在虚拟空间场域中提供灵活的、自由的运行维度，首先，规范主体在数据本体内写入数据；其次协调主体理解数据内容，形成认知共识；最后助推新型数据顺畅写入数据。通过数据写入方式强化治理功能，更加接近人的价值思维，从理解治理价值到出台治理决策都是人性化的。

（二）以价值重构理念为基础，实施智慧图书馆虚拟时空再造工程

智慧图书馆是数智时代的产物，其宽泛、灵活的数据链接将降低人们获取知识的难度、提高人们阅读学习的沉浸感程度。在虚拟空间内实施去中心化功能，拓展智慧图书馆服务范围，加快信息流通速度，构建虚实融生综合空间。运用代码运算技术，推动知识服务场景创新发展，促进知识

传播价值推陈出新。人机交互技术的出现，不仅拓展了智慧图书馆信息资源输出渠道，还创造了知识信息在虚拟空间中的新型连接方式。随着人机交互技术的发展，智慧图书馆中知识连接内容和信息输出形式也将被重建。

目前，智慧图书馆实施元宇宙化建设需要在规划上进行顶层设计，强化基础设施建设，加大技术研发力度，融入5G高速宽带网体系，保障智慧图书馆网络应用空间场所的运行可控。宽泛、可信、互联的智慧图书馆发展生态链如图7-2所示。

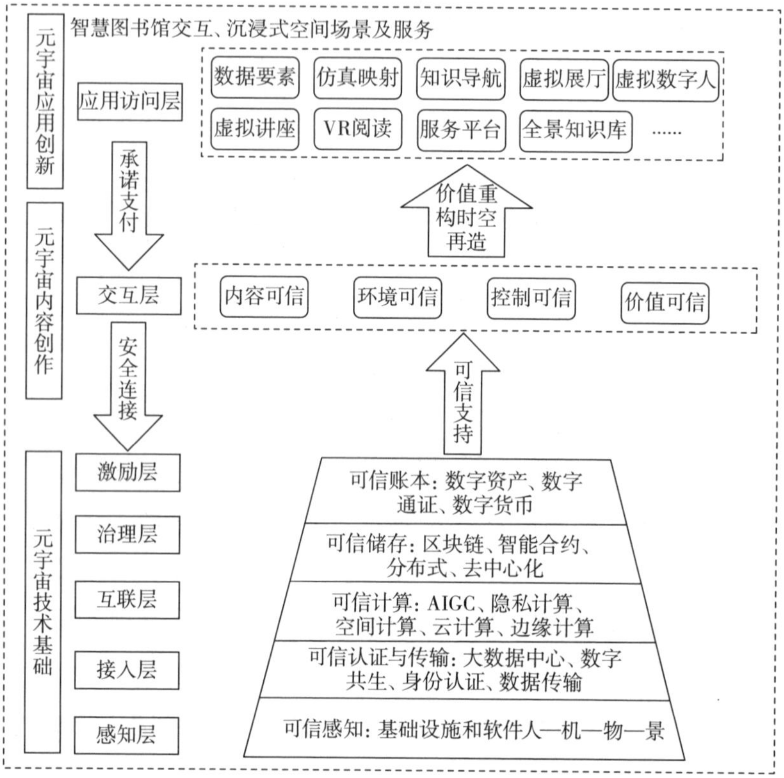

图7-2 宽泛、可信、互联的智慧图书馆发展生态链

（三）以去中心化共治为基础，实施智慧图书馆人与技术治理工程

元宇宙充分表现出现实世界与虚拟世界的关联交互，元宇宙空间内的

人物情感与应用场景无缝联通。智慧图书馆借鉴元宇宙空间理论，创建一个去中心化的治理环境，为实现智慧图书馆共治奠定基础。通过去中心化共治，促进用户广泛参与智慧图书馆治理工程，确保智慧图书馆绿色发展。

智慧图书馆实施元宇宙化建设，既关系现有资源的流通，又关系用户创造的虚拟资源存储，如何将这些虚实资源进行安全保护是必须解决的关键问题。如果返回传统方式——维护资源存储中心化模式，就会增加垄断风险，信息资源保护受到威胁。在元宇宙技术支持下，IPFS 去中心化分布式存储成为智慧图书馆效果最佳的资源存储模式①，以开源算法为技术手段，分片处理数据，将数据链接在网络连接点上，存储节点独立存在且有无限扩展的趋势，单存储节点可以自行调整信息存储量。用户使用元宇宙底层设备，对虚拟资源进行加密，通过网络管理密钥，对资源流通和传播进行加密管理。同时，进入智慧图书馆虚拟空间的用户虚拟数字人有管理数据自主权，这保障了数据安全性，保护数据隐私不受外界干扰。

元宇宙具有虚实交融、互通互联的特征。元宇宙与智慧图书馆交互融合，能够在智慧图书馆的生态体系建设中运用核心存证和通证技术建立多节点状态下的增信机制。针对智慧图书馆资源流通实际情况，实施通证系统生成操作，对公共数据进行上链管理，实施分布式存证操作。促使智慧图书馆设置智能合约，将信息资源传输协议去中心化处置。协调制定底层技术协议，促进智慧图书馆虚实空间融合相生，形成有利于智慧图书馆发展的虚拟空间生态系统。

（四）以伦理价值观为基础，实施智慧图书馆法律法规规范建设工程

智慧图书馆实施元宇宙化共治，促进智慧图书馆主体自主性发展。在智慧图书馆元宇宙建设中，也出现了空间管制、规则落后等问题。通过互

---

① 蒋宇娜，葛晓虎，杨旸，等．面向6G的区块链物联网数据共享与存储机制[J]．通信学报，2020(10)：48－58.

动，进行了转化生成，形成了复杂关系。这种复杂关系容易导致用户在智慧图书馆虚拟空间内混沌、迷失，沉迷于虚拟化环境不能自拔，回避现实，难以实现虚拟世界中的沟通，这需要完善服务场景准入规则，启动隐私信息保护机制，实施多元化治理，给用户创造一个体现自主创新的服务环境。同时，进一步完善伦理制度，规范监管制度，防范风险，化解矛盾，制定可持续发展战略，促进资产升值，行为得到监管，体系得到保障，实现智慧图书馆治理的创新发展。

智慧图书馆高质量发展离不开虚实融生环境的支撑。在元宇宙环境下，智慧图书馆有效链接数据各节点，依据协同创新机制提供存证与维护数据。元宇宙存证功能可以矫正伦理价值观，对智慧图书馆的科学发展具有重要意义。区块链技术认证各数据节点品质，对智慧图书馆的行为安全负责。基于区块链技术的治理也已经落实并产生了明显效果，规则规范了智慧图书馆的运行秩序，而运行秩序提升了智慧图书馆的规范程度。在元宇宙数据安全的复杂结构中，智慧图书馆需要把握各种工具技术、策略、规则，并将三者进行有机结合，实现总体安全目标，为数据感知、信息交互、虚拟空间、知识服务等生态体系安全运行提供保障。

第二节　智慧图书馆信用治理公平与效率的现代化表达

我国社会主义建设与发展，必须秉持以人民为中心的理念，扎实推动和谐发展，坚持共同富裕的战略目标。智慧图书馆是社会组织的重要组成部分，促进共同富裕不仅是社会主义的本质要求，也是智慧图书馆在社会主义社会高质量发展中的历史担当。智慧图书馆要正确处理公平与效率的关系，构建与资源分配相一致的现代化信用治理制度安排。所谓现代化信用治理，是指在传统信用向现代信用转型的过程中，以现代思维方式，有效发挥信用治理功能，确定公平目标，完善科学化的保障体制，提升社会运行公信力和信息服务能力，提高社会民众的获得感和满意度。智慧图书馆实施信用治理需要现代科学技术的支撑，信用治理的现代化发展也会创新现代技术的赋能方式。我国图书馆学界普遍认为，随着现代科学技术的快速发展，区块链技术赋能智慧图书馆高质量发展，发挥信用治理的作用是一个实践课题，也是提升效率、倡导公平的现代化理念表达。

一、智慧图书馆信用治理的公平、效率与公信力

信用治理在国际理论中有着丰富的内容表达和长久的历史贡献，并在我国社会主义社会实践中表现出鲜明的时代性和强大的生命力。智慧图书馆倡导和发展信用治理，同时信用治理也是智慧图书馆传承发展的重要举措。进入信息化时代后，信息需求增长引发信息分配不均匀问题的爆出，使智慧图书馆信息管理的信用程度争议不断，原因在于社会民众对于智慧图书馆未能满足信息需求而引发的信用危机。这种信用危机主要源于社会民众对智慧图书馆信息收集不及时和信息发布不透明行为的质疑。作为主要社会文化组织机构，智慧图书馆信息资源的分配是社会分配的重要组成部分，实现智慧图书馆信用治理的关键在于深化信息分配制度改革，科学对待公平与效率的关系。从伦理学角度来看，信息分配的可持续发展依据是及时与公平。“不及时”涉及智慧图书馆信息收集与发布的效率问题，“不公平”涉及社会民众获取信息需求的满意度问题，而公平与效率问题和智慧图书馆的社会公信力问题紧密相关。

（一）智慧图书馆治理具有信用依赖特征

随着社会文明程度的不断提高，人民群众讲信用的意识逐渐增强，促进了智慧图书馆信用治理深入实施和发展。渐渐地，社会民众对智慧图书馆依靠政治力量进行信息分配的管理机制产生了突破限制的心理，社会化与民间化成为智慧图书馆信息分配的主要形式。随着国民经济的快速发展，社会保障体系建设更加完善，这充分说明了人们社会物质财富伦理观念的转变和社会公平程度的提高。由此可见，智慧图书馆信用治理的进一步发展，是伦理观念转变和社会物质财富公平分配双重作用的结果。一是信息收集和发布趋向社区化，凸显了智慧图书馆信用治理主体的广泛化。党的十八大以来，我国政府注重在社会基层治理中充分发挥先进组织的作

用，信息组织社区化首次成为国家重点政策。智慧图书馆公共信息服务以社区组织为信用主体，充分反映了社会民众广泛参与信息组织分配的互信理念，助力智慧图书馆共建信用治理的良好氛围。二是“互联网＋”信用机制的建立和完善，凸显了智慧图书馆信用治理的科技化和信息化特征。社会民众对信息需求的获得感在网络信息时代得到很大程度的满足，建立和完善“互联网＋”信用机制已然成为智慧图书馆治理的重要形式和特征。

（二）智慧图书馆信息分配中的信用、效率与公信力问题

在社会文化领域，信用与效率表现出了智慧图书馆信息收集与发布的理念真谛，也是智慧图书馆社会主义精神文明建设的价值追求。信用是社会主体在参与社会活动时按照社会规则和国家标准实施行动与处理关系的准则。① 效率是资源投入与生产产出的比率，是价值趋向最大化的信息资源配置方式，追求效率是智慧图书馆实施信用治理的驱动力，具有重要的社会伦理价值。信用与效率是健全和完善智慧图书馆治理制度的基本遵循，是一对促进智慧图书馆良性发展的矛盾统一体。然而，随着智慧图书馆信息分配的社会化和分散化，制度管理发生了较大变化，使智慧图书馆与社会组织之间难以形成统一的协调、合作机制，进而在信用治理上影响了公平和效率，也影响了社会民众获取信息的满足感。

随着我国政治、经济、文化综合实力的提升，社会主要矛盾发生深刻变化，智慧图书馆也由“创造知识”转向“分配知识”，进入了数字化发展的新阶段，而实施信用治理的措施则是实现知识公平分配、高效传播的推动力，助推智慧图书馆数字化发展。英国学者鲍曼曾说过：“没有正义的信用是不可想象的，没有信用的正义是扭曲变形的。”② 智慧图书馆的根本任务是信息分配，其在推进事业发展时必须维护信息公平，这是智慧图书馆的天然使命，也是遵循社会保障制度的目的使然。将社会民众信

① 洋龙．平等与公平、正义、公正之比较［J］．文史哲，2004（4）：146.

② 鲍曼．后现代及其缺憾［M］．上海：学林出版社，2002：55.

息获取的满意度贯穿智慧图书馆事业发展的各个环节，促进广大社会民众参与智慧图书馆治理，共同维护公平、正义，共享发展成果。建立和完善信用治理制度，是智慧图书馆实现信息获取公平、信息发布高效的基本保障。

在智慧图书馆信用治理的过程中，一路相伴而来的是公信力问题。强化信用治理必然提升公信力，然而公信力具有易损性的特征，只有长期积累公信力才能变得更强大。智慧图书馆在实施智慧化服务时，协助用户获取资源，也会出现用户失信行为，尤其在虚拟环境中信用丢失事件时有发生，直接影响了智慧图书馆事业发展的公信力。近年来，智慧图书馆在信用治理方面做了决策部署和努力尝试，着力解决了信息分配不公平、信息传输效率低的问题，智慧图书馆提高治理能力已经不是常规技术能够承受和解决的。互联网技术的升级、换代发展拓展了智慧图书馆信息发布的广度，加快了信息传递的速度，现代科学技术赋能智慧图书馆已经实现了更高的发展目标。运用现代技术手段，深度解决智慧图书馆存在的既有问题，其中，内置信用含义的区块链技术是智慧图书馆信用治理工作的最佳选择。

二、区块链技术赋能智慧图书馆的价值

2019 年，国家互联网信息办公室颁发了《区块链信息服务管理规定》，自此引发了智慧图书馆界对区块链技术的高度关注。区块链技术呈现出合约自治性、公开透明性、去中心化等特点。这些技术特点的实施为智慧图书馆提供了新的生态环境空间，在智慧图书馆运行要素更新上带来了新的意义，在信用治理导向上开辟了新方向，从而结合大数据、人工智能，形成智慧图书馆应用领域的技术支撑，在融入智慧图书馆创新性基础设施建设方面发挥着独特的作用。

习近平总书记提出："我们要把区块链作为核心技术自主创新的重要突破口，明确主攻方向，加大投入力度，着力攻克一批关键核心技术，加

快推动区块链技术和产业创新发展。”[①] 提倡跨行业的技术应用，实施技术产品融合。发挥技术协同作用，实施数据要素共建共享，促进智慧图书馆知识信息推送平台升级换代。作为新型的元宇宙技术，区块链促进智慧图书馆之间互联通信。区块链技术既继承了语音通信技术的辨别能力，又提升了第二代知识互联技术优势，是一种具有创新发展功能的先进互联网技术。区块链技术具有信息回溯功能，能促进智慧图书馆治理公平公正，提升知识服务的诚信度。在区块链综合技术体系支撑下，智慧图书馆进一步整改网络信息系统，构建了内置信用背书中心，保障知识信息回溯交流，防止信息格式被篡改。实施智慧图书馆治理，构建信用策略体系，信息资源共治共享与区块链技术在价值机理上存在着一致性。

（一）区块链技术赋能智慧图书馆治理的价值取向

区块链技术具有强大的合约自治性功能，支持智慧图书馆组织结构扁平化处理，协助信息资源流通传播透明化治理，也以此增强了智慧图书馆运行管理、数据传输的安全性，提升了智慧图书馆治理可信化和智能化建设的程度。由此可见，区块链技术支持智慧图书馆治理能力的提升是明显的，区块链技术支撑智慧图书馆治理和公共服务越来越走向深入。区块链技术赋能智慧图书馆，最大的价值表现是运用去中心化的、系统内置的方式，率先在互联网上对事实、信用给予确定并达成共识。发挥区块链价值互联网作用，内置信任元素于智慧图书馆运行管理中，可确保在执行过程中顺利地传递信用价值，使信用在网络信息平台上移动、交流，从而避开以现实物质为基础的种种高成本保障措施的限制。

信任是信用存在的前提，拥有信用就是信任实施的结果。在图书馆学价值理念中，信用是规划我国图书馆运行中事与物的权益理念，体现出智慧图书馆特质元素的价值素质。智慧图书馆的信用指数随着主体互动而变化，变化踪迹被区块链技术记录。区块链技术记录是透明的，记录的信息

---

① 习近平主持中央政治局第十八次集体学习讲话[EB/OL].[2019-10-25].http://www.gov.cn/xinwen/2019-10/25/content_5444957.htm.

内容可回溯，关键数据要素不可篡改，使智慧图书馆的信息管理平台成为社会民众信任的自动化系统。在这个系统内，信息被无限制地传递，包括权益、利益、诚信在内的理性价值观也被认同和传递，认同和传递的每个过程被内置，是有信任保障的，确保这样的自动化系统不会扭曲变形而损害社会民众的利益。智慧图书馆之所以应用区块链技术，是因为在传统信息传递范式公信力下降时，可以持续地为社会民众提供信息服务，保持高度的公信力。区块链技术支持的信任方式具有外界其他系统无法比拟的优势，将会促进智慧图书馆始终保持信息收集和发布的高效率，有条不紊地限制垄断和非理性泛滥。

区块链技术最明显的功能是公约性自治。这一功能将会使智慧图书馆信用治理行为和内容产生巨大变革。区块链实施公约性自治技术操作，改造智慧图书馆成为去中心化的新型组织形式，大幅降低了信息流通的成本，使原本无法实现的社会信息交互成为可能，促进了图书馆治理空间的拓展。智慧图书馆实施公约性自治，可以通过区块链的技术手段进行设计，在智慧图书馆业内主体以及相关主体之间构成一个完整的信用度，生成无摩擦效应，产生信用超导体。以区块链技术为支撑，实施智慧图书馆价值改造，将知识网络系统打造成信用超导体，降低知识创造成本，为智慧化服务无摩擦协同带来可能。

（二）以区块链技术为支撑构建智慧图书馆信用价值网络

从区块链技术支撑程度来看，通过技术改造，智慧图书馆已经成为一个主体进行信息价值再造和传递的高级系统。这一系统集聚了资源、利益、情感、制度等诸多信息分配因素，因此，全面依赖信用。智慧图书馆的信用治理是建立在公约性自治基础上的，自治的主要过程是通过占据主要信息资源的主体收集信息，分配给信息资源贫困并且要保障发展的主体。信用机制的高效落实，依赖于公平、合理的信息分配。信息资源总是有多有少，在信用治理中交流的信息，只有公平分配，才能普惠众生，发挥信息资源的最大效益。建立信用机制，促进资源分配公平化和信息流通高效率，同时信息流通的迟缓是对智慧图书馆资源的浪费，也是对信用的一种损害。

智慧图书馆应用区块链技术开始于数字化时代，经过近十年的发展，智慧图书馆网络信息平台得到区块链技术的全面支持，使智慧图书馆信息收集和发布更加高效、公平，促进了智慧图书馆高质量发展。前面所述的区块链技术特点，能够以更高的标准构建智慧图书馆信用超导体式的信息发布网络体系，能够支持智慧图书馆实现信用治理的目标。

首先，提高效率，降低运行成本。利用区块链技术，实现去中心化的目标，发挥智慧图书馆信息管理的作用，推动智慧图书馆主体协调运转，实现馆员与用户的无缝对接，以优质的智慧化服务提高信息分配效率。① 在元宇宙环境下，区块链技术促进智慧图书馆各业务部门协同合作，有效推动了信息的快速流通，提高了知识信息协同效率，保障了信息及时分配，满足了用户的需求，进而有益于人的健康发展。

其次，透明发布，可回溯、防篡改。在区块链技术的支撑下，智慧图书馆创造出智能化、分布式信用范式。“依据区块链技术记录数据，具有真实、可靠、不可篡改特征表现，使得数据内容更具可信性，能够顺其自然地支持信用机制体系建设。”② 区块链技术功能模块能够实现信息溯源及信息回流，有效解决智慧图书馆信息流通中暗箱操作的问题。信息资源的溯源回流是智慧图书馆运行的重要推动力，进行动态化数据的追溯记录，促进智慧图书馆信息透明化管理，确保智慧图书馆信息管理执行的效果。

最后，促进信息平台编程化管理，保护隐私，防止泄露。智慧图书馆实施信用治理，关键在于解决信息传输成本降低和信息分配效率问题，并以此解决信息透明化和隐私保护问题。区块链技术能够促进智慧图书馆信息平台编程化，形成有序排列的组织结构关系。引入区块链专家诊断系统，提升智慧图书馆信息项目判断分析能力，使信息传输成本更为

① 赵超．区块链技术与重大疫情防控优化研究[J]．科技创新发展战略研究，2020(3)：45－51.

② 王丽荣．公益慈善何以更透明：基于区块链的数字证书认证策略[J]．兰州学刊，2020(4)：149－159.

合理。以此为基础，促进智慧图书馆国际化发展，实现全球范围的交流与合作。

三、区块链技术赋能智慧图书馆的公平保障体系

发挥区块链技术防篡改功能，防止智慧图书馆信息管理平台操作不当导致的公信力下降问题，并通过区块链技术增强数据保真性及智慧图书馆公信力。应用区块链技术增强智慧图书馆公信力，可以使用户清楚智慧图书馆信息发布的实情，避免信用缺失行为发生，这在一定程度上可以保障公平。

在智慧图书馆信息管理系统内部，仅仅达到透明化、保持公信力还无法达到信用治理的目的。智慧图书馆的信息资源不仅要保证科学合理使用，还要达到公平的目的。智慧图书馆应当根据信息分配的技术特点做图书馆专业化的事情，以按需分配的原则进行信息资源的社会分配。按需分配是智慧图书馆信息管理的基本原则，只有履行按需分配的原则，才能促进智慧图书馆信息分配的公平性。智慧图书馆要解决按需分配中信息双盲、不对称问题，不应当按照求助“音量”大小分配信息资源，而是要做到信息分配的透明化、需求满足的公允性、价值输出的合理性。

在区块链技术赋能下，智慧图书馆信息网络系统能够公开、全面、及时地推送信息资源，以逐层审核、公开监督的方式推进信息传播的透明化。在信息传播真实性的基础上，结合区块链技术专家系统的支持，对信息需求情况进行评估，最终确定信息输送方式，便于有效满足社会民众的信息需求。区块链技术赋能智慧图书馆，实现信息智能匹配全覆盖检索，促进每一个信息数据发挥最大效能，促使每一个合理信息需求得到满足，只有这样，智慧图书馆信用治理效果才能实现。

区块链技术改造智慧图书馆主体操作，将主体视为存在一定联系的节点，明确节点之间的关系，通过信用无磨损进行信息流转，构建智慧图书馆信息价值传送网络，如图7-3所示。专家系统评估智慧图书馆主体行为并产生信用等级，主体间信息传播效率可以通过信息组织分配确定信用

值。信息用户获知的信用值以信息反馈的方式作为衡量智慧图书馆主体贡献程度的参考。改变智慧图书馆主体运转形式，随之变通知识信息节点属性，但是这不会影响智慧图书馆信息流通网络的运行。在信息流通网络运行过程中，主体、用户、服务都可以定向发布知识信息。

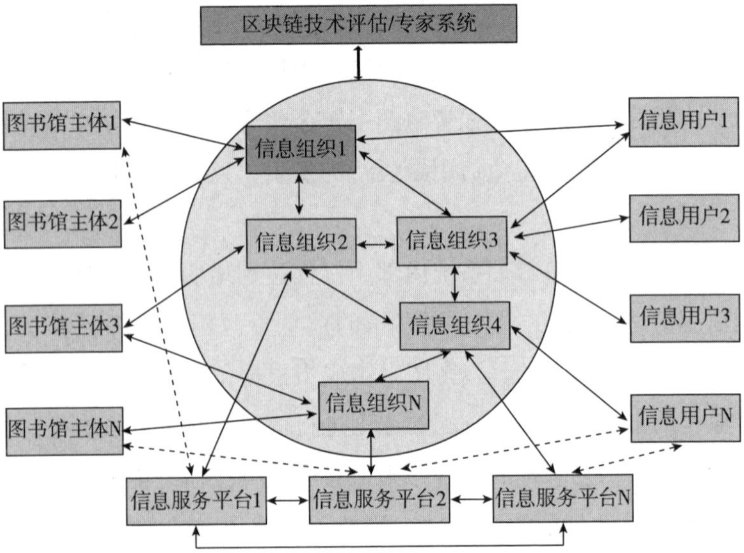

图 7－3　区块链技术构建图书馆信息价值传送网络示意

通过分析研究，我们可以预见，区块链作为智慧图书馆未来发展的一个技术规划手段，与信用治理相结合，给信息分配工作带来重大影响。区块链技术赋能智慧图书馆，解决了公平分配信息的问题，提高了信息传播效率，信用治理水平大大提升，公信力不断增强。通过区块链技术的改造，进一步强化了智慧图书馆知识信息分配管理，智慧图书馆信息决策规范执行，促进了智慧图书馆信息收集和信息分配的共建、共治、共享。在现代科学技术的支撑与改造下，智慧图书馆信用治理作用越来越突出，极大地满足了社会民众对知识信息的需求，助力人民群众思想发展进步，在实现中华民族伟大复兴的正确道路上奋力前行。

第三节　元宇宙、“世界 3”与智慧图书馆的未来

元宇宙概念的出现非常有可能对人类社会产生深刻影响，已经得到理论界人士的广泛关注。截至目前，元宇宙的理论建设尚未成熟，但从理论界的讨论可以看出，元宇宙的出现意味着促进智慧图书馆的信息创造、传播更加精确，信息交流的实效性、完整性大幅提升，阅读学习的沉浸式体会将成为整个数字虚拟空间的新式沟通场景，多模态信息的传递将成为智慧图书馆时代信息交流的新常态。2023 年 12 月发布的《中国工业元宇宙白皮书》指出，元宇宙时代的人不仅是社会消费者，也是社会生产者，更是历史创造者，元宇宙技术支持的是“个人体验 + 数字化”、人工智能、“互联网 + 制造业”。① 对于智慧图书馆来说，信息交流的变迁和用户沉浸式体验的社会参与成为智慧图书馆元宇宙化的两个基本向度，与资源存储和用户信息服务两个传统二维向度存在极高的可类比性。本节在理解元宇宙基本构架的基础上，借鉴波普尔的“世界 3”理论，从智慧图书馆面临的形态转型和功能转型两个方面，对元宇宙视域下智慧图书馆的理论发展和实践操作加以研究解读。

一、“世界 3”理论的意义表达

元宇宙与智慧图书馆职业意义的关联体现在“世界 3”理论的客观存在及意义表达上。或者说，以自主性为特征的客观知识世界的存在，构成了有虚拟空间衬托的元宇宙与有信息资源创造和传播职责的智慧图书馆之间的“最大公约数”。

“世界 3”被称为客观的知识世界。波普尔认为，如果我们认真考虑“世界”和“宇宙”之间的关系问题，可以将宇宙分为三个世界：“世界 1”

① 中国工业元宇宙白皮书[EB/ OL].（2022 - 03 - 03）[2022 - 04 - 11]. https://www. world-metaverseconference. com/ down/45. html.

是物理实体存在的世界；“世界 2”是意识状态或精神意志状态存在的世界；“世界 3”是思想的客观内容存在的世界。“世界 3”的出现，得到了图书馆界人士的关注。英国图情专家布鲁克斯认为，客观知识世界由科学、语言、技术、艺术等被人类记录、存储下来的精神产物组成。由于承载客观知识的记录信息通常由图书馆收集管理并传播，包括布鲁克斯在内的诸多学者认为，“世界 3”理论可以作为图书馆理论发展的基础素材。

在“世界 3”理论的发展过程中，波普尔将关注点放在客观知识世界的自主性以及与“世界 2”理论之间关系的论证方面。这种理论论证的旨趣与虚实融生的元宇宙理论非常相似。以海量数字资源为基础，以沉浸式体验为目的，构建智慧化虚拟空间，这既是元宇宙的基本样态，也是智慧图书馆服务的基本元素，因此，元宇宙与智慧图书馆之间的相互关联最终表现在主观知识客观化和客观知识主观化两个过程中。主观知识客观化源自用户个体理解、认知、体验主观知识并经由社会组织认定形成共识得以传承的过程；客观知识主观化是通过用户参与而依附于文献载体上的知识并进入社会认知结构的过程。有图情界学者认为，客观知识主观化作为知识传播的第二个阶段，与第一个阶段（主观知识客观化）联合在一起，共同实施知识信息流动、转换过程。[①] 对于智慧图书馆业务管理来说，这两个过程分别对应着信息资源“藏”与“用”之间对立统一的逻辑关系。其中，“藏”的逻辑是指智慧图书馆对客观知识承载的文献载体的收集与排序整理，其理论指引的是“世界 3”；“用”的逻辑是将经过排序整理的文献载体提供给用户阅读学习使用从而提升用户的认知水平，其理论指引的是“世界 2”。由于知识载体组织管理是智慧图书馆进行信息资源排序的基本工具，也是用户阅读、学习、理解客观知识进而提高认知水平的必要前提，知识载体组织管理无疑是智慧图书馆贯通客观知识世界和用户主观世界的核心。布鲁克斯认为，图书情报学正是这样一个将“世界 2”和“世

① 马恒通．主观知识客观化论纲[J]．中国图书馆学报,2004(5):24－28.

界3”的相互作用纳入研究形成的学科领域。[①] 我国图书馆学专家蒋永福对知识载体组织管理进行过系统分析，他提倡把客观知识作为图书馆学研究的逻辑起点，把客观知识主观化作为图书馆学的最高准则。[②]

元宇宙是一个承载丰富资源、可以让用户沉浸式体验的虚实交互的文化生活空间，智慧图书馆知识服务操作下的“世界3”则代表着在这个文化生活空间内整合客观知识用以用户沉浸式体验的海量资源体系。由此可以推断，智慧图书馆元宇宙化的存在价值在于有效表征客观知识并将客观知识与个体认知水平相关联，进而达到主观知识客观化与客观知识主观化的高度统一。进一步说，以知识载体组织管理为基础，智慧图书馆实施对客观知识世界的有效表征，进而关联用户知识认知的组织结构，从而实现“藏”与“用”的统一。这种统一产生的结果就是美国图书馆学家巴特勒倡导的“以图书馆为中介所形成的知识交流效果”。对此，我们可以总结出智慧图书馆的实际工作是收集和整理“世界3”的记录信息为用户所用，而智慧图书馆的理论工作可以归纳为研究“世界2”与“世界3”的相互作用。

从以上论述可以看出，知识载体组织管理既是“世界3”的内在表征工具，又是关联主观知识客观化与客观知识主观化的桥梁。在元宇宙视域下，智慧图书馆将以知识载体组织管理为工具，收集、整理、序化信息资源，促进元宇宙虚拟空间的形成与优化，通过“世界3”理论表征，实现用户沉浸式体验和元宇宙化的目标。因此，智慧图书馆有可能在信息交流和用户参与两个方面实现与元宇宙的有效对接。

二、元宇宙环境下用户认知的高级化进程

智慧图书馆有效对“世界3”内在结构进行表征，与元宇宙在信息资源收集整理方式和用户沉浸式体验方式两个方面存在互通的路径，因此，

---

① BROOKS B C. The foundation of information Science. part Ⅳ: Information science: The changing paradigm[J]. Journal of Information Science, 1980(3): 3 – 12.

② 蒋永福. 论知识组织[J]. 图书情报工作, 2000(6): 5 – 10.

有必要分析研究智慧图书馆在元宇宙发展中可能存在的重要贡献。作为一个以社会发展为基础的智慧图书馆理论框架，社会认识层次论已经具备对元宇宙视域下智慧图书馆作出社会贡献理论解释的能力。

社会认识层次论是以社会认识论为基础，基于用户群体认知水平参差不齐而形成的图书馆学基本理论框架。所谓“用户群体认知水平参差不齐”，是指用户群体在利用信息资源提高自身认知水平的过程中，由用户自身原因或外界干扰原因导致认知结果在不同群体间存在差异的现象。当实体或虚拟信息资源配置不均匀分布时，就有可能引发用户群体之间认知水平的差异，即“数字鸿沟”。在元宇宙环境语境中，不同图书馆系统中存在数字鸿沟现象。在元宇宙社会信息化背景下，智慧图书馆需要有一套规范信息资源整序和供用户利用的制度安排，以促进用户群体适应认知特征的客观要求，从而满足不同认识水平的用户群体的认知发展需求。就本质特征来说，智慧图书馆体系就是一种推动用户群体认知向高级化进程迈进的制度安排。按照社会认识层次论要求，用户群体认知水平的发展过程可以由低到高递升为四个层次。

第一层次是对文化娱乐体验的满足。这是用户群体认知水平发展的最初层次。处于这一层次的用户没有确切的需求目的，智慧图书馆作为公共文化服务机构，在第一层次中担当着满足用户娱乐兴趣、协助用户体验文化精品的职责。这一层次在元宇宙环境中的特征，就是用户通过虚拟空间的沉浸式感受，身临其境地获得渗透于“世界 3”的娱乐产品中的体验。

第二层次是对个性化信息资源需求的满足。除了娱乐体验层次的认知需求之外，出于对实际情况的了解或提高认识水平的需要，用户会产生对个性化信息资源需求的问题，尝试着在元宇宙虚拟空间海量数字信息中寻求用户自身需要的资源。在这一层次上，智慧图书馆的职责在于，基于知识载体组织管理，将海量数字信息资源进行有序排列，以此提供给用户使用，以备具有个性化信息需求的用户查询和获取。

第三层次是对通识性专业知识需求的满足。信息与知识之间存在着密切的联系，但是从总体上说，知识的品性高于信息的品性。在这一层次上，元宇宙环境下的智慧图书馆基于对“世界 3”内在结构的有效表征，通过系统化的知识载体组织管理，促进客观知识主观化并按照社会正常认知方式予以呈现，以此协助用户通过交互式方式浸入“世界 3”的目标。

第四层次是对知识创新需求的满足。在元宇宙环境中，知识创新的主体是经过严格规范的研究机构。元宇宙虚拟空间本身就是一个存储海量信息资源的空间，协助用户对接和获取海量数字资源是元宇宙环境下智慧图书馆促进知识创新的重要使命。显然，在用户有限的认识水平和近乎无穷的信息资源之间，需要发挥智慧图书馆知识服务和科技创新的中介功能。从元宇宙技术发展趋势来看，虚拟现实、区块链分析、系统评价等技术仍是智慧图书馆实施知识创新任务的基础保障。

总的来说，在元宇宙环境内，基于知识载体组织管理实现用户认知水平的提高并与“世界 3”进行深度对接，全面推进用户认知的高级化进程。然而，由于元宇宙浪潮能够给用户认知高级化进程带来颠覆性的影响，智慧图书馆从形态到功能都将面临深刻的转型变革。其中，由实体空间向虚拟空间的形态之变与制度规制向思想创新的功能之变将是元宇宙环境下智慧图书馆变革的主流。

三、从实体空间到虚拟空间：元宇宙环境下智慧图书馆的形态之变

在工业化时代和信息社会发展的过程中，信息资源存储和用户阅读学习体验的空间场域是智慧图书馆的基本存在形态。由于元宇宙是一个现实与虚拟交互的文化生活空间，实体空间形态的图书馆在元宇宙环境中固然有其存在的必要性，但已经不是主流形态。在此情况下，元宇宙环境下的智慧图书馆内在地蕴含着一种由实体空间向虚拟空间转型的力量。

（一）空间场域与元宇宙

关于“场域”的概念阐述来自物理学领域。德国心理学家勒温将场域理论引入社会学领域。勒温认为，心理场域是人的生活经验和未来愿望构成的总和。与元宇宙理论一脉相通，场域论特别关注“文化生活空间”这

一领域。按照场域论的阐述，文化生活空间包括用户的心理环境，这是判断用户在一段时间里做出的全部行为优劣的总和。心理环境不是仅指物质世界，也不是仅指主观世界或他人世界，而是指影响人的主观活动的行为世界。很明显，勒温的心理场域论具有元宇宙关于文化生活空间描述的全部特征。因此，勒温的场域论可以作为描述元宇宙文化生活空间的一个理论工具。

对于智慧图书馆来说，虽然从社会学到心理学阐述的场域论具有启迪意义，但是真正能够准确解释智慧图书馆元宇宙化这一新型知识场域的，应该是法国社会学家布迪厄的场域论及其理论解释。布迪厄认为，定义场域位置需要形成一个网络或一种形构的客观关系，这些场域位置是经过客观规划的，具有鲜明的自然生态性。布迪厄的这种场域定义，是一种内含巨大力量、朝气蓬勃、有潜力可挖的知识内涵存在。

（二）以虚拟场域为存在形式的智慧图书馆

社会认识层次论认为，在提升社会认知水平的过程中，智慧图书馆的用户总是处于一定的虚拟空间场域中。依据图书馆实践理论，结合心理学关于场域的论述，元宇宙环境下的智慧图书馆这一新型虚拟空间场域可以认定为高级的自为场域。当身处高自主场域的用户从满足具体的信息需求中解放出来时，不会具有非常明确的知识创造的重要任务，却非常有可能产生高级别的思维创新和高质量的知识生产，此时，用户进入了一个高级别的自为场域。元宇宙环境下的智慧图书馆因高效排序了海量数字信息资源而成为一个自为的虚拟场域，这种自为状况甚至在很多年前就被图情专家预言了。例如，宓浩曾经指出，伴随着数字化载体的出现，数字信息资源被广泛记录和使用，促使社会突破传统思维束缚，真正成为知识创新的自为者，犹如鱼儿一样游弋在广阔的海洋中，自由吸吮知识的营养。换言之，元宇宙环境下的智慧图书馆自为场域是一种用户自由参与并获得有益知识的知识汲取空间，这一空间的用户并没有功利目的的信息资源获取的目标，其认知水平具有高度的自主性和灵活性。

用户群体认知水平的四个层次与智慧图书馆发展进程存在对应关系。

具体来说，从对文化娱乐体验的满足到对个性化信息资源需求的满足，智慧图书馆的低自主场域占据着主导地位。从对通识性专业知识需求的满足到对知识创新需求的满足，元宇宙环境下的智慧图书馆以促进用户认知水平提升、消弭群体性认知差异为价值标准，是一个整体结构性行为和个体性行为互动的虚拟知识场域。

（三）元宇宙环境下智慧图书馆的文化资本

文化资本是支撑智慧图书馆虚拟空间场域发展的重要指标参数，是赋予智慧图书馆权力与地位、积累文化知识的一种良性社会关系，包括内含的文化资本、具体的文化资本、制度的文化资本三种类型。按照社会认识层次论的理论阐述，元宇宙环境下作为“文化生活场域”的智慧图书馆可以解释为结构性文化资本和个体性文化资本的互动。

所谓结构性文化资本，与布迪厄制度性文化资本极为相似，注重文化传承与知识服务的巨大作用，强调智慧图书馆赋能馆员、用户的重要意义。之所以定性为结构性，是因为作为元宇宙环境下社会公共服务机构的智慧图书馆，这一数字虚拟场域来自社会结构，决定于社会结构并且服务于社会结构。智慧图书馆的社会实践和科学研究是结构性文化资本的主要探索者，智慧图书馆通过文化资源的传承、信息资源的传播和创新也在很大程度上参与了结构性文化资本的创造。智慧图书馆不仅是结构性文化资本的创造者，还是文化资源的集成者。智慧图书馆的集成功能主要表现在促进信息资源收集、整理、传播的制度安排上。结构性文化资本体现了信息资源结构资本化进程，反映了智慧图书馆信息资源满足社会民众需求的程度。各种类型的信息资源是结构性文化资本具有历史意义的载体。

所谓个性化文化资本，与布迪厄内含性文化资本极为相似，是一种通过后天学习、磨炼意志获得的资本。用户在虚拟空间进行信息交互，提高认知水平，收获个性化文化资本，结果是用户智识的无限丰富。智慧图书馆虽然不会直接创造出个体化文化资本，但是可以为个体性文化资本提供充足的保障。具有不同信息资源需求且处于不同认知水平上的用户群体是个性化文化资本丰富化的直接受益者。

综上所述，在元宇宙环境里，具有虚拟知识场域的智慧图书馆实施结构性文化资本和个体性文化资本的有效交互。再造结构性文化资本，对“世界3”进行有效表征，为用户认知水平的提高和信息资源的对接提供有效接口。结构性文化资本和个体性文化资本的互动交流，促进了智慧图书馆知识资源的交流与共享。需要关注的是，在提升社会文化传承高度和提高用户认识水平方面，智慧图书馆作为知识创新的场域，不会像教育教学机构那样对用户素养产生直接影响和干预。相反，智慧图书馆知识服务的目标是将文化资本公益化、主体化，而不是直接追求创造新的文化资本。

迄今为止，关于智慧图书馆的理论阐述是否应当是真正图书馆之学的讨论不绝于耳。依据元宇宙理论构建虚拟空间场域，对于智慧图书馆来说可能面临着形态之变的推断，元宇宙环境下的智慧图书馆不必囿于信息资源的实体边界，但必须与图书馆常规业务功能联系起来，否则就成了无源之水、无本之木。同时，智慧图书馆的形态特征虽然不是决定智慧图书馆知识服务成败的唯一因素，但一定是关键因素之一。

四、从制度规制到思想创新：元宇宙环境下智慧图书馆的功能之变

在信息时代发展初期，图书馆仅仅是一种满足社会民众信息需求及信息资源公平管理制度安排的存在。这个时期的制度安排合理性直接决定图书馆的功能设计，但是一直被信息不平等获取和信息贫困问题限制。目前，以智慧图书馆为主流的相关学科领域关于信息贫困的研究也有了关注的主题。通过对智慧图书馆元宇宙理论的分析来看，技术决定论、结构决定论、主体建构论是研究和解决信息贫困问题的三个主要方面。

（一）技术决定论

技术决定论主要关注信息的数字鸿沟问题。数字信息出现鸿沟是信息贫困的主要原因。迄今为止，智慧图书馆信息贫困问题经历了两次数字鸿沟的分析研究。第一次数字鸿沟的分析研究被称为“硬实力技术决定主义”，主张硬实力技术能够消除数字鸿沟，影响智慧图书馆的转型发展。

第二次数字鸿沟的分析研究被称为“软环境技术决定主义”，主张技术能够推动智慧图书馆创新发展，同时又是智慧图书馆发展中出现问题的症状所在。技术决定论引导下的数字鸿沟问题解决，虽然取得了一些理论研究成果，但引发了一些批评与质疑。理论研究表明，智慧图书馆的创新发展并不是只由技术驱动，技术度量、光电传输只能反映智慧图书馆创新发展的一个方面，技术本身并不直接推动智慧图书馆的转型发展，技术也是由社会环境中的人设计并实施应用的。

技术决定论应用于智慧图书馆的启示在于，信息资源在数字虚拟形态上具有可建设性是智慧图书馆功能发挥的前提。在元宇宙虚拟空间内，如果没有数字化认知上的知识信息资源作为保障，智慧图书馆的功能发挥将无从谈起。换言之，从技术决定论的角度出发，即使是在元宇宙环境内，元宇宙技术应用于智慧图书馆作为信息资源交流的手段也会必不可少，底层基础设施的建设将长期存在。

（二）结构决定论

我们发现，很多学者将信息贫困阐述为由地域、人的性别、教育水平、家庭状况等社会性结构因素决定的一种信息分配现象，这一认识观点的理论主张可以归纳为结构决定论。研究表明，由于地域位置存在局限性，相对偏远地区在信息获取方面存在明显劣势，且在信息获取上存在性别差异。“知识沟假说”是结构决定论的另一个代表，主张教育作为社会结构的主要元素在解决信息贫富差距问题上具有重要作用。

结构决定论应用于智慧图书馆的启示在于，结构性因素对促进智慧图书馆知识服务的信息交流与传播有着隐性的影响力，智慧图书馆作为一个促进信息公平、消除信息贫困的制度保障服务机构具有鲜明的意义和价值。换言之，结构决定论为智慧图书馆解释何以能够作为促进信息公平、消除信息贫困的制度安排提供了强有力的理论基础。

（三）主体建构论

主体建构论以美国学者德尔文的“意义建构学说”为代表。根据意义建构学说，智慧图书馆的信息贫困问题主要表现在信息资源购置的质量以及用户是否使用或如何使用这些信息资源上。意义建构理论催生了智慧图书馆知识服务的“用户中心”理念。德尔文之后的一些学者将意义建构理论应用于信息贫困问题的解释和解决上，他们认为意义建构存在两个方面的内容：一是经济方面的意义建构，是主体实施经济效益最大化组织开展的建构活动；二是心理方面的意义建构，是主体以获取相应信息的方式消除认知障碍组织开展的建构活动。智慧图书馆在知识服务上的信息缺失可能导致经济和心理两个方面的严重后果：一是无法进行经济利益下的主体建构，在实现知识服务价值最大化上困难重重，进而形成经济上的不利地位；二是无法完成心理承受上的主体建构，从而导致在认知水平上处于劣势而陷入信息上的贫困。

主体建构论在解释元宇宙环境下智慧图书馆运行上具有独特的意义。在元宇宙语境下，随着知识信息组织工具和索引排序方法的日益完善，智慧图书馆设定的“知识信息交流”条件已经具备，用户借助智慧图书馆虚拟空间组织开展的思想创新范围越来越大，也促进智慧图书馆趋向于成为社会缜密的“思想器官”。

作为元宇宙环境中用户组织开展思想创新最核心服务机构的智慧图书馆，应当在社会层面和个体层面同时实施意义建构，发挥思想创新平台的作用。智慧图书馆基于社会意义建构促进用户认知结构的完善和认知水平的提高。在促进完善和保障提高方面，循证社会科学领域的科学证据整合发挥着重要作用。科学证据整合，是指当智慧图书馆馆员面对大量科学证据时，运用元分析方法，将多元异质环境中的证据发现进行整合，已获得更高级、更有效的研究证据，并通过系统评价证据形成报告的过程。科学证据整合能够体现智慧图书馆用户思想创新的特征，在于以元分析基础促进智慧图书馆参与知识创新过程，从而带动用户实施自身的思想创新。从某种意义上说，智慧图书馆馆员组织开展科学证据整合，完全可以解释为是一种社会性的、整体性的意义建构。

总之，元宇宙环境中，智慧图书馆将用户行为、思想融入交互式、沉浸式文化生活空间，促进着智慧图书馆由大众化的知识服务功能向提升用户认知水平的思想创新功能转型。在元宇宙理想状态下，智慧图书馆不仅持续进行科学研究证据的收集、维护，扮演“看门人”的角色，更重要的是，智慧图书馆馆员通过对科学研究证据的理解，使用户的思想创新成为一种智慧图书馆组织开展的意义建构的专业行为。简而言之，在由工业社会向元宇宙时代迈进的过程中，智慧图书馆的功能转型开始于信息资源的整序与利用，成功于消除信息贫困和知识服务的制度安排，最终会趋向用户组织开展思想创新平台的建设。

五、元宇宙环境下智慧图书馆建设与发展的启示

当前，元宇宙已经成为理论界乃至工业界热议的核心话题。作为一个对信息资源发展高度敏感的空间领域，智慧图书馆的研究与实践尤其要多关注元宇宙的理论发展和实践要求。本节基于元宇宙理论建设的两个维度，有效进行“世界 3”结构表征，以社会认识层次论为基础理论保障，对智慧图书馆的形态与功能转型进行了前沿性探索，以期望为元宇宙环境下智慧图书馆应用实践和理论嬗变提供启示。

首先，元宇宙的出现，意味着智慧图书馆已经成为知识信息交流的得力“中介”。自图书馆出现以来，成为知识信息交流的“中介”一直是图书馆工作的责任和梦想。然而，智慧图书馆虽然在知识信息收集、整序、利用上有了很大的提升，但是在信息资源交流中发挥中介作用仍然有很大的提升空间。在元宇宙空间内，智慧图书馆基于“世界 3”内在结构表征及知识组织技术的颠覆性创新，成功搭建起了连接客观世界与主观世界之间的桥梁，从而实质性地参与到了社会认知结构意义建构中。从这个角度来看，元宇宙的出现，已经使智慧图书馆成为知识交流中最得力、最关键的“中介”。

其次，元宇宙的出现，促进了智慧图书馆重新被定义，赋予了其新的历史使命。智慧图书馆发生了从制度规制到思想创新的功能之变，促进了智慧图书馆对未来职业嬗变的畅想。值得注意的是，智慧图书馆的每一次

功能转型，都顺应了时代信息发展的潮流，面对元宇宙产生的新的文化生活空间和文化生活方式，智慧图书馆亟须重新推出自己的功能和使命。例如，阅读推广活动已经深植于智慧图书馆知识服务中，但在元宇宙语境下，基于“世界 3”结构表征与虚拟空间情境化知识的呈现，用户的沉浸式参与比阅读更能体现思想创新行为。又如，将图书馆学视为学校教育之外的一种选修课程，也是目前图书馆学领域的共识，在元宇宙时代，智慧图书馆实施以完善用户认知结构和提升用户认知水平为目标的知识组织活动，需要重新定义“教育”在智慧图书馆实践中的真正意义。

最后，元宇宙的出现，谋划了智慧图书馆学科专业建设的前瞻性。由于受到信息化社会进程的影响，智慧图书馆在建设过程中出现过迷茫、经历过阵痛。智慧图书馆专业人才培养与知识服务实践活动不协调，在很大程度上体现了图书馆学科专业建设的滞后。学科专业建设的经验表明，面对社会信息化的创新发展，任何犹豫不决都有可能导致落伍时代要求甚至被淘汰。在元宇宙快速发展的时代，自甘落伍，终究会被淘汰。从创新发展的意义来看，加强智慧图书馆学科专业的建设，前瞻性地抓住元宇宙时代发展的每一次机遇，关系智慧图书馆学科专业的未来前景。

元宇宙的新创新、新发展何时会到来？目前尚不得知，但立足“世界 3”理论，依据社会认知层次论，畅想元宇宙语境下的智慧图书馆的未来，能够为本领域的理论发展和业务实践提供有益启示。很显然，对智慧图书馆元宇宙化的思考只是一种目的性极强的尝试，其可行性、合理性尚待智慧图书馆实践活动的检验与评判。

第四节　全智慧图书馆建设

一、全智慧图书馆

2003 年，芬兰图书馆学家 M. Aittola 首次提出“智慧图书馆”的概念。他认为，智慧图书馆能够突破时空限制，构建虚拟空间，提供智慧化服务，借助互联网技术支持用户检索信息资源。在元宇宙环境下，智慧图书馆实现了现实空间、虚拟空间、社会空间的有机结合，人工智能技术、虚拟现实技术、云计算技术、区块链技术成为智慧图书馆高质量发展的基础。智慧图书馆发展经历了伪智慧与局部智慧两个阶段，最终形成全智慧图书馆，全智慧图书馆是最终形态。

全智慧图书馆以人工智能技术为基础，技术核心是元宇宙整合后的集成技术体系。全智慧图书馆的发展目标是构建孪生数字化身和实施全智能服务，这两个发展目标也是智慧图书馆实施元宇宙化建设中的两个应用阶段。全智慧图书馆第一个发展阶段是在元宇宙技术支撑下组织开展全智能服务，如建立无人值守服务模式①。因为元宇宙注重技术整合，发挥集合技术优势，所以第一阶段建设内容主要是整合元宇宙技术，形成底层技术优势，促进图书馆的全智慧发展。对于第一阶段的建设情况，国内外诸多图书馆均有实践应用案例，如国内的西北工业大学图书馆构建的 Web 馆际藏书定位系统②，国外的密歇根大学图书馆构建的增强现实文献识别系统③。全智慧图书馆第二个发展阶段是在虚拟空间内实现虚拟全智慧服务。在第二个阶段里，智慧图书馆打破时空限制，实施虚拟化身身份认证，促进用户沉浸式体验服务，推动知识服务向全智慧阶段发展。

实现智慧图书馆全智慧转型，创新发展知识服务模式。智慧图书馆初建时期，知识服务的对象是用户个体，个体之间缺乏交流互动，如运用虚拟现实技术支持智慧图书馆存储资源导航，开展引导服务活动，但用户不习惯运用底层设施设备进行知识信息交互，对于服务用户来说，设施设备之间的关系是割裂的。全智慧图书馆注重用户之间的信息交互联动，在元宇宙技术支持下，用户阅读学习服务的沉浸感得到进一步深化，这种沉浸感是虚拟的，也是共享的，是针对馆员和用户的双重建模。用户以虚拟化

---

① 储节旺，陈梦蕾．人工智能驱动图书馆变革［J］．大学图书馆学报，2019，37(4)：5－13.

② 苏冬华．基于虚拟现实（VR）应用的图书馆角色定位与创新服务研究［J］．图书与情报，2017(2)：72－75.

③ 钱智炜，陈剑锋，盛小青．移动增强现实技术对图书馆的应用研究［J］．中国新通信，2020，22(21)：127－128.

身身份进入全智慧图书馆，这不是一种充满智慧的想象，虚拟现实社交早已实现并且存在多年[①]。在元宇宙技术支持下，全智慧图书馆提高了知识信息交互程度，催生了智慧型知识服务，使各种类型的服务得到整合，如智慧信息岛、影像娱乐城、艺术画廊、真人图书馆等在全智慧图书馆中得到展现。

全智慧图书馆推出无人值守服务功能，将知识信息全自动化向外输出。在元宇宙环境下实现全智慧图书馆高质量发展并没有脱离实际，而是在元宇宙技术的支持下实现虚实空间的融合发展。对于无人值守服务，在以往的图书馆实践中有过尝试，但没有达到全智慧化服务的效果。针对图书馆的全智慧化，打造无人值守服务，元宇宙技术起到了重要作用，包括利用增强现实技术、高能运算技术、区块链技术为用户提供无人值守信息导航、知识检索、视频播报的服务，利用人工智能技术、人脸识别技术、全息映射技术实现虚拟空间信息资源的智能监控。[②]

二、元宇宙赋能全智慧图书馆高质量发展的理论逻辑

随着人类社会进入信息化时代，人们对信息资源的需求越发个性化、多样化，图书馆从功能上转变成人们分享知识的活动场所。随着数字图书馆的快速发展，移动服务方兴未艾，但在一个时期内智慧图书馆的发展会落后于现实图书馆的发展。元宇宙的出现，使应用技术得到很大提升，图书馆很快走上了全智慧多元化图书馆的道路。

在元宇宙技术的实际应用上，李菲菲提出了区块链技术助力全智慧图书馆权益管理理论[③]，刘炜等提出了 5G 技术与全智慧图书馆融合发展理

① 王园，林锦青，谢非，等．5G 时代虚拟现实虚拟社交可能存在的模式分析[J]．软件，2021，42(11)：137－139.

② 黄民理，郑聪，郑婷．智慧图书馆 24 小时自动服务架构及其实现研究[J]．农业图书情报学报，2021，33(2)：83－96.

③ 李菲菲．区块链技术驱动的数字图书馆管理模式创新研究[J]．图书馆学刊，2021，43(9)：90－94.

论[①]，傅平等对人工智能技术在全智慧图书馆中应用进行了理论展望[②]。从理论发展情况来看，元宇宙赋能全智慧图书馆发展具有深远的理论意义，已经有学者对元宇宙技术在全智慧图书馆中的应用进行了深入研究。在构建数字孪生图书馆过程中，全智慧图书馆关注现实空间、实时服务及个体之间的信息交互。网络虚拟游戏 Second Life 描述全智慧图书馆的虚拟性，对虚拟空间中的虚拟信息互联进行了尝试，虽然网络虚拟游戏不支持信息的实时交互，但其数字虚拟化技术能够推动全智慧图书馆知识服务功能化，为全智慧图书馆高质量发展提供了借鉴经验。

三、元宇宙视域下全智慧图书馆的服务转型

元宇宙技术是人工智能、云计算、增强现实、高能运算、区块链等技术的集合体，元宇宙技术应用于全智慧图书馆体现了整体化思想的基础性。从整体思维观出发，有必要从资源建设、阅读推广、知识服务、沉浸体验等方面对全智慧图书馆实施元宇宙化建设进行前景展望，分析研究元宇宙环境下全智慧图书馆服务转型问题具有重要意义。

（一）馆藏资源建设：全智慧图书馆的现实智慧排列

全智慧图书馆存储资源呈现多模态特点。根据用户信息需求情况，对全智慧图书馆存储资源进行分类、排列。可见，全智慧图书馆注重知识服务的智慧化管理，以满足用户需求为根本，用户的个性化需求成为信息资源排列的主要方式。要持续满足用户需求，需要构建云上全智慧图书馆，实现对馆藏资源的全程检索，无限扩大检索覆盖范围，预判信息资源的关联强度进行馆藏资源的有序重排，关联性强的信息资源排列在学科领域的顶端，反之排列在学科领域的末端。组织开展阅读推广活动，根据用户需求重塑资源排列顺序，随着用户需求发生变化，会进行资源的二次重排。针对用户的个体行为，采用实施针对性的资源排列顺序，用户需求不同，

---

① 刘炜，陈晨，张磊．5G 与智慧图书馆建设［J］．中国图书馆学报，2019，45（5）：42－50.

② 傅平，邹小筑，吴丹，等．回顾与展望：人工智能在图书馆的应用［J］．图书情报知识，2018（2）：50－60.

资源排列顺序不同，切实保障用户拥有元宇宙技术支持的全智慧图书馆。

（二）推出沉浸式阅读体验：分享虚拟空间动态阅读感受

社会精神的进步引领全智慧图书馆使命责任担当、促进知识服务的创新发展。多年来的图书馆实践表明，实体资源始终是图书馆的根本。元宇宙的出现，促进了全智慧图书馆虚实空间的高度融合，协调了虚实资源比例，促使隐性知识可视化，以数据要素的形式呈现给用户。增强现实技术能够实现信息资源虚实融合发展，但是虚实融合的范围是局部的，元宇宙的出现则使用户通过数字孪生技术加深了智慧化服务的沉浸式体验，促使用户在虚拟环境中进行信息深度交互。深度沉浸感与强烈交互感充分满足了用户元宇宙环境的激情感受，也为全智慧图书馆实施知识信息流通和传播提供了新路径。

（三）知识文化推广：新式的营运方式

传统的知识文化推广在互联网上影响力偏小，只有推出符合新时代发展的新型推广方式才能更好地实施知识文化推广。事实上，全智慧图书馆推出的新型知识文化推广方式已经在艺术、旅游、服饰产业中实践过，均产生了良好的产品推广效应。在元宇宙技术支持下，全智慧图书馆创造有利条件定制自身的文化产品，促使文化产品与非同质化代币相融合，凭借全智慧图书馆新型知识文化推广方式实现社会文化的挖掘和传播。不断更新全智慧图书馆知识文化传播内容，提升知识文化新颖程度，加强与新时代文化主题的融合，以区块链技术支持文化传播领域，以此提高用户对文化资源的关注度。

（四）创建个性化知识空间：用户演变成知识创造主体

在元宇宙环境下，全智慧图书馆凭借优质的虚拟资源构建了一个包容、开放的元宇宙空间。元宇宙空间包容、开放的特征表现使元宇宙支持全智慧图书馆生成服务用户的个性化知识空间内容。这意味着全智慧图书馆实施元宇宙化建设，创造了生态环境，产生了新的知识创新形式，促进用户演变成为知识创造主体。用户充分利用虚拟空间，依托馆藏资源实施虚拟人工智能创造，并实施元宇宙化建设形成用户个人隐私知识空间。在元宇宙空间基础上构建个人隐私空间，用户以个人隐私空间为生存环境，创造、发布数字知识信息，如科幻小说创作、虚拟影视作品展演等。个人隐私知识空间是全智慧图书馆虚拟空间的重要组成部分，说明用户个人隐私空间知识创造与全智慧图书馆知识信息具有紧密的关联性，这种关联性既增强了用户参与全智慧图书馆知识服务的主动性，又通过知识创造为全智慧图书馆提供了高质量发展的动力。

（五）服务特殊用户：创建全民文化服务模式

2021 年，国务院印发《“十四五”残疾人保障和发展规划》。在图书馆发展历程中，残障人士利用图书馆存在诸多不便，门槛高、限制条件多，导致残障人士始终处于信息弱势的位置。因此，要强化公共文化机构服务社会的作用，倡导均等化服务，全智慧图书馆必须加大对残障人士的服务力度，探索元宇宙环境下全智慧图书馆知识服务新模式。

从为残障人士提供均等化服务出发，元宇宙赋能全智慧图书馆，促进其创新发展构建新的服务模式。服务于视障人士，发挥机器人智能语音功能，为视障人士提供语音支持服务；同时，发挥机器人智能引导功能，为视障人士导览文献排架及信息内容，通过高能运算技术避开拥挤空间，指导视障人士自由获取虚拟文献。服务于听障人士，发挥全智慧图书馆信息资源可视化功能，为听障人士提供视觉强化支持服务。运用增强现实技术，提高信息资源可视化服务水平。发挥增强现实设备视频处理功能，将文字、图片叠加于虚拟空间内，产生视频资料，供听障人士使用。通过全息投影技术，实现虚拟资源的视觉仿真。以虚拟资源为基础，发挥体感仿真功能，促进听障人士触摸式利用图书馆，如构建虚拟化身形象、沉浸式阅览文献、虚拟社区信息交流、撰写虚拟笔记等。

（六）实施阅读空间共享：全民互联的全智慧图书馆

在元宇宙环境下，通过不断总结办馆经验，全智慧图书馆将规则规范与强力算法相结合，实施区块链与非同质化代币的联动治理。以虚拟孪生技术为支撑，进行数字孪生结构改造，构建生态全智慧图书馆。实施全智慧图书馆知识服务的创新发展，以网络虚拟游戏 Second Life 为基础，进行知识服务虚拟化空间建模，构建虚拟空间全面开放的全民互联场景。不断拓展全智慧图书馆元宇宙空间的服务边界，增加阅读学习虚拟场景，增强全民社交功能，使全智慧图书馆的服务方式更多样、更全面。

阿根廷著名诗人博尔赫斯曾说："如果人世间有天堂，那一定是图书馆的模样。"[①] 元宇宙理念为全智慧图书馆指明了发展方向，元宇宙技术促进全智慧图书馆高质量发展。新技术应用于新领域必然产生新问题，元宇宙赋能全智慧图书馆高质量发展，促使全智慧图书馆在规则上发生巨大变化，也给全智慧图书馆带来新的发展机遇。为此，全智慧图书馆要关注新技术，对元宇宙技术创造生成的规则、程序、方法、逻辑关系等给予高度重视，主动应用新技术，将元宇宙创新技术应用于全智慧图书馆的建设与发展。如果把元宇宙技术应用落地落细，那么全智慧图书馆将迎来革新发展的时期。

---

① 赵宣. 图书馆,何时不再为你心痛[J]. 图书馆,2005(1):25-26.

参考文献

专著

［1］佐藤航阳．后元宇宙时代［M］．北京：中译出版社，2024.

［2］刘甫迎．元宇宙技术：虚拟现实基础［M］．北京：北京理工大学出版社，2024.

［3］曾焕强．元宇宙导论［M］．北京：清华大学出版社，2024.

［4］陈晓红，任剑，刘耀．元宇宙原理与应用［M］．北京：清华大学出版社，2024.

［5］韩一，杨蓉，王巍巍．元宇宙产业未来：元宇宙赋能产业经济［M］．北京：中国纺织出版社，2024.

［6］付少庆．Web 3.0 构建元宇宙的数字未来［M］．北京：北京理工大学出版社，2023.

［7］冀俊峰．数字身份：元宇宙时代的智能通行证［M］．北京：中国人民大学出版社，2023.

［8］单键鑫．从区块链到元宇宙［M］．北京：中国商业出版社，2023.

［9］吴刚，蔺静茹．元宇宙底层逻辑［M］．北京：机械工业出版社，2023.

［10］孙海峰，李敬．人类未来数字世界［M］．北京：中国市场出版社，2023.

［11］曾凡昌．数智未来：从宇宙到元宇宙［M］．北京：经济日报出版社，2023.

［12］杨青峰．元宇宙大革命：媒介、社会与工业的未来图景［M］．北京：

电子工业出版社,2023.

[13]王延川．元宇宙:技术、场景与治理[M]．上海:上海人民出版社,2023.

[14]王凤和．元宇宙基础设施治理:暨 Web3.0 数字经济战略参考[M].北京:中国科学技术出版社,2023.

[15]赵永新,陈苑锋,黄志坚．元宇宙:虚实共生新世界[M]．北京:清华大学出版社,2023.

[16]陈英．数字人:元宇宙的先锋[M]．北京:电子工业出版社,2023.

[17]高奇琦．辩证元宇宙:主权、生命与秩序再造[M]．上海:上海人民出版社,2023.

[18]高承实．元宇宙进化逻辑:用确定性的逻辑诠释不确定的未来[M]．上海:上海科学技术出版社,2023.

[19]宋立恒．元宇宙:互联网新未来[M]．北京:清华大学出版社,2022.

[20]李颖悟．元宇宙未来:通往真实的虚拟现实[M]．北京:中国商业出版社,2022.

[21]杨学成．蝶变:迈向数实共生的元宇宙[M]．北京:北京联合出版公司,2022.

[22]田龙．元宇宙:重构虚拟现实的新生态[M]．北京:中国财富出版社,2022.

[23]盘和林．从 AIoT 到元宇宙:关键技术、产业图景到未来展望[M].杭州:浙江大学出版社,2022.

[24]秦建军,熊章．迈向元宇宙的人机交互[M]．北京:机械工业出版社,2022.

[25]陈根．泛智能革命:从人工智能到元宇宙的关键革新[M]．北京:电子工业出版社,2022.

[26]高泽龙．元宇宙工程[M]．北京:中译出版社,2022.

期刊文章

[1]杨新涯,钱国富,唱婷婷,等. 元宇宙是图书馆的未来吗?[J]. 图书馆论坛,2021,41(12):35-44.

[2]张兴旺,毕语馨,郑聪. 图书馆与元宇宙理论融合:内涵特征、体系结构与发展趋势[J]. 图书与情报,2021(6):81-89.

[3]田丽梅,廖莎. 元宇宙视域下智慧图书馆的创新发展研究[J]. 图书馆,2022(5):54-59.

[4]董同强,王梅. 虚实融生:元宇宙视角下智慧图书馆的未来生态图景[J]. 图书馆学研究,2022(5):20-25.

[5]陆其美. 元宇宙时代的图书馆发展:从智慧空间到空间智慧化[J]. 图书与情报,2022(6):129-133.

[6]杨新涯,涂佳琪. 元宇宙视域下的图书馆虚拟服务[J]. 图书馆论坛,2022,42(7):18-24.

[7]吴江,陈浩东,贺超城. 元宇宙:智慧图书馆的数实融合空间[J]. 中国图书馆学报,2022(11):16-26.

[8]储节旺,李佳轩. 全智慧图书馆:元宇宙成为实现途径[J]. 图书情报工作,2022(5):33-39.

[9]王效岳,高旭,白如江. 面向元宇宙图书馆的增强现实系统设计研究[J]. 山东理工学报(社会科学版),2022,38(4):62-69.

[10]王晔斌,张磊. 虚实相生:元宇宙视角下智慧图书馆场景实现[J]. 图书馆杂志,2022(7):18-24.

[11]黄敏. 元宇宙视域下智慧图书馆虚拟服务空间构建与聚焦[J]. 河南图书馆学刊,2022(11):129-133.

[12]赵志耘,林子婕. 元宇宙与智慧图书馆:科技赋能文化新路径[J]. 图书情报知识,2022(9):6-16.

[13]赵雅文,赖星星. 元宇宙与图书馆:前沿研究述评及未来展望[J]. 信息资源管理学报,2023(1):29-40.

[14]蔡迎春,严丹,周琼,等. 元宇宙时代智慧图书馆的实践路径:从图

书馆的智慧化走向智慧的图书馆化[J]. 中国图书馆学报,2023(7):103-113.

[15]严丹,徐亚苹,虞晨琳,等. 元宇宙图书馆的理论进展、实践问题与未来展望[J]. 图书馆杂志,2023(2):4-12.

[16]刘喜球,杨亚非. 元宇宙视域下赋能智慧图书馆的探索[J]. 图书馆研究,2023(2):87-96.

[17]崔岩. 智慧图书馆服务重塑与体系重构刍议:基于元宇宙视角[J]. 图书馆学刊,2023(4):80-85.

[18]汤尚. 图书馆元宇宙赋能智慧服务研究[J]. 图书馆工作与研究,2023(5):22-27.

[19]梁荣贤,李通凌,征强. 元宇宙图书馆:内涵衍变、建设发展与问题应对[J]. 图书馆工作与研究,2023(6):5-10.

[20]陈观婷,张震,黄奇. 元宇宙视域下的智慧图书馆:融合人的智慧与物的智能的服务生态[J]. 图书情报工作,2023,67(10):17-25.

[21]董同强,吴运明. 元宇宙赋能图书馆智慧转型:机理、隐忧与出路[J]. 图书馆学研究,2023(7):29-33.

[22]赵霞琦,王南. 面向未来多元学习的图书馆智慧化场景建设[J]. 图书馆学刊,2023(7):79-83.

[23]文伟. 元宇宙赋能智慧图书馆服务:重大变革、问题挑战及现实策略[J]. 图书馆理论与实践,2023(5):120-128.

[24]徐晓辰. 元宇宙视域下智慧图书馆阅读推广模式探究[J]. 江苏科技信息,2023(9):24-31.

[25]张鹏. 元宇宙背景下智慧图书馆创新发展路径研究[J]. 图书馆学刊,2023(9):87-89.

[26]程罗德. 面向虚实融生的元宇宙图书馆数智治理:内涵、风险与实践进路[J]. 图书馆学刊,2023(11):88-93.

[27]覃祖敏. 用户视角下元宇宙助推公共图书馆智慧服务转型研究[J]. 河南图书馆学刊,2024(2):47-51.

[28]程罗德．智能技术驱动下图书馆智慧服务框架与路径研究[J]．电脑与信息技术,2023(2):57－59.

[29]杨瑞萍,林敏建．从嵌入到共生:主流意识形态传播力何以提升:基于元宇宙视角的考察[J]．理论导刊,2023(12):59－65.

[30]向安玲,高爽,彭影彤,等．知识重组与场景再构:面向数字资源管理的元宇宙[J]．图书情报知识,2022(1):30－38.

[31]白苏红．基于元宇宙的智慧图书馆融贯式空间构建与服务模式研究[J]．图书馆工作与研究,2023(8):3－10.

[32]陈广顺．沉浸式体验:图书馆走向元宇宙的突破点[J]．图书与情报,2022(2):127－133.

[33]张新新,夏翠娟,肖鹏,等．共创元宇宙:理论与应用的学科场景[J]．信息资源管理学报,2022,12(5):139－148.

[34]辛海霞．从技术概念到研究议题:元宇宙图书馆走向何种未来[J]．图书与情报,2021(6):90－95.

[35]赵星．国家文化数字化战略与图书馆元宇宙实践[J]．中国图书馆学报,2022(7):34－38.

[36]冉从敬,刘妍．数据主权视野下平台治理的动力逻辑、模式选择与重构路径[J]．中国图书馆学报,2023(3):37－49.

[37]何金晶．可持续发展道路上的元宇宙图书馆发展与思考[J]．河南图书馆学刊,2023(2):76－78.

[38]张旭东,刘洋．组态视角下元宇宙图书馆用户接受意愿影响因素研究[J]．图书馆理论与实践,2023(2):1－29.

[39]韦鹏艳,马海群．数智时代元宇宙在数字信息资源管理中的应用新图景[J]．科技情报研究,2023(2):48－56.

后　记

对本书的构思最早可追溯到2021年。尤其是当我们阅读蔡迎春教授等人撰写的《元宇宙时代智慧图书馆的实践路径——从图书馆的智慧化走向智慧的图书馆化》一文时，对文中“元宇宙与智慧图书馆关系”的论述颇有感触，于是更加增强了对“元宇宙赋能智慧图书馆高质量发展”研究的兴趣。此后，通过分析研究和查阅资料，我们萌生了将元宇宙技术与智慧图书馆发展联系到一起研究的想法，并就智慧图书馆元宇宙化发展进行了不成熟的概括。2022年3月，全国图书馆学基础理论研讨会召开期间，我们通过对智慧图书馆虚拟知识服务问题的研究，对元宇宙与智慧图书馆融合发展的理解更进一层，从而发表了一些与元宇宙智慧图书馆发展相关的文章。2022年暑假期间，我们对之前的思路进行了梳理，开始对元宇宙环境下智慧图书馆建设与发展进行系统的研究，并努力将元宇宙技术与图书馆技术相结合，从而更深刻地理解元宇宙环境下智慧图书馆建设与发展的内涵。在此基础上，我们开始着手整理自己在整个研究中的思路。自2022年7月起，我们结合前人的研究成果，对自己的研究笔记和手稿进行分析、整理，历时一年撰写完成本书。

本书从最初的思想萌芽到完稿前后历时两年，其间经历了八次修改。在此非常感谢在撰写本书过程中给予我们思想上启发的老师、同事和朋友。感谢中国经济出版社的编辑，他们不辞劳苦，为本书的顺利出版提供了大力支持。感谢德州学院为本书出版提供的大力支持。

马占民　孙洪林　董菲菲

2024 年 7 月于德州学院